帝者，生物之主，兴益之宗。

《国学经典文库》丛书编委会◎编著

国学经典

李世民

唐太宗

中国出版集团 现代出版社

图书在版编目（CIP）数据

唐太宗李世民 /《国学经典文库》丛书编委会编著
. -- 北京：现代出版社，2018.6
ISBN 978-7-5143-6794-2

Ⅰ . ①唐…　Ⅱ . ①国…　Ⅲ . ①李世民（599-649）—
传记　Ⅳ . ① K827=421

中国版本图书馆 CIP 数据核字（2018）第 135237 号

唐太宗李世民

作　　者　《国学经典文库》丛书编委会
责任编辑　李　鹏
出版发行　现代出版社
通讯地址　北京市安定门外安华里 504 号
邮政编码　100011
电　　话　010-64267325　64245264（传真）
网　　址　www.1980xd.com
电子邮箱　xiandai@vip.sina.com
印　　刷　天津文林印务有限公司
开　　本　710mm × 1000mm　1/16
印　　张　20
版　　次　2018 年 8 月第 1 版　2018 年 8 月第 1 次印刷
书　　号　ISBN 978-7-5143-6794-2
定　　价　39.80 元

前言

Foreword

历史的车轮渐渐前行，中国历史已有五千多年。自公元前 221 年秦王嬴政称皇帝始，到 1912 年“末代皇帝”溥仪退位，这两千多年的封建社会，朝代更迭，沧海桑田，但封建帝制从未间断。在中国封建社会的历史长河中，总共有四百九十五位皇帝（包括驾崩后追封者），其一直是国家的最高统治者，是专制集权统治的象征和代表。

在中国漫长的历史长河中，有的皇帝就如这条河流的顺风船，趁势前行；有的皇帝就如逆流中的航船，逆势而上；有的皇帝如漫漫散沙，无稳固根基；有的皇帝如中流砥柱，坚固牢靠。历朝历代的皇帝，不管是雄才伟略的英明之君，还是草菅人命的暴君，抑或苟延残喘的傀儡，他们举手投足、指点江山，无不牵动着百姓的神经，无不以独特的方式推动着历史的发展进程。

唐太宗说：“以史为鉴，可以知兴替。”这里所谓的“史”，正是经历时间积淀的历史。翻开历史，我们会发现，每一位皇帝即是每个时期的缩影，作为今人，史海钩沉，传述他们的治国方略、逸闻趣事，于今借鉴、增知、休闲，不无裨益。

本系列丛书重点选取了历朝历代最具代表性的十位皇帝，分别是秦始皇嬴政、汉武帝刘彻、唐太宗李世民、昭仪皇后武则天、宋太祖赵匡胤、元太祖孛儿只斤·铁木真、明太祖朱元璋、康熙帝爱新觉罗·玄烨、雍正帝爱新觉罗·胤禛、乾隆帝爱新觉罗·弘历。每一位皇帝都在中国历史上留下了深深的烙印，成为历史传奇。

此刻，让我们以历史发展的先后为序，共同来一睹为快，先知梗概，然后明细节。

秦皇汉武，雄才伟略，文治武功。秦始皇是中国历史上的第一位皇帝，素有“千古一帝”之誉。六国征战，诸侯争霸，中原大地的战火熊熊燃烧。是秦始皇纵横捭阖、叱咤风云，最终在中原大地上建立起了中央集权统一的国家。他在位期间，政治、经济、文化、思想渐趋完善，却又浮华奢侈，阿房宫、骊山墓、万里长城，耗尽了无数人的血汗，一生功过是非，只留后人品评。汉武帝刘彻堪称前无古人、后无来者的一位皇帝。他开疆拓土，击溃匈奴帝国、东臣朝鲜、南服百越、西逾葱岭、征服大宛，奠定了中华疆域的版图。他的雄才伟略、文治武功使汉朝成为当时世界上最强大的国家。

盛世唐朝，唐太宗与武则天都是典型代表。唐太宗选贤任能，重用文臣武将，休养生息、励精图治，开创“贞观之治”，建设出我国乃至当时世界上最鼎盛的封建王朝。武则天是中国历史上唯一的女皇帝，她在通往权力的道路上，不仅洒满血泪，还有超凡的智慧、勇气和卓越耐力，曾经倾权一时，最后却步履维艰。对于她传奇的一生，只留无字碑，让人遐想。

宋太祖和元太祖分别作为宋朝和元朝的开创者，前者鉴于唐朝后期藩镇割据的局面，集中兵权，加强了中央统治，将宋朝治理成为安定公平的社会，文学、哲学、美术、科技、教育等也比较发达，经济和文化达到了我国历史上的又一个高峰。后者人称“成吉思汗”，在他的率领和指挥下，开展对外征服战争，一时间，蒙古骑兵横扫千军，征服地域远达中亚和东欧的黑海之滨，建立起了中国有史以来疆域最大的一个王朝。

明太祖是中国历史上身份最为特殊的一位皇帝，真正出身于贫穷布衣之家。他从小只是最底层的放牛娃、四处要饭的小和尚，经过自身的不懈奋斗，逐渐成长为元末农民起义的领袖，再到明朝开国皇帝，人生经历堪称传奇。朱元璋是一位杀戮无数的皇帝，也极为关心民间疾苦，实行休养生息政策，推动了明朝社会的发展。

清朝作为中国最后一个封建王朝，出现了康熙帝、雍正帝、乾隆帝三位最具代表的皇帝。康熙帝少年承运，力挽狂澜，智擒鳌拜、裁撤三藩、亲征噶尔丹、收复台湾，在一系列军事行动中或御驾亲征，或决胜千里。他兢兢业业，辛苦经营六十一年，奠定了清朝几百年基业。雍正帝敢于革除旧弊，办事雷厉风行，是康乾盛世的有力推进者，是促进清朝历史发展的政治家，是可以肯定的历史人物。乾隆帝统治下的清朝，没有大刀阔斧进行改革，但是他平衡政权、平叛安邦、锐意进取也不容忽视。当然，他重用奸臣和珅、包容腐败、大兴文字狱，也为他的一生留下了污点。

每一位帝王都是一部信息资源庞大的史书，供今人探究；每一位皇帝都是一面能发人深省的明镜，供今人领悟。我们秉承“读正史，学真知”的宗旨，编写了这一系列丛书。以通俗化的语言、纪实的手法，真实地再现了每一位皇帝的生平事迹。

总而言之，本系列丛书史实性和趣味性兼具，相信广大读者在阅读之后，会领略诸多知识，也会用新的价值观去评判历史人物的是非功过，并通过历史去感悟自己的人生。

由于时间和水平原因，本书仍存在不足或欠妥之处，望广大读者朋友批评、指正。

目录
CONTENTS

人物档案

唐太宗李世民（598 年一月二十八日—649 年 7 月 10 日），是唐高祖李渊和窦皇后的次子，唐朝的第二位皇帝。626 年 7 月 2 日，李世民在玄武门发动政变，杀死自己的兄长李建成、四弟李元吉及二人诸子，最后，被立为太子，唐高祖李渊不久退位，李世民即位，改元贞观。纵观其一生，他是一位杰出的政治家、战略家、军事家、诗人。

CHAPTER

第一章 自古英雄出少年 1

李世民年少时勤学苦练，学成了文韬武略；他礼贤下士，朋友遍布天下；他英勇善战，立下了旷世奇功；他仁慈爱民，以天下为己任。李世民自小就跟随在外做官的父亲李渊，游遍祖国的河谷山川、军事要塞，又接触了很多民情风俗和社会现实情况。这使得他少有大志，见多识广，头脑冷静，处事果断，并勤于思索。

少有大志，卓尔不群

隋开皇十八年（598）一月二十八日，在夕阳的余晖即将消失之际，一个男婴在京兆郡武功县诞生，这便是日后名垂青史、被誉为一代帝王楷模的唐太宗李世民。

相传李世民出生的那一刻，人们在渭水北岸的天空中，忽然看见两条金鳞银爪的巨龙游弋在彩云之间，这两条巨龙相互嬉戏玩耍，三日之后才依依不舍地离去，武功县内的百姓无不称奇，互相奔走相告。当然，这类奇异的事情只是统治者为维护皇权而采用的粉饰和自我吹捧的把戏，和汉高祖刘邦斩杀白蛇之类的描述相类似。而史书上记载李世民六岁那年，算命先生就预言他“龙凤之姿，天日之表，年将二十，必能济世安民矣”。这当然很难让人相信，皇帝的出生、经历必然与奇人、异人相匹配，这样老百姓才能“愚从地认为是天命所致”。但是李世民中“世民”这两个字，其深层寓意确实有“济世安民”的含义，表达了作为父亲的李渊对这个儿子的殷切希望。

唐太宗李世民

李世民出生在隋朝的强盛时期。隋文帝杨坚于581年建立了隋王朝。他在位期间励精图治、勤俭治国，施行加强中央集权的政治制度，大力发展农业，从而使经济繁荣，百姓安居乐业。隋朝的粮食、丝帛储备之丰厚，与历朝历代相比都是首屈一指的。但是隋朝繁荣的背后也隐藏着很大的危机，突厥、高句丽王国是隋朝首当其冲的外患，因此，隋朝时期对边防和军队就显得格外重视，朝廷中武官的地位也非常高。

唐高祖李渊

李氏家族世世代代都是武将，李世民的父亲李渊本身也是武功卓绝的。这从他与妻子窦氏的姻缘中就可以看出来，窦氏的母亲是北周武帝的姐姐襄阳公主，窦氏的舅舅，也就是北周武帝，非常喜欢这个漂亮、聪明的外甥女，从小就把她养在宫里。而她的父亲窦毅也对女儿另眼相看，为她选婿采用了比武招亲的办法。他在屏风上画了两只孔雀，约定最先射中孔雀眼睛的人就可做他的乘龙快婿。这次比武，李渊来晚了，等他赶到的时候，已经有几十个人铩羽而归了。李渊是最后一个上场的，只见他连发两箭，各中一只孔雀的眼睛，这段美好的姻缘也就此开始了。

窦氏为李渊生了四男一女，长子李建成，次子李世民，三子李玄霸，四子李元吉，女儿平阳公主。其中，三子李玄霸也就是小说中被称为天下第一好汉的李元霸，只可惜这是虚构的，李玄霸其实很小就夭折了，史书上除了记载李渊称帝后追封他为王的内容外，就再也没有其他消息了。

李世民是这几个兄弟中最卓尔不群的。作为军事贵族子弟，从小就演习弓马，驰骋猎场。他身强力壮，所用的弓箭要比一般人用的大一倍，而且在百步之外能够洞穿门板。他所受的军事锻炼非常严格而且全面，除熟练操练兵器以外，还要诵读兵书。李世民最常学习的兵书是曹操注解的《孙子兵法》，少年时就能和父亲谈论兵策。

李世民虽然出生在武将世家，但父亲经常在外地做官，他也随父亲历经陇州、坡州、荥阳、楼烦等地，十四岁时又来到了京师长安，一直住到十六岁。他在这段经常漂泊的日子里，游遍了祖国各地的河谷山川、军事要塞，又接触了很多民情风俗和社会现实情况。这使得他的成长经历与安居深府的贵族少年有很大区别：他少有大志，且见多识广，头脑冷静，处事果断，并勤于思索。

李世民少年时期的成长，和家庭环境有着密切的关系。他的叔父、堂兄弟中有许多善于军事的将才，如江夏王李道宗、河间王李孝恭、淮安王李神通，这些人都在李唐王朝创立过程中立下了赫赫战功。军事贵族的出身还让李世民非常重视军人的荣誉感。

雁门救驾，初露锋芒

李世民的武功与父亲一样出色。不用说李世民在两军对垒时多次作为“敢死队”冲锋陷阵，就看李世民使用的弓箭就能说明问题。他的弓箭被称作大羽箭，一箭能射穿七块木板，一弓的拉力足要一百八十斤，是普通常用弓的两倍多，而且他善于左右开弓，多次用大羽箭击退敌军，化险为夷。据说突厥把他的箭视为神物，每次得到时争相传看，把它作为镇库之宝收藏起来，在祭祀的时候才拿出来陈列，当作武功的象征。

李世民不是只有匹夫之勇的莽汉，他兼有母亲的见识和父亲的韬略，也继承了父亲的老成持重。在少年时期，李世民已经表现出了超越同龄人的才能胆识，不仅处事果断，而且结交了很多天下豪杰，开始与李渊一起谋划大业。

隋大业十一年（615）夏末，塞北的雁门（今山西省代县）地区暑气已退，清爽宜人。对于喜欢狩猎的人，这是一年中绝好的时节。隋炀帝杨广就是这样一个贪好游乐、到处炫耀的皇帝，肯定不会错过这个机会。

八月五日，他带着众多的后宫佳丽和文武官员，从太原附近的行宫一路巡幸来到雁门狩猎游玩。杨广豪华靡丽的游乐大军绵延数十里，早就引起了突厥侦察骑兵的注意，他们马上将杨广巡游雁门的消息报告给了首领始毕可汗。这个漠北首领以贪财好掠、反复无常而著称，他如同猫儿闻到腥味一样，马上挥师南下，并“逐臭而来”。

八月八日，始毕可汗率领十几万突厥骑兵，奔向雁门。恰在此时，嫁给始毕为妻的隋宗室之女义成公主得知了这个消息，她立刻抢在突厥兵合围雁门之前，派使者告诉了隋炀帝杨广。

这个时候，已经来不及迅速撤离了，所以杨广带着数十位嫔妃和文武亲信大臣躲进了城池坚固的雁门城，还命令齐王杨暕率领后军，在崞县（雁门西南方向约三十余里）布防，以相互支援。

到了八月十三日，突厥大军已经来到了雁门，他们迅速展开进攻。突厥人很快攻下了雁门所辖四十一城中的三十九座城池，只有杨广所在的雁门和齐王杨暕驻扎的崞县这两座城池还在勉强支撑。此时，雁门所储存的食物已经不多了，仅够城中十五万军民支撑二十天。而突厥大军已经将雁门城团团围住，连续攻打，箭如雨下，好几次都射到杨广面前了。

这个平日里专横跋扈、刚愎自用的皇帝，此时却惊恐万分、手脚颤抖，天天抱着小儿子赵王杨杲哭泣。哭肿双眼也没个主意，最后他听从内史侍郎萧瑀、民部尚书樊子盖的计策，首先派人送信给义成公主，以财物奉献为由，请她劝说始毕可汗退兵；其次是给天下人下诏，停止远征高句丽，并号令各地人马勤王，以解面临被俘的厄运。

八月二十四日，此时李渊刚在龙门剿灭了盗匪毋端儿，还没有来得及喘口气，就接到杨广诏命勤王，他马上率疲惫之师北上。李世民也在其中，但他嫌大队人马速度太慢，单枪匹马很快赶到前线，投到云定兴（屯卫将军）麾下。

可云定兴统率的人马只有一万多人，不敢贸然进攻，他知道李世民是将门之子，又见他谈吐不凡，便以礼相待，并征询他的看法。

李世民从容应对：突厥军队人数众多，又准备充分，所以才敢深入我境，我们人数少，又从远处过来非常疲惫。在这种情况下我们不能与突厥正面作战，那样的话，我们不仅救不了皇帝，还会自身难保，也会助长敌人的士气。所以我们不如虚张声势，迷惑他们，白天在方圆十里以外的山谷中遍插旗帜，夜间猛敲战鼓，营造一个浩大的声势，这样突厥军队就会认为我们的援兵不断赶来，在他们认为处于劣势后一定会不战而退的。

云定兴听完，点头称赞，就依计而行。突厥侦察兵发现隋朝大军源源不断地赶来，正在险要的地方汇聚，连忙禀报始毕可汗。始毕可汗果然中计。此时义成公主通知始毕可汗，说有敌入侵。始毕可汗急忙连夜撤退。隋炀帝杨广的雁门之围解除了。

这一年，李世民才十六岁。

抗击魏刀儿阵中救父

杨广把突厥军队围困带来的耻辱很快就抛诸脑后了，他游兴未减，甚至连勤王解围的将士都没有奖赏，接着又携着众嫔妃、美人继续南下江都巡幸作乐去了。

李世民在云定兴军中逗留了一段时间，见主帅立此大功还未得到天子赏赐，他原有的一番报效国家的激情立刻化为乌有。联想起近年来杨广荒淫失政，佞进贤避，天灾人祸不断，百姓生灵涂炭纷纷起来造反，他不禁心绪浩荡，因此萌生退意，打算先回去游学访友，打定主意之后，就与云定兴告别，回到父亲的府中。

隋炀帝下扬州。隋炀帝，隋朝第二位皇帝（604 — 618 年在位）。少敏慧，好学善诗文，仪容俊美。

此时的李渊任太原留守，太原地理位置险要，是军事重镇，经过他的多年苦心经营，太原已成为他的大本营。李世民在太原仗义疏财，广结天下豪杰，每天都有不少英雄慕名而来。

隋炀帝杨广在江都昼夜行乐。由于他进行了三次劳民伤财的远征辽东和恣意淫乐的巡游，耗空了国库，繁重的赋役逼得百姓们纷纷揭竿而起，各地农民起义风起云涌。

魏刀儿领导的起义军活跃在河北、山西一带，他自号“历山飞”，经常在太行山一带攻城略地，远近闻名。这年春天，魏刀儿又率领数万人马，前来攻打太原。起初李渊没有把魏刀儿放在眼里，亲率骑兵数千人应战，魏刀儿且战且退，把李渊引入包围圈，此时情况万分危急。

负责接应的李世民得知情况后心急如焚，随即拍马赶到，连发数箭，射倒数人，顿时杀出一条血路，冲入阵中。他继续弯弓搭箭，箭无虚发。魏刀儿的兵士有上前阻挡者，无不应弦而倒。

此时后续人马也迅速赶到，和李渊部队里应外合，两面夹击，大败魏刀儿，一时间，敌人兵士陈尸遍野，魏刀儿慌忙中只带了少数几个随从逃跑了。经此一战，太原地区渐渐安定。这一年，李世民十八岁。解救雁门之围和抗击魏刀儿，让小小年纪的李世民初露锋芒，旗开得胜，他的威名也迅速传开了。这既是对他刻苦学习兵法和勤学苦练骑射技艺的检验，也是作为武将世家所特有尚武精神的折射。

结交天下，广招豪杰

杨广的暴政导致天下大乱，隋朝的一些地方豪强、军政官员，眼看隋朝大势已去，也纷纷拉起人马攻州略县，建立割据势力，企图称王称霸，逐鹿天下。其中以河南瓦岗的翟让和李密、河北的窦建德、淮南的杜伏威和辅公佑、马邑的刘武周、河西的李轨、金城的薛举、巴陵的萧铣、曹州的孟海公等声势最为浩大。每处叛乱的人马，从数万、数十万到上百万不等。

已经有过数次战斗经历的李世民显然也注意到了这一成就千秋霸业的有利时机，他不甘人后，也积极谋划，准备在适当的时机起兵伐隋。而父亲驻守的太原地势险要，自古就是兵家必争之地，朝廷还调集了大批部队在太原安营扎寨，同时给予了太原守军充沛的粮草和军饷。李渊和李世民利用天时地利，以太原为中心，广交天下朋友。

很多人都死于远征高句丽的战争中，身为隋朝军官的长孙顺德和刘弘基都非常清楚这一点，他们为逃避应征而躲到太原李渊家里。李世民给他们钱财，帮助他们渡过难关。而这两个人在军事方面都颇有造诣，李世民向他们虚心请教，这样一来他们就成了无话不谈的好朋友。

还有一个隋朝军官名叫窦琮，也是为了逃避兵役在太原隐匿。因为他以前和李世民有点儿小矛盾，担心李世民趁机会报复他，可李世民却非常看重他的将才，还不计前嫌地邀请他来家中做客。窦琮因此十分感动，就同李世民结为至交。

刘文静原为晋阳令，也就是太原当地的民政长官。刘文静与李世民二人相交甚好，并结为挚友。他们经常在一起商谈召集队伍、起兵反隋的大事，可后来他因为与造反的李密有亲戚关系而被逮捕，关押在太原监狱中。李世民经常到狱中探望，并想尽办法将刘文静解救出来。

一时间，李渊和李世民父子豪爽、热情、任人唯贤、虚怀若谷的美名广为传诵。一大批仁人志士想方设法来到太原，投奔到李氏父子门下，李氏父子的实力渐渐强大起来。

CHAPTER

第二章 劝父起兵反隋朝 2

自古以来，晋阳（今太原）地区都是边防重镇，也是兵家必争之地，还是众多英雄豪杰在此表演的政治舞台。而这一次是雄姿勃发、弱冠之年的李世民，他高举起反隋的大旗，策划并导演了一出事关李唐王朝命运的、极具传奇色彩的剧目，这表现出了他无人可比的胆识、深远的谋略与极高的指挥才能。

世民逼父造反，李渊晋阳起兵

李渊虽有反叛的念头，但面对此等大事，他有些瞻前顾后，迟迟不敢亮出反隋的旗号。对此，李世民虽有些着急却又有些无奈。时间来到了公元 617 年，李世民刚刚十八岁，正是血气方刚、敢作敢为的年龄，作为父亲的得力助手，他利用自己特殊的身份积极招募军队，还结交了长孙顺德、刘文静、裴寂、唐俭、殷开山、刘弘基、温大雅、刘政会、窦琮等一大批各式人物，为策划起兵做了大量的准备工作。可他也知道，要想夺取天下，光靠长孙顺德、刘弘基这群亡命之徒是不行的，还必须有像萧何、张良一样的谋臣才行。

萧何像。萧何（前 257 年—前 193 年），沛丰人，早年任秦沛县狱吏，秦末辅佐刘邦起义。

很快李世民就找到了这样的人，那就是他的挚友——刘文静。刘文静（568—619），字肇仁，京兆武功县人，大隋晋阳令，同李世民交情深厚，此人极富韬略，却性情孤傲。就是这个孤傲的刘文静，日后为李唐王朝的建立立下了卓越的功勋。

李世民赶到刘文静家中，二人密商对策。刘文静阅历深，见识广，善谋略。他认为李渊虽然也能看出目前天下动荡的形势有机可乘，却不敢贸然行事，所以直接用言语说服他是很困难的，必须设计使他落入圈套，逼他破釜沉舟起兵反隋才行。刘文静略作思考，随后说：“晋阳宫副监裴寂与你父亲常常在一起彻夜饮酒、谈心、博弈，二人交情深厚，我们可以通过裴寂，让他想办法劝你父亲起兵。”刘文静继续解释说：“裴寂此人非常贪财，又好赌，你要接近他，就必须故意输给他钱财，以此来向他询问良策。”刘文静的分析令李世民豁然开朗，于是李世民拿出自己的数百万私钱，交给好友龙山县令高斌廉，并嘱咐他按照刘文静的计策行事。高斌廉巧妙地将数百万钱全部输给了裴寂，裴寂十分高兴，后来才得知是李世民授意高斌廉故意输钱给他的。

李世民见时机成熟，就请裴寂（573—629）劝说李渊起兵。裴寂心想若是李渊起兵一旦大功告成，以他和李渊的关系，必然是赐封高官厚禄。利欲熏心的裴寂不禁心中无比喜悦，马上胸有成竹地答应了这件事。

一天夜晚，裴寂请李渊到行宫赴宴，两个人推杯换盏，慢慢地醉得晕了头。忽然两个绝色的美人进来就座，她们一起向李渊敬酒，不一会儿就把李渊灌得酩酊大醉。两个美女搀扶李渊去睡，李渊稀里糊涂地与两个美人上了床。等第二天一觉醒来，忽然觉得有些不对劲儿，睁开眼睛仔细查看，原来身旁多了两个昨晚陪他喝酒的美女。李渊便问这两个美女的姓名和身份，美女自称是宫眷。宫眷是隋炀帝杨广的女人，这可是灭九族的大罪。李渊吓得魂飞魄散，连忙穿上衣服，站起来就要逃走。二美人忙劝慰他说：“主上失德，各处已乱成这样，妾没有主公的保护，免不得被人玷污，所以裴公让妾托身于君，希望在乱世中保全性命。”

李渊哪里还敢说话，他急忙跑出行宫，正遇见裴寂。李渊一把拉住裴寂责问：“你为什么这么害我？”裴寂笑着把李世民将要举兵的事情告诉李渊，他说：“现在盗贼遍布天下，城门外就是战场，即使逃跑也免不了一死。如若举义师不但可以免祸，而且还可以得到江山。”李渊回到家里考虑了几天，决定听从李世民的建议反隋。裴寂作为晋阳宫副监掌管着隋炀帝在太原留下的大量财物（米九百万斛、杂彩五万段、铠甲四十万），于是他将这些财物都赠给李渊，以助他起兵。

李渊下定决心起兵，就命令刘文静伪造一封敕书，敕书上谎称朝廷准备再一次攻打辽东，太原、雁门、马邑一带的成年男子都要应征入伍。可李渊身边的左右副手王威和高君雅是隋炀帝的亲信，他们只听从隋炀帝的命令，并监视李渊的一举一动。李渊要想顺利征兵必须征得他们二人的同意。

正好此时刘武周杀死王仁恭起兵，随后又引突厥骑兵南侵太原，李渊借此机会对王威和高君雅说要募兵对付刘武周，否则隋炀帝怪罪下来谁也担待不起，这二人只得同意。李渊马上派李世民、刘文静、长孙顺德、刘弘基、窦琮等人到各地募兵，没有几天就募集了数万人。

李渊要成功起兵，就必须除掉王威和高君雅这两个隋炀帝的眼线。而他们看到李渊招募来很多的士兵，也有些怀疑，二人就暗中调查李渊募兵的内幕。他们发现，长孙顺德和刘弘基在统领新招募的士兵，他们都有案在身，是逃犯。王威和高君雅怀疑李渊图谋不轨，并准备选择适当时机将李渊拿下，向隋炀帝邀功求赏。

617 年五月，太原因久旱无雨，庄稼面临着秋后绝收。李渊作为太原的地方长官、一把手，决定去祠堂求雨。王威与高君雅二人见机会来了，就密谋趁李渊求雨之际，在祠堂外事先埋伏好自己的人马，杀掉李渊，然后夺取他的兵权。

晋阳乡长刘世龙获悉这个消息后，立即通知了李渊。李渊和李世民思虑再三，决定立刻动手除掉王威与高君雅。第二天，李渊和王威、高君雅正在大厅中一块儿谈事情，李世民便让刘文静拿了封绝密特急的文书去求见李渊，并对李渊说："李大人，这里有一封密函，必须由大人亲启。"李渊接过函来，细细阅读起来，随后李渊厉声说道："王威、高君雅，你们这两个大逆不道之臣，竟然勾引突厥军队造反？来人，速将他们俩拿下！"早已在旁边埋伏好的刘文静、长孙顺德等人当场将他们逮捕，关入大牢。这时，城外的伏兵在李世民指挥下封锁了城里所有道路，王威、高君雅的一些亲信和手下也全被抓获。几天后突厥果然来犯，李渊就向城中军民宣布王威和高君雅勾结突厥人造反，处决了这两个人。

617年六月，李渊传檄太原各个郡县，正式称“义兵”，李建成和李元吉也马不停蹄地赶到了太原。此时若想没有后顾之忧地进军长安，就必须处理好与突厥的关系。李渊随后令刘文静出使突厥，并带上自己的亲笔书信和很多贵重的礼物。李渊在信中说：“杨广昏庸无道，老百姓生活凄苦，我等顺应民意，举义起兵，讨伐昏君。大汗若肯出兵相应，助我南行，攻下长安之后土地民众归我，金帛财物都归大汗，并唯大汗是命。”突厥始毕可汗见李渊愿意臣服自己，又能坐享钱财，非常高兴，就派遣他的将领康鞘利率领五百名士兵和数千匹战马协助李渊。

自此李渊正式打起“举义兵，安隋室”的旗号，开始带领李世民和众将领南下向长安进发。太原起兵是李渊和李世民父子走向成功顶点的第一步，也是建立唐王朝的开始。

首战西河郡，与李密结盟

李渊控制的晋阳地区共有五个郡。在李渊起兵之后，有四个郡立即表示服从李渊的号令，只有西河郡（今山西汾阳）拒不听命。西河郡的郡守是高德儒，他将李渊派来的使者公开杀掉，又派人迅速前往江都向隋炀帝杨广报告李渊起兵之事。杨广得到奏报后，非常恐惧，急令洛阳、长安严加防备。

高德儒不肯归降，挡住了李渊南下的必经之路，他成了李渊必须扫除的障碍。李渊将这个首战的重任交给了李建成和李世民兄弟。他说：“你们还年轻，都没有经过历练，先以此战看你们的表现和作为。现在军中众人的眼睛都盯着你们，好好努力吧！”他考虑到二人是初次作战，就让太原县令温大雅参谋军事，协助指挥。临行前李渊再三勉励他们要努力作战，争取首战胜利。

李世民从此开始了为李唐王朝征战的生涯。他们此次的任务并不轻松，因为李渊只给了他们三天的军粮。这也就意味着，如果李建成和李世民在三天内拿不下西河郡，就要失败而归了。这对二人是一个严峻的考验。

李建成和李世民二人率领的军队集中起来的时间不长，几乎都是新兵，大都不熟悉战阵，但二人还是信心百倍地出发了。一路上，他们与士卒同甘共苦，一发现敌情立刻冲锋在前；士兵凡有盗窃乡民菜蔬瓜果的，他们都给予主人赔偿，而且还不责罚偷盗的士兵；沿途凡是有本地乡亲贡献食物，他们从不独自享用，而是与众人一起食用；要是有人特别殷勤地送上酒肉等物，他们则委婉地拒绝道：“此隋法也，吾不敢。”

李世民和李建成不仅廉洁自律，而且对待士兵非常宽容，他们兄弟二人迅速赢得了部众的拥戴，远近百姓对这支秋毫无犯的军队也刮目相看。他们的声誉立即传播开来，很快就传播到西河郡官民的耳中，这令守城的隋军官兵毫无斗志，只有郡丞高德儒企图负隅顽抗。这一年的六月初十，义军兵临西河城下，云梯刚刚架上城头，士气高涨的士兵就蜂拥而上，不费吹灰之力就攻克了城池，郡丞高德儒被抓获。

李氏兄弟当即将高德儒斩首，此外不杀投降的官兵一人，对西河郡的老百姓也秋毫无犯。李世民还令人开仓赈粮。远近各地的青壮年纷纷前来归附，每天加入义军的人数以千计，很快部众便增至数万人。

初出茅庐的李世民不负众望，几乎是兵不血刃地拿下了西河郡，轻而易举地完成了他军事生涯的处女作，同时也在开创李唐江山的征程上迈出了漂亮的第一步。

军队凯旋后，屈指一算，前后仅历时九天。李渊大喜过望地说：“如此用兵，足以横行天下了！”

首战告捷。李渊更加坚定了“南下关中，西取长安”的决心。

李渊进军关中，除了正面的隋军外，还面临着东都洛阳王世充的隋军，以及山东地区的瓦岗军。

隋炀帝画像

李密（582—619），字玄邃，隋京兆长安（今陕西西安）人，出身贵族。曾祖父为西魏八柱国将军之一的李弼。祖父李曜，为北周的邢国公。父亲李宽为隋朝的上柱国，封蒲山郡公。李密继承了父亲的爵位，为侍从官，但一直未受到重用。

613年（大业九年），隋炀帝再次征讨高句丽，他命杨玄感在黎阳负责督运粮草。这时天下已有异动，杨玄感就谋划起兵，暗中派人到长安把李密接过来，让他给自己出谋划策。李密赶到之后，向杨玄感献了上、中、下三策：上策是迅速攻占涿郡，扼守关卡，使隋军无法回家，以至于溃散关外；中策是攻占长安，占据关中和隋炀帝对抗；下策是攻打洛阳。

杨玄感听了这三策后说："您说的下策，才是我的上策。现在朝臣们的家属都在洛阳，如果不占领洛阳，怎么能够影响到他们？并且经过城镇却不攻打，拿什么向天下示威？"李密的上策和中策没有执行，杨玄感采用了必败的下策。

杨玄感来到洛阳后，起初的几仗都取得了胜利。他自以为天下百姓都响应他，早晚都可以夺取天下。在抓获隋朝的内史舍人韦福嗣后，把机要事务交他办理，从此征战大事，不再是由李密一人主持了。韦福嗣本来不是同伙，他由于是战败被俘的，每当策划谋略，他都持模棱两可的态度。杨玄感要他起草布告文书，韦福嗣却推辞了。李密推测出他的用意，就对杨玄感说："韦福嗣抱着观望态度，他不是与我们一起共事的人。您刚举义旗，却把奸细留在身边，必然会被他误事，请您将他斩首以向人们道歉，这样人心才会安定。"杨玄感说："他肯定不会是这样的。”李密知道无法劝说，就私下里对身边关系密切的人说：“杨楚公喜爱造反却并不想成功，我们以后将会当俘虏了！”后来杨玄感准备向西进军时，韦福嗣就偷偷逃回洛阳去了。

隋朝左武卫大将军李子雄因获罪而被抓，他被押送到隋炀帝的行宫去。半路上他杀掉押送官员，迅速去投奔杨玄感。他劝说杨玄感尽快称帝。杨玄感征求李密的意见，李密说：“秦朝末年陈胜要称王，张耳劝阻就被赶走了；东汉末年曹操要挟献帝赐给衣服、朱户、纳陛、车马、乐则、虎贲、铁钺、宫矢、秬鬯等九种器物作为称帝的演习，荀彧制止他却被疏远，最终因此而死。我今天如果说真话，又怕走上了张耳、荀彧的老路；如果假意顺着您，又非我本意。自起兵以来，尽管频频胜利，但一到州郡县城，并没有人响应。洛阳的防守力量目前还很强大，各地的援兵也越来越多。您应身先士卒平定关中，现在却想急着称帝，为什么要向人们表现您的器量狭小呢？”杨玄感笑了笑就没有称帝。

隋朝将领宇文述、来护儿等人率领大军就快到了，杨玄感问李密：“有什么对策？”李密说：“元弘嗣在陇右的实力非常强大，如今我们可以假称他要造反，派遣使者来迎接您，用这个理由率部挺进潼关，还可以瞒住广大兵众。”于是杨玄感就带着队伍向西撤退。到了陕县时，杨玄感却想围攻弘农宫，李密劝谏说：“您现在与大军向潼关撤退，必须速战速决，何况追兵快到，不能停留！如果前进不能据守潼关，后退又无险可守，军队一旦逃散，拿什么保全自己？”杨玄感没有听李密的话，就去围攻弘农宫。围了三天没能攻克，这才带上队伍向西走。刚到达阌乡县，追兵就赶上来了，杨玄感战败被杀。李密秘密进入潼关，被追捕的人捉住了。

李密后来设法逃脱，在王伯当等人的引导下，投奔了翟让领导的瓦岗军。在这支军队中，李密屡出奇谋连败隋军。比如在击毙隋将张须陀（屡次击败瓦岗军，手下有罗成、秦叔宝等大将）等人的战斗中，李密的谋略立了大功。他因此名望大增，野心也随之暴露出来。随后他密谋杀死了瓦岗军的领袖翟让，窃取了瓦岗军的领导权。当时瓦岗军实力强大，有几十万人，并获取了隋王朝大批的良马，装备精良，同时攻占了洛阳周围的几个大粮仓，如兴洛仓、黎阳仓和回洛仓等，粮草充足。李密军队成为中原地区，乃至全国实力最强、最具影响力的大军。

与李渊相比，李密虽然也是关陇贵族出身，但他的政治地位远不如李渊，可此时他的实力却远远超过了李渊，也有西入关中称帝的欲望。李渊进军关中，顾忌东边的李密是必然的。李渊为形势所迫，不能与李密一论高低。设法稳住李密，使其牵制住洛阳隋军主力王世充，这对李渊抢先占据关中是极为有利的。

李渊在进军途中就给李密写了一封信，信中言辞谦卑，他说："当今可称霸中原者非李公莫属。老夫已到了知天命的年纪，根本无力争夺天下。他日若公成就大业，希望能够攀鳞附翼，只要再获封唐国公的称号即可。"并请求与之结盟。李密见到信后异常得意，他对属下说："唐公李渊不足以夺取天下呀！"此后，李密自恃兵强马壮，专心致志与王世充交战，无暇西顾。李密在不知不觉中已经被李渊利用，为李渊牵制住了洛阳的隋军，守住了隋军西进的大门。

霍邑之战全歼宋老生

在李世民和李建成联手攻破西河郡以后，617 年七月，李渊令李元吉镇守晋阳，李渊亲率三万大军，并任命李建成为左领军大都督，统辖左三军，任命李世民为右领军大都督，统辖右三军，裴寂、刘文静分别为长史和司马，唐俭和温大雅为记室，武士彟为铠曹，殷开山为户曹，长孙顺德、刘弘基等人为左右统军，随后大军从晋阳出发，南渡黄河，准备向长安进发。李渊任命的这些人都是太原起兵的功臣，他们也被称为"太原元谋"。

隋炀帝留守长安的孙子代王杨侑早已得知李渊在晋阳起兵，但听说李渊的进军目标就是长安以后，大为震惊，当即派宋老生（虎牙郎将）率精兵二万，驻守霍邑（今山西省霍县），派屈突通（左武候大将军）驻扎在河东（今山西永济西），共同抵御李渊。

李渊大军南下，当行进到距霍邑五十余里的贾胡堡时正赶上连日暴雨，汾水泛滥，路面上水流成河，道路泥泞，无法行军，李渊只好命令军队原地待命。更糟糕的是，暴雨路面难行，导致军中补给不足。

此时的军心极度动摇，因招募的大多为新兵，每天不断有士兵开小差。刘文静出使突厥还没有回来，这时有流言传出，说刘武周已经勾结突厥，马上就要乘虚攻打晋阳。李渊陷入了两难，如果前行进军长安，正赶上恶劣的天气，又深处荒野，粮草不足，后退返回晋阳就会军心涣散，半途而废，被天下人所耻笑。

李渊马上召集众人，在帐下共同商议对策。裴寂认为宋老生和屈突通都是天下名将，手握重兵且占据着险要位置，短期内很难将他们一举拿下，而且刘武周勾结突厥军队对晋阳构成严重威胁，粮草和家属都在晋阳这个大本营中，他主张目前最重要的是保住根本、保存实力。绝大多数的人都同意裴寂的建议，想撤回晋阳。

这时，李世民坚决反对："我们虽被大雨隔断，不能行军，但我们可因地制宜，选取当地的食物，宋老生为人浮躁，肯定会轻视我们，我们一战便可将其拿下。刘武周与突厥勾结，也只是传言。我们既然举起了义旗，就应义无反顾，直取长安，在关中号令天下，哪有中途退却的道理？现在我们遇到一点儿困难，就望而却步，那么我们将来如何让百姓、士兵信服？"

李建成也非常赞同李世民的意见，恳请李渊不要返回晋阳。但李渊有很多顾虑，毕竟一旦丢失了晋阳这个大本营就意味着"失掉了根本"。他思虑良久，还是没有听李世民和李建成的进言，下令军队撤回太原。眼看着已经撤走了一部分军队，李世民焦急万分。他痛哭流涕、捶胸顿足地对李渊说："我们兴义兵讨伐暴政，只有勇敢才能克敌，后退就会军心涣散。如若敌人乘虚而入，我们就会形势危急，晋阳也会不保。所以我才如此伤心啊。父亲您若继续南下，非但太原可保，就连攻陷长安也是指日可待。”

最后李渊同意了李世民的要求。他令人追回部队，准备继续南下进军长安。

李世民的坚持终于得到了回报。没过几天，天空开始放晴，将士们连忙曝晒铠甲、武器及所有衣服装备。随后，从太原运来的粮食也到了。

李渊见时机已经成熟，沿着当地人指引的东南山侧的曲折小路，直扑霍邑城下。李渊担心宋老生闭门不出，对李建成、李世民说：“天气晴朗，我军士气正旺，正是攻城良机。若老生胆怯不战，闭门坚守，我军进退失据，应该怎么办？”李世民献计说：“宋老生素有匹夫之勇，谋略不多。如果派一些轻骑兵到城下编造谎言谩骂他，扬言他与我们曾经一起合谋反隋，指责他现在却闭门观望，宋老生一定会担心他的部下将此事奏报给杨广，为了表明心迹他一定会出来应战。等他出城，我们就设下埋伏引诱他上钩，可一战而擒宋老生，然后乘胜发起攻击，必定占领霍邑。”李渊很欣赏这一谋略，对他说：“你估计的不错，宋老生之前不敢前往贾胡堡迎战，我就知道这个人没有什么作为，现在就按你的计谋行事。”

李渊亲领主力先到霍邑城东数里处埋伏，并派李世民率数十骑到霍邑城下，一边扬鞭挥手制造攻城假象，一边高声诟骂试图激怒宋老生。有勇无谋的宋老生果然一下就被激怒了，率领三万人分别从东门和南门杀出，背城列阵。李渊派大将殷开山急忙去招后军，打算让他们先战后撤。

宋老生以为唐军胆怯，便率军乘机发起攻击。此时李世民和军头段志玄率军冲断老生的阵势，从背后杀入并截断了宋老生的归路。李世民挥动双刀，左劈右砍，杀死隋军数十人，鲜血染红了战袍。李渊的军队士气大振，他们前后夹击隋军，并四处大喊：“宋老生被活捉了。”

隋军一听宋老生被俘，顿时军心大乱，马上丢盔弃甲向城门溃逃，唐军将他们拦腰截住，隋军死伤大半。宋老生见状且战且逃，一会儿就退至城门。守城军士不敢开城门放宋老生进来，就从城头放下一根大绳，让老生攀绳而入。宋老生下马，抓绳拼命攀登，不料大绳被唐军射断，宋老生跳进堑沟，恰好唐军大将军刘弘基赶到，马上将其斩首，号令三军。

守城隋军将士，见主将已死，无不惊慌失措，作鸟兽散。李渊见状马上下令攻城，当时几乎没有攻城器械，但义军士兵克服困难，很快攻占霍邑。

这是李渊、李世民父子南下以来取得的一场大胜仗，尽管付出了不小的代价，但还是极大地鼓舞了义军的士气，附近的州县也纷纷来降。获胜之后，李渊开始对将士论功行赏。军中有些官吏提醒他说："奴仆出身的人，似乎不应该与普通的战士得到同等的待遇。"李渊则不以为然："飞石流箭从来不会挑选谁贵谁贱，为何评定功勋的时候，却要分这些尊卑等级？全军士兵无论部曲和徒隶，应该完全平等，有什么功，就得到什么奖赏！"

军围河东，分兵转战长安

攻克霍邑之后，李渊率军队迅速西进，一路上势如破竹，八月八日占领临汾郡（今山西省临汾市），八月十三日攻下绛郡（今山西省新绛县），八月十五日大军抵达黄河东岸的龙门（今山西省河津市），守城隋军不战而降。与此同时，出使突厥的刘文静不辱使命，与突厥始毕可汗签订了合约，还与大将康鞘利带着五百名突厥士兵和二千匹马迅速赶到了龙门。李渊闻讯大喜，对刘文静说："马多人少，正可助我一臂之力，你立下了大功。"

李渊军队来到龙门，已经逼近长安城的门户，屈突通重兵驻守的河东（今山西永济西南）。此时对于下一步的进军路线，军队中再次意见不统一。

刚刚投奔义军的任环（河东户曹）等人认为，对屈突通重兵驻守的河东不要攻击，应从龙门直渡黄河，招降附近的反隋义军；潼关北面的永丰仓储存着大量粮食，如若攻取永丰仓，那么在攻克长安之前，就掌握了整个关中的命脉。

李渊也倾向于这个意见，但是他手下的很多将领明确反对。他们认为应该先拔掉河东郡这颗钉子，随后再渡河入关，以绝后患。李渊用兵一贯谨慎，他决定暂不渡河，先联络关中的义军取得支持后再作打算。

孙华是当时关中义军中势力最强的，李渊给他写信招抚。很快孙华渡河前来晋见。李渊非常高兴并当即任命他为左光禄大夫，封武乡县公，兼冯翊郡（今陕西省大荔县）太守。随后命左、右统军王长谐和刘弘基等人率六千步骑，与孙华部一起在黄河西岸扎营，与屈突通隔河相对，以切断屈突通的退路。

李渊吩咐王长谐说："屈突通手下人马众多，跟我们相距不远却不敢出战，说明他的军队军心浮动。可屈突通害怕朝廷责罚，又不得不出战。他如果渡河进攻你们，我就攻击他的老巢，河东就很难守住。如果他据城坚守，你就烧掉黄河岸边的索桥（蒲津桥），切断他的退路，到时候两面夹击定可将其生擒！"

到了九月七日，屈突通担心腹背受敌，就令桑显和（虎牙郎将）率数千精锐骑兵深夜渡河，攻击王长谐的军营。王长谐猝不及防，接战失利。危急时孙华亲率精锐骑兵救援，桑显和仓皇败退。为了阻止李渊军队追击，渡河之后他烧断了蒲津桥。

九月十日，归降李渊的人马越来越多，李渊见时机成熟，率领大军将河东城团团围困。

屈突通（557—628），长安（今陕西西安）人，是隋军中一员身经百战的勇将，论资历不在李渊之下。随后他吸取教训，再也不出城应战了，李渊军队多次攻城都无功而返。李渊

复原后的蒲津桥

见河东城城墙峻峭，防守坚固，意识到河东不可能轻易攻克，想放弃河东，渡河入关，却遭到了裴寂等人的坚决反对。他说：“屈突通手握重兵，固守坚城，以逸待劳。就算今天绕开他转攻长安，如果拿不下长安，撤退时就会遭到屈突通的阻击，到时候腹背受敌，形势就危险了。不如趁现在实力强大时，全力拿下河东后再西进。河东是长安的门户，拿下屈突通，长安城必然震动，也会指日可下！”

裴寂话音刚落，李世民马上反驳。他说：“兵贵神速，我们携连战连捷的余威和四方来附的部众快速西进，长安一定来不及做出反应，我们能像秋风扫落叶一样把长安攻下。如果停留在坚城之下时间过久，自己就会疲惫不堪，使长安有充分的时间防御，而我们就会贻误战机。当年汉景帝七国之乱时，吴楚联军陈兵百万，却受困于梁国都城睢阳（今河南商丘）。有人建议吴王刘濞绕过睢阳转攻洛阳，但刘濞未听从这个建议。随后大军久攻不克，军心离散，被周勃大军趁机切断了粮道，吴楚百万大军就此溃败。这可是前车之鉴啊。我们不如双管齐下，兵分两路，派精锐骑兵渡河直取长安，其余的部队留下继续围攻屈突通。”

这是李渊集团军事战略上的第二次分歧。这次李渊站到了李世民一边，他与李建成、李世民亲率主力渡河入关，其他各将领留下来继续监视、围攻河东。

九月十二日，李渊率部一进入关中，各地隋朝官吏立刻望风而降，纷纷献出所辖郡县。其中，华阴县令李孝常献出了下辖的永丰仓，从此李渊军队的粮草和物资不必再依靠太原方面的供给了，李渊已经没有了后顾之忧。

九月十六日，李渊抵达朝邑（今陕西省大荔县东）。九月十八日，李渊命李建成、刘文静、王长谐等率部扼守潼关，防备东面可能出现的隋朝援军；同时又命李世民、长孙顺德、刘弘基等各军进攻渭水以北的泾阳、云阳、武功等州县，从北面包抄长安。

至此，隋朝的帝京长安已经成为一座孤城。

正式建立唐王朝

屈突通得知李渊绕过河东，已经渡过黄河直扑长安，立刻命尧君素（鹰扬郎将）在河东坚守不出，然后亲率精锐数万南下潼关，准备经蓝田救援长安。可是李渊早就猜到了他的这一步棋，他命刘文静驻守潼关，挡在了他回援长安的必经之路上。

当屈突通抵达潼关时，潼关已经陷落，原驻守潼关的隋将刘纲早已被李渊军队斩杀。屈突通在潼关遭遇到了刘文静的顽强阻击。双方相持一个月，他始终不能越过潼关半步。后来屈突通命部将桑显和夜袭义军营寨，刘文静仓促应战。黑暗中双方混战到次日凌晨，义军的两座营寨都被隋军攻占了，只剩下刘文静镇守的一座大营还在坚守。桑显和对这座大营发起猛攻，刘文静被流矢射中负伤，将士们的士气也受到影响，大营差点儿被攻破，处于岌岌可危的境地。

正在这生死攸关的时刻，一支义军如鬼使神差般地出现在了隋军桑显和阵地的后方。他们并不是李渊特意派来的援兵，而是李世民派出去四处侦察的骑兵，人数只有几百人。可谁也没料到他们竟然会在这关键时刻出现在桑显和的背后，见隋军毫无防备，就从背后突然发起袭击。隋军完全没有料到，已征战多时、疲惫不堪的隋军士兵顿时惊慌失措、阵脚大乱。与此同时，刘文静迅速抓住战机，下令士兵从营寨出击。隋军大败，几乎全军覆没，桑显和只身逃离，返回隋军驻地。

桑显和损兵折将并且功败垂成，令屈突通大为沮丧。屈突通意识到长安的陷落已经不可避免，但他执意不降。他杀了李渊派来劝降的家仆，随后又坚持了数月，直到长安陷落，手下人纷纷投降，屈突通才束手就擒。李渊认为他是大忠臣，对他很是重用。后来他在跟随李世民讨伐王世充的战役中立下大功，位列李世民凌烟阁二十四功臣之一。

李渊进入关中之后，在关中的李渊家族和亲属纷纷起兵接应。李渊的长女平阳公主就做了一件让所有人都意想不到的事情——举兵。

当初李渊准备在太原起兵时，他立刻召集儿子李建成、李元吉和女婿柴绍赶往太原协助他。等柴绍走后，平阳公主没有趁机逃走，而是第一时间赶回了位于鄠县（今陕西省户县）的庄园，变卖家产，用这笔钱开始招兵买马建立自己的武装力量，积极响应李渊的太原起兵，同时又可作为李渊进兵关中的内应。

当时长安附近也不太平，已经有多支义军在活动。其中势力最强的有两支：一支以李渊的堂弟李神通、长安侠士史万宝为首，共一万余人；另一支是西域商人何潘仁的军队，总共三万余人。此外的小股义军还有李仲文（李密的堂叔）、向善志、丘师利等。面对错综复杂的局面，平阳公主采取的策略是建立统一战线，团结这些可以团结的力量。

平阳公主想，李神通是自己的叔叔，肯定是自己人，与他联合没有问题；李仲文等人势力尚小，可以暂时搁在一边；当务之急是说服实力最强的何潘仁加入自己的阵营。主意已定，她立刻派手下马三宝前去游说何潘仁，对他讲明利害关系。何潘仁也听说了李渊即将入关的消息，还听说李渊、李世民父子的军队所向披靡，战无不胜，因此再三权衡之后，何潘仁选择归附平阳公主。

在何潘仁的三万人马归附之后，平阳公主当即命他与李神通合兵一处，进攻鄠县，鄠县很快被攻克了，平阳公主建立了自己的根据地。随后平阳公主又命马三宝先后说服了李仲文、向善志、丘师利等小股部队。李渊绝对没想到，他的兵锋尚未进抵关中，长安附近的义军都归入了平阳公主的麾下。他女儿在隋王朝的心脏——长安地区，狠狠插上了一颗钉子。此后，代王杨侑派遣军队不断前来进攻鄠县，都被李神通和何潘仁击败。

李渊的军队挺进关中的同时，平阳公主也在长安外围展开进攻，先后攻克盩厔、武功、始平等地，一时间声威大振。平阳公主治军严明，所到之处对百姓秋毫无犯，所以远近很多青年纷纷奔赴到她的义旗之下，部众迅速增至七万人。

平阳公主把不断胜利的消息传到李渊的军营中，李渊大喜过望。李渊大军渡河后，立刻命柴绍前往南山（今秦岭）迎接平阳公主。后来李世民率军进军渭北时，平阳公主与柴绍北上与他会师。在围攻长安之前，李渊授予平阳公主与柴绍“各置幕府”的权力，也就是让他们夫妻各自拥有自己的直系部队。在隋末唐初这个兵戈横行、以武力争胜的乱世中，平阳公主绝对可以称得上是女中豪杰、巾帼英雄。

十月初，汇集到长安的诸军有二十余万，李渊却不急于攻打，想采取政治手段解决长安，那就是说服代王杨侑主动归降。他不断地派使者向代王转达尊隋之意，代王杨侑哪里肯相信，所以就紧闭长安城门，不再接收李渊的书信。

李渊见状下令攻长安城，同时向军中传令，不得侵犯隋朝的祖庙、代王以及隋朝宗室，“违者夷三族”。随后李世民从西北方向发动进攻，而李建成则从东南方向发动进攻。到了十一月九日，李建成的部下军头雷永吉率众首先登上城墙，隋军一触即溃，李渊军队很快就控制了长安城。在城中拒不投降、顽强抵抗的刑部尚书卫文升、将军阴世师、京兆郡丞骨仪等十余人，以“贪婪苛酷，且拒义师”的罪名被斩首，其余的一律不予追究。本来马邑郡丞李靖因为与李渊有私仇也在被斩之列。临刑前，李靖大声呼喊：“公兴正义之兵，欲平暴乱，为何因私怨而杀壮士呢？”李世民见李靖是个人才，坚持向李渊请求，李靖才被免除一死，李世民把他置于自己的幕府之中。

占领长安后，李渊效仿汉高祖刘邦入咸阳时的约法三章，并废除隋朝的苛捐杂税，大军秋毫无犯。李渊考虑到在关中刚刚立足，四方的豪杰势力都很强大，没有立刻称帝，决定以代王杨侑做自己的傀儡。这样他就可以用隋朝的这块招牌传书郡县，因此隋朝的官员纷纷归附，来接洽的每天都有数百人，就连相隔千里的河北涿郡、渔阳、上谷、北平等地，也遣使表示要忠于李渊控制的代王政权。

李渊准备了皇帝乘坐的车驾迎接代王杨侑（时年十三岁），于公元 617 年十一月十五日在大兴殿即皇帝位，是为隋恭帝。大赦天下，减免全国租税，改大业十三年为义宁元年，并尊隋炀帝为太上皇。李渊以使持节、大都督内外诸军事、尚书令、大丞相的头衔独揽朝中军政大权，杨侑封其为唐王，以武德殿为丞相府。在丞相府中，以裴寂为长史，刘文静为司马，分管民事和军事。以李建成为唐王世子，李世民为京兆尹、秦公，李元吉为齐公。这一年，李世民十八岁。

义宁二年（618）正月初一，隋恭帝令唐王可以剑履上殿（上朝时不脱鞋、佩带剑），赞拜不名（参拜时不直呼其姓名，只称官职）。李渊立世子李建成为左元帅、秦公李世民为右元帅，齐公李元吉为镇北将军、太原道行军元帅，并积极扩充自己的势力。

公元618年三月，隋炀帝在江都被亲信宇文化及等人杀死。

公元618年五月，唐王李渊导演了“禅让”仪式：隋恭帝禅位于唐王，唐王李渊在太极殿正式即皇帝位，国号“唐”，是为唐高祖。李渊派刑部尚书萧造在南郊举行了告天仪式，大赦天下，改纪元为“武德”，推五行之运为土德，色尚黄。

随后李渊废除郡改州，把太守改为刺史，并任命李世民为尚书令，李瑗为刑部侍郎，裴寂为右仆射、知政事，刘文静为纳言，窦威为内史令，李纲为礼部尚书，殷开山为吏部侍郎，赵慈景为兵部侍郎，屈突通为兵部尚书。

立李建成为太子，封李世民为秦王、李元吉为齐王，这标志着唐王朝已经正式建立。从李渊父子晋阳起兵到唐王朝的正式建立，总共经过了一年的时间。这时的李唐政权，仅仅占据关中一隅，急需进行一系列统一战争，扫除各种割据势力，才能建立起统一全国的封建政权。

这给了秦王李世民建功立业的大好机会。

CHAPTER

第三章 3

秦王的赫赫战功

在唐王朝建立之后的一系列统一战争中，年轻的李世民作为三军统帅，肩负重任，亲自指挥了对陇西的薛举、薛仁杲父子的战争，对曾大败唐军的刘武周的战争，对洛阳王王世充以及河北豪杰窦建德的战争。在这些战争中，他不但表现出与年龄极不相符的成熟和老练，还身先士卒，亲自冲锋陷阵，为巩固刚刚建立的唐政权立下了首功。

薛举父子的覆灭

李渊建立唐王朝后，全国已是一片大乱。东边的李密与王世充激战正酣，暂时无暇顾及李渊。北边刘武周虽然有突厥的支持，但面对同样有突厥支持的李渊也不敢轻举妄动。而趁着大唐在长安立足未稳，割据金城（今甘肃兰州）的薛举首先对大唐发起了进攻。

薛举（？—618），隋朝末年群雄之一，祖籍河东汾阴（今山西万荣西），其父薛汪时徙居兰州金城（今甘肃兰州）。薛举身材魁梧雄壮，骁勇善射，本来是隋朝金城府的一名校尉。617 年，陇右（今陇山以西）地区发生了农民起义，金城令郝瑗招募了数千人，命令薛举前去镇压。薛举和他的儿子薛仁杲趁着这个机会逮捕了郝瑗（后来归顺薛举，做了他的谋士），并发兵将金城郡的各级官吏一网打尽，随后他打开仓库，赈济贫民。薛举自称西秦霸王，建元为秦兴，并封他的儿子薛仁杲为齐公，薛仁越为晋公，正式脱离了隋朝。

在战场上的薛举

在兵荒马乱的年代，只要有钱有粮，想要扩充势力是很容易的。薛举大力招纳各地的武装势力，对前来投靠者封官加爵，赏赐丰厚。有一个叫宗罗睺的人率众归附，被封为义兴公。继而西北一带各路人马纷纷来投靠薛举。这让他的势力不断扩大，很快就聚集了约十三万兵力。薛举还有一个天赐的优势是其他群雄不能比的，那就是他所在的河西走廊是隋朝关马的放养基地，储存有大量的战马。薛举因此组建了一支快速、强大的骑兵队伍，使得他在西北地区纵横驰骋，所向披靡，所到之处的城池往往还没有来得及防备就被攻下。

从四月开始，薛举兵分几路，攻下西平（今青海乐都）、浇河（今青海贵德）两郡，进而将陇西（今甘肃陇西）大片地区占领。617 年七月，薛举正式称帝，国号秦，立儿子薛仁杲为皇太子。十二月，薛举派薛仁杲率领数万大军攻下扶风（今陕西省宝鸡市扶风县），意在夺取长安。

薛仁杲刚攻下扶风不久，李渊父子就已经捷足先登攻占了长安。薛氏父子仗着兵强马壮，自然不愿向李渊俯首称臣，就迫不及待地向长安挺进。李渊命秦王李世民为元帅，带兵征讨薛仁杲。李世民率兵西进，在扶风与薛仁杲大战。薛仁杲还从未遇到过如此强悍的对手，在没有组织好阵型时，就已经一败涂地，溃不成军，李世民大军斩杀数千人，薛仁杲只身逃回陇右。这一仗史称“扶风大捷”，是李世民确立军威重要的一战。

但是，薛举没有死心，卷土重来进攻大唐。618 年六月，薛举亲率大军入侵泾州（今甘肃泾川北），逼近高槃（今陕西省长武县北），长安为之震动。李渊再次任命李世民为元帅，并任命刘文静为长史、殷开山为司马率大军前去迎战薛举。七月，两军在高摭城（今甘肃省宁县境内）对垒。

当时正值盛夏，李世民忽然发起了高烧，不能料理军务，于是把军政大事交给刘文静、殷开山处理，并告诫他们说：“薛举孤军深入，粮少兵疲，意在速战速决，目前不可应战。”刘文静和殷开山连连点头，说一定记住李世民的话，请他放心。

但是他们求胜心切，想趁此机会立下大功，竟然没有听从李世民的劝告，贸然出击。随后两军在长武县西南方的浅水塬展开了激战，这时，薛举突然率精锐轻骑从背后袭击唐军。唐军虽奋力反击，但终究不敌士气正旺的薛举军队，只能四处逃散。这一仗，唐军死伤大半，李安远战死，刘弘基被俘，损失十分惨重。

李世民在病中得知刘文静、殷开山不听自己的劝告私自出兵并且大败的消息，异常震惊，但已无力回天。这一仗是李世民自从太原起兵以来最惨重的一次失败，随后李世民率领残部狼狈退回长安，高摭被薛举攻占。

李世民主动向李渊请罪，李渊将刘文静、殷开山撤职，李世民也被降了爵位封邑。但是这次失败对于年轻的、勇猛无畏的李世民也是好事，不仅磨炼了他，也使得在之后进行的战争指挥中更加成熟。

对刚刚诞生的李唐王朝而言，它在关中最大的威胁无疑就是秦帝薛举。连唐军中最能打仗的李世民都在浅水塬败给了薛举，一时间薛举的大名名震关中。手下谋士郝瑗劝他趁热打铁，乘唐军新败，大将被擒，京城一片恐慌的时候继续进攻，一举拿下长安。薛举听后也准备依谋士郝瑗计策行事。让李唐王朝庆幸的是，七月九日唐军在浅水塬惨败，八月九日仅仅一个月，薛举就自己病死了。

薛举死后，秦太子薛仁杲继任秦帝。但是薛仁杲和薛举相比就差了很多。薛仁杲虽然有万夫不当之勇，号称“万人敌”，但他为人非常残暴且刻薄寡恩，在当太子的时候就很不得人心，跟很多将领们明争暗斗、互相猜忌，现在虽然掌了大权，可将领们大多不买他的账。

见此情形，秦王李世民要一雪前耻，于武德元年（618）九月，率军再次出征，攻打薛仁杲驻守的高摭城。薛仁杲命部将宗罗睺出城挑战唐军，可李世民却紧闭营门，拒不出战。手下将领们纷纷请命，李世民说：“我军新败，士气低落，贼兵先前战胜我们后很轻视我们，所以我军应坚守营垒不出，等到薛仁杲军心涣散、我军士气大振之时，就可以一战击败他。”

双方就这么对峙了两个多月，高摭城中的粮食已经没有了，薛举部将梁胡郎等人纷纷率部投降唐军。李世民知道秦军内部已经将士离心，就命令手下将领梁实孤军进驻浅水塬扎营，引诱敌军出战。宗罗睺大喜，就出动了所有的精锐，对梁实的军营发起强攻。梁实死守不出，即使是军营中断水，好几天人马滴水未进也还在坚持，他顽强地击退了秦军的多次进攻。

经过了几天的激战，李世民判断秦军已是强弩之末，就下达总攻命令，在浅水塬与宗罗睺进行决战。李世民亲率数十名骑兵攻入敌人阵中，大军紧随其后，唐军里应外合，秦军抵挡不住，大败，被斩杀数千人。随后宗罗睺向高摭城败逃，李世民随即率两千多名轻骑兵追击。他的舅父窦轨很惧怕薛仁杲的勇猛，连忙拉住李世民战马的缰绳，苦苦劝阻："我军虽破宗罗睺，但薛仁杲仍据守坚城，我们不可轻进，还是要按兵不动，以静观其变。"

李世民摆摆手笑着说："这场大战我酝酿已久了，敌军已经濒临崩溃，我军正势如破竹，机不可失，一切都在我的掌握之中，舅父不要再说了！"随即挥师直抵高摭城。唐朝各路大军将高摭城团团围住，到了晚上，很多城中的守军趁着夜色纷纷出城投降。薛仁杲知道大势已去，就率领众文武百官开门投降，李世民押着薛仁杲凯旋。后来薛仁杲和他的主要成员被李渊斩首于长安闹市。李世民因功被李渊升为太尉兼陕东道大行台。薛举父子在秦陇一带盘踞了数年，终于被李世民消灭。平定薛举是李世民在李唐王朝中独立指挥的第一场大仗，它磨砺了李世民，从这个时候起，李世民似乎具有天生的卓越军事才华，开始不断地展现在众人面前。应该没有人会怀疑，年轻的李世民必将成为大唐帝国中最杰出的军事统帅。

这一年李世民年仅十九岁。

消灭了薛举父子，可关中陇西地区还没有完全太平，李唐政权还面临着另一股割据势力的威胁——西凉王李轨。

西凉王李轨的内乱

李轨（？—619），字处则，甘肃武威人，出身于河西名门望族，为人机智多谋，能言善辩，家财万贯却又能赈济贫穷，因此被乡里乡亲所称道。隋大业末年被任命为武威郡鹰扬府司马。

隋大业十三年（617），薛举在金城郡称帝。李轨与同郡人关谨、梁硕、李赟、安修仁等人商议说：“薛举残暴凶悍，必然派兵攻打我们。郡吏大都软弱胆怯，不足以商讨大事。我们如果齐心协力占据河右，以观天下局势变化，即可保全家人老小。”众人都表示同意这个计划，于是共同推举李轨为首领。

安修仁在夜间率领胡人进入城中，摇旗大呼，李轨率众人响应，抓获了虎贲郎将谢统师、郡丞韦士政等官吏。李轨自称河西大凉王，全都依照隋开皇旧例设置官吏。自此李轨雄踞一方，成为隋末西北地区的一股主要割据势力，与西秦的薛举一同成为李唐王朝在河西的主要威胁。

武德元年（618）八月，李渊派遣使者笼络李轨，并下诏与李轨兄弟相称，与他结盟共同对付薛举。当年冬天，李轨见薛举父子败亡，感觉李渊对他有些鞭长莫及，就趁机称帝，并出兵攻陷了张掖、敦煌、西平（今青海省乐都县）、枹罕（今甘肃省临夏市），占据了河西五郡之地。

秦王李世民剿灭了薛举父子，面对李轨势力在西北地区的迅速壮大，李渊要以武力平定西凉，还是有些力不从心。何况新生的唐王朝要面对许多更强的劲敌：北有刘武周、梁师都，东有王世充、窦建德，南有萧铣、林士弘、沈法兴等众割据势力。

在此情况下，李渊决定采取册封的手段对李轨进行招抚。武德二年（619）二月李渊任命李轨为凉州总管，并册封凉王。在是否臣服于李唐朝廷并接受册封的问题上，西凉朝廷众大臣意见不一。起初李轨本人同意归附，他说：“唐朝的天子是我的兄长，现如今已经占据京师长安，我们兄弟同姓不可与他相争，所以我应该去掉帝王的称号，接受他的封爵。”可李轨的心腹曹珍（时任左仆射）却表示反对，他说：“隋朝已经灭亡了，追逐帝王这个称号的人天下有很多，李唐称帝于关中，西凉称帝于河右，二者相隔万里互不相碍；陛下既已立为天子，为什么还要自己废黜呢？”

李轨考虑很久，他接受了曹珍的意见，随后派遣邓晓（时任尚书左丞）出使长安。给李渊递交的国书上自称是“皇从弟大凉皇帝臣轨”，这表示不接受李渊的册封。李渊见后勃然大怒，当即扣下了邓晓。但此时的李渊只能暂时忍耐。

就像之前薛举大胜李世民后突然病死一样，李渊万万没有想到，短短三个月后，那个鞭长莫及的李轨在一夜之间就被平定了。

李轨的覆灭起源于内乱。

李渊手下的朝臣安兴贵向他奏报，说李轨非常器重他在西凉担任户部尚书的弟弟安修仁，他愿意以这层关系前去游说李轨，对他晓之以利害，让其归降唐朝。

看完奏疏，李渊一度想将其放在一边不去管它，可又念及安兴贵毕竟是一片忠心，应当鼓励一下。随后李渊召见了安兴贵，对他说：“李轨兵力强大，又占据险要位置，南连吐谷浑，北连东突厥，我军即使劳师远征恐怕都不能攻克，就靠你只言片语就可招降他？”

可安兴贵却胸有成竹，他说：“我的家族世代都居住在凉州（今甘肃中西部），汉人和夷人都很敬畏。而安修仁也深受李轨信任，安家子弟有数十人都在凉朝身居要职。我游说李轨，他能听从最好，如若不然，我可相机而动。”

李渊感觉这个安兴贵如此自信，就密令他去凉州。随后安兴贵以个人名义回到了家乡武威（今甘肃省武威市），李轨还以为他是背叛唐朝而归附于他，因此大喜过望，当即任命他为左右卫大将军。

安兴贵慢慢得到了李轨的信任，就试探性地劝说李轨：“凉国的面积狭小，土地贫瘠，百姓也不富裕。而今唐朝起于太原，夺取关中，遏制中原，战无不胜，攻无不克，非人力所能为，此乃天命所归，陛下不如尽献河西之地，则功劳可比东汉窦融！”

李轨立刻就意识到了安兴贵的意图，马上斥责安兴贵说：“我偏安一隅，据险而守，李渊远在数千里之外，能奈我何？你此前在李渊朝为官，肯定是来当说客引诱我投降，来报答李唐的知遇之恩吗？”

安兴贵慌忙跪下谢罪说："臣家族久居于此，现在又蒙陛下宠幸，满门荣庆，因此只是想为陛下献上一点儿愚策而已，如何裁决都在陛下。"

安兴贵出宫之后，意识到劝降已无可能，只有发动兵变。他们安氏家族在凉州振臂一呼，马上应者云集，短短数日他们就拉起了一支胡汉混编的军队，开始攻击武威。李轨大怒，亲自率兵出战，却遭到大败，只好返回城中坚守。安兴贵率部将武威城包围，并派人绕城呼喊："大唐朝廷派我诛杀李轨，其余人一概不究，如有敢相助李轨者，夷灭三族！"

安兴贵的心理战很奏效，很快就瓦解了西凉军队的斗志。城中军民拼命逃往城外，争相投奔安兴贵。李轨见大势已去，就带着妻儿登上玉女台，准备自焚，却被安兴贵的兵马抓住，后来被押往长安斩首，此后河西彻底平定。

安兴贵能如此轻易地剿灭李轨，是因为李轨的大凉政权内部矛盾重重、危机四伏。李轨听信谗言，把最初起兵时的重臣梁硕（时任礼部尚书）杀害。梁硕谋略出众，很得人心，他的被杀使得朝中人人自危，人心也涣散了。李轨修建了一座精美绝伦、劳民伤财的"玉女台"，可是祸不单行，接着西凉又遭遇了灾荒，李轨却没有开仓赈粮，这两件事搞得西凉一片民怨沸腾。所以当安兴贵举兵反叛时，李轨的灭亡已成定局。

面对这场从天而降的胜利，李渊非常高兴，随即任命安兴贵为右武侯大将军、上柱国，封凉国公，赏赐绸缎一万匹，任命安修仁为左武侯大将军，封申国公。自此李唐王朝背后的威胁被一一铲除了。

刘文静被杀，李世民痛失帮手

武德二年（619）的秋天，唐朝的开国元勋、首义功臣、民部尚书——刘文静因谋反罪名被杀。

刘文静和裴寂同为晋阳起兵的主要策划者，两个人从一开始就为李渊积极筹划，对大唐开国所做的贡献都非常巨大，可以说是难分伯仲。但是从私交上来说，李渊和裴寂本来就非常投缘，是可以秉烛夜谈的好友，而刘文静则与李世民关系较为密切，是李世民早期主要的谋士。

在李渊的心目中，裴寂的重要性要比刘文静略胜一筹，从太原起兵一直到唐王朝的建立，李渊给裴寂的地位也自然要比刘文静高出一头。李渊开设大将军府时，裴寂被任命为长史，刘文静被任命为司马；李渊入关成为大丞相时，裴寂转升为大丞相府长史，刘文静也转升为大丞相府司马；李渊称帝后，裴寂高居尚书右仆射，刘文静则官拜纳言，从起兵到立国的政治军事集团中，除了李建成和李世民这两个儿子之外，裴寂始终是李渊心目中的第一号人物，而刘文静则始终屈居第二。

李渊进入长安后论功行赏，二人作为“太原元谋”的首功之臣，都获得了恕二死的特权，但在财物上的赏赐就差别巨大了，李渊赏给裴寂良田一千顷，一座上好的宅院和锦缎四万件。

这让刘文静非常不服气。他始终觉得自己的才干和胆略都在裴寂之上，而且所立的军功又远比裴寂多，可现实中裴寂老是压过他一头，因此刘文静总是要发一下牢骚说给李渊听。武德元年（618），李渊刚刚登基时，经常与裴寂同坐一桌。刘文静见状不满，马上抓住机会对李渊说：“陛下君临天下，率土之滨莫非王臣。从前晋元帝时诏王导与他一起共坐，王导赶忙推辞说，‘陛下是万乘

刘秀（公元前6年—公元57年3月29日），字文叔，南阳郡蔡阳县人，出生于陈留郡济阳县，东汉王朝开国皇帝，中国历史上著名的政治家、军事家。

之尊，陛下对待臣下应该如太阳俯瞰万物！’而现在陛下总是失掉自己的尊严，臣以为这不是长久之道。”

李渊自然明白刘文静话里头的含义。他笑着对刘文静说：“从前光武帝刘秀与老朋友严子陵共寝，严子陵一翻身把脚都压到了刘秀的肚子上，可光武帝根本不在意。而今诸位大臣德高望重，并且都是朕从前的好朋友，往昔的欢聚之情令朕永不忘怀！公等千万不要介意。”

可是刘文静肯定是介意的，他觉得天子李渊处处袒护裴寂，对他的谏言根本不予理睬，甚至还反唇相讥，这让他内心极为不平衡。随后刘文静开始在朝堂上公开与裴寂作对。凡是裴寂赞成的他必然反对，凡是裴寂反对的他必然赞成。二人就此公开决裂，而且反目成仇。

浅水塬兵败给薛举以后，刘文静作为责任人被罢免，但随后他又随李世民消灭了薛仁杲，又因功擢任民部尚书，但是地位与从前相比相距甚远。从前的“纳言”好歹也是个宰相，而今天的民部尚书只有三品，与裴寂相比身份地位的差距越来越大，刘文静想想就生气，经常与他的弟弟刘文起（时任通直散骑常侍）一起喝酒消愁。有一次喝醉后，刘文静居然拔刀猛砍柱子，怒骂道：“总有一天要杀了裴寂！”

刘文静郁郁寡欢、满腹牢骚。他家里也不安宁，总发生一些古怪的事情。他怀疑有妖魅作祟，找了一个巫师作法祛妖。巫师披头散发，口衔利刃，装神弄鬼。一连几日都是在大半夜半明半暗的星光下作法，看上去十分恐怖。这时他的一个小妾因为失宠，就找他的哥哥告发了刘文静，对他请巫师作法的事进行别有用心的解释，当然这些解释的目的就是说刘文静要谋反。

李渊马上将刘文静逮捕，命裴寂和萧瑀担任主审官。李渊让与刘文静不共戴天的裴寂去审案，其用意不言自明。

审讯中，刘文静供出：“首义之初，臣任司马，与长史裴寂的地位和威望相差无几。但现在裴寂贵为仆射，拥有豪宅，而臣的官位和赏赐却非常一般。臣为大唐东征西讨，没有时间照顾留在京师的老母亲和家人，因此臣确实是心存不满，加上喝醉了才会说出这些怨言。”

李渊拿着刘文静的供词却对群臣说：“朕看刘文静说的这些话，很明显他就是想要造反了。”其实朝堂内文武大臣全都心知肚明，刘文静落到这个下场绝不是因为他想造反，而是他得罪了李渊身边的大红人——当朝首屈一指的宰相裴寂。绝大多数人都不敢为刘文静求情，只有萧瑀和李纲坚持认为刘文静决不是谋反。

最后李世民站出来一再为刘文静辩护。李世民说：“当初在晋阳时，是刘文静最早提出举义，随后才告诉了裴寂。后来刘文静出使突厥立下了大功，回来后又在潼关阻击了屈突通，又是大功一件。等到攻克京师长安，刘文静得到的信任和待遇却比裴寂少得多，刘文静肯定会有失落情绪，但谋反他是绝对做不出来的！”

刘文静作为秦王李世民帐下的头号辅臣，是李世民在政治上的得力助手。二人的关系可以追溯到晋阳起兵前夕，那时两个人就已惺惺相惜。刘文静对李世民一直是非常叹服的，甚至把他比作汉高祖刘邦和魏太祖曹操。后来刘文静因为与谋反的李密有亲戚关系而被捕，李世民亲自去探视，刘文静在狱中与李世民谈起了起兵的大计。他曾说在他辖区内的晋阳，避难者豪杰众多，一旦起兵就可募集十万大军。他还明确提出了起兵后的战略计划是直捣关中。这些都与李渊、李世民父子不谋而合。

而到了武德元年（618）七月，李世民任元帅西征薛举时，刘文静则是元帅府的长史；同年十二月，消灭薛仁杲之后，李世民官拜太尉兼陕东道行台尚书令时，刘文静再次担任陕东道行台左仆射。由此可见，刘文静是秦王李世民的死党，李世民必然要为他出头，替他辩解。

但作为皇帝的李渊，对于杀死大臣不是看他是否真的有罪，而是看他是否真正构成威胁。李渊对裴寂的宠信和重用以及对刘文静的疏远和贬抑，更深层次的原因是李渊要抑制李世民，防止他的权力过大。为了这个目的而采取的最好方法就是除掉他手下最重要的帮手刘文静。此类事件在平定天下之后多次上演过。

因此李世民出面替刘文静辩护，不但救不了刘文静，反而会让李渊下定除掉刘文静的决心。

为了帮助李渊完成最后一击，裴寂私下经常对李渊说：“刘文静的才干和智略远超过常人，但是他为人轻浮狂妄，而且他的悖逆之言行也已非常明显，何况当今天下还没有平定，如果现在赦免了他，肯定会留下后患！”

武德二年（619）九月初六，刘文静与弟弟刘文起一同被斩首，家产也被查抄。临刑之前，刘文静仰天长叹，说出了很多功臣临死前都会说的那句话：“飞鸟尽，良弓藏；狡兔死，走狗烹。果真如此啊！”

“刘文静之死”是李唐王朝第一次诛杀功臣。这似乎为后来的“玄武门之变”埋下了伏笔。

刘文静死了，齐王李元吉却在晋阳“不抵抗”，带着老婆、孩子逃回了长安，而李渊派出的两次援军均大败而归。刘武周大军势不可当，迅速席卷了整个并州，一时间关中震动。李渊该如何选择？

与刘武周的战争先败后胜

刘武周（？—620），祖籍河间景城（今河北交河东北），后迁居马邑（今山西朔州）。他出身于富豪之家，年轻时非常骁勇，尤其善于骑射，还喜结交豪侠。他的兄长刘山伯经常责骂羞辱他：“你总是喜欢结交那些亡命之徒，会把我们整个家族都毁灭的。”刘武周觉得在家待不下去了，就前往洛阳投奔隋太仆杨义臣。

612至614年（大业八年至十年），隋炀帝曾三次远征高句丽，刘武周都应募参军，因军功被提拔为建节校尉。东征结束后，刘武周又重新回到了马邑，担任鹰扬府校尉。

隋义宁元年（617年）二月，马邑校尉刘武周见天下大乱，就同张万岁、杨伏念、苑君璋、尉迟恭等人发动叛乱。他们杀死太守王仁恭后起兵反隋，并下令开仓放粮，很快就发展到万人以上。众人推举刘武周为首领，并派人联络突厥，并向突厥称臣。

隋军陈孝意（雁门郡丞）与王智辩（虎贲将）二人合兵一处，共同讨伐刘武周，将他围困在桑乾镇（今山西山阴南）。正在此时，刘武周联络的突厥骑兵赶到了，他们与刘武周共同攻击隋军，隋军大败，王智辩被杀，陈孝意返回雁门。

刘武周趁势攻击楼烦郡，拿下了汾阳宫。汾阳宫也是一座隋炀帝的行宫，里面有数百名隋炀帝的宫眷。为了讨好突厥可汗，并得到突厥的进一步支持，刘武周将俘获的汾阳宫宫女献给突厥始毕可汗，突厥始毕可汗则以战马回赠给他，刘武周因此如虎添翼，兵威大振。随后攻陷了定襄（今内蒙古和林格尔西北土城子）、楼烦（今属山西）等郡，大大扩展了地盘，势力大增。

突厥为了扶植他的割据势力，册封刘武周为“定杨可汗”。随后刘武周自称皇帝，改元天兴，封他的妻子沮氏为皇后，杨伏念为宰相，妹夫苑君璋为内史令。之后率军围攻雁门，围城百余日。陈孝意苦苦支撑，拼死防守，但外无援军内无粮草，不久后就被部下张伦杀死，张伦举城投降刘武周。

这时驻扎在易州（今河北省易县）的农民起义军首领宋金刚（曾经是魏刀儿的部下），被河北义军领袖窦建德击败，他在河北没有依靠，就率余众四千多人归附了刘武周。刘武周素闻宋金刚善于用兵，见他来归附非常高兴，就封宋金刚为宋王，委以重任，还分了一半家产给他。宋金刚把原来的妻子休掉，娶了刘武周的妹妹为妻。李渊在关中建立唐朝，宋金刚觉得有机可乘，就建议刘武周“入图晋阳，南向以争天下”。刘武周听取了宋金刚的建议，就于武德二年（619）三月在突厥军队的支持下率兵二万南侵并州（今晋阳）。

四月大军抵达黄蛇岭（今山西榆次北），兵锋甚盛。

李渊太原起兵的时候，李元吉年仅十六岁。李渊率大军南下关中之后，命他为太原郡守，掌管太原及周围十五郡的军政大权。大唐开国后，李元吉被封为齐王，改太原郡为并州，授并州总管。也就是说，从大业十三年（617）五月起，这个十六岁的李家四公子就成了太原地面上说一不二的土皇帝。

而李元吉平日里以游猎为乐，根本不理军务。张达（车骑将军）多次劝李元吉不要到处游猎，反而遭到李元吉的训斥。见刘武周大军到来，李元吉想借机除掉张达这个眼中钉，就命他率领一百名步兵前去应战。张达一再表示兵力薄弱，无法作战。李元吉不听，强令他进攻。结果可想而知，张达所部全军覆没。张达气愤不已，转而投降刘武周，并亲自作为刘武周军队的向导，在四月初二引刘武周攻陷了榆次。

一时间唐军迅速溃败。五月，刘武周攻陷平遥。六月，占领介州（今山西介休）。李渊急忙派李仲文（太常少卿）为行营总管，与姜宝谊（左卫大将军）率兵救援并州。大军刚行至雀鼠谷（今山西介休境）时，遭到伏击，被刘武周手下大将黄子英击败，李仲文与姜宝谊都被敌军俘虏。

刘武周军队节节胜利，李渊非常担忧。李渊派出了第二拨援兵，以裴寂（右仆射）为晋州道（今山西临汾）行军总管，率领五万大军抗击刘武周。八月，裴寂抵达介休，大军在度索原（今山西省灵石县东）驻扎。裴寂是文臣，对打仗不在行。宋金刚派人切断了唐军的水源，唐兵饥渴难耐，无法支撑，裴寂只好下令撤退，打算寻找有水源的地方驻扎。可唐军刚刚开始拔营，宋金刚立刻挥师进攻，唐军顿时阵脚大乱，或死或逃，几近全军覆没。裴寂只身仓皇逃往晋州（今山西省临汾市）。

至此，唐朝在并州以南、晋州以北的城池全部沦陷，仅余西河（今山西省汾阳市）一座孤城。九月中旬，宋金刚再次进军包围并州。李元吉见援兵屡战屡败，就对司马刘德威说："你和老弱残兵留下来守城，我率领精锐部队出战。"九月十六日夜，李元吉率兵假装出城应战，但随后就带着老婆、孩子向南疾驰，直奔长安。

李元吉刚走，宋金刚就拍马杀到晋阳城。晋阳的土豪薛深打开城门，迎接宋金刚大军进城。刘德威也乖乖地缴械投降。刘武周在转眼之间就占据了李唐王朝的龙兴之地晋阳。十月，刘武周又派遣宋金刚南下攻陷晋州，进逼绛州（今山西新绛），占据龙门（今山西河津），攻占浍州（今山西翼城）。与此同时，夏县吕崇茂叛唐，自号魏王，与刘武周遥相呼应；隋朝旧将王行本占据了蒲坂（今山西省永济市），也与宋金刚联合在一起。至此，山西全境大部分地区都归刘武周控制，李唐王朝在黄河东岸可以控制的区域只剩下了晋西南。

武德二年（619）九月下旬，刘武周大军占领太原后，即命令手下悍将宋金刚乘胜南下，迅速攻下了晋州，还俘虏了刘弘基（唐右骁卫大将军）。随后，宋金刚又进逼绛州，攻陷了龙门。

这时，还有一件事令李渊感到担忧：原河东郡治所蒲坂（今山西省永济市）的守将尧君素被杀后，其部将王行本重新占据了蒲坂，拒不投降，唐军多次派各路将领轮番进攻蒲坂城，数年内始终不能攻下。如今王行本眼见刘武周大兵南下，而唐军自顾不暇，顿时喜出望外，立刻派人联络刘武周，与宋金刚部遥相呼应。

这样一来，唐军在河东的形势更为险恶，关中人心惶惶。李渊不得不下诏给河东各军，说："贼势如此，难以争锋，不如暂时放弃河东，坚守关中。"

如果李渊真的就此放弃了河东，那么大唐王朝统一天下的步伐绝对会拖延很长时间，甚至会形成四方群雄鼎足而立的局面。

李渊的诏书一下，李世民马上反对。他说："太原是大唐的发源地，是国家的根本所在，并且河东物产丰富，民众富有，是京师长安的资源供应地。如果把太原抛弃，臣窃感愤恨！请拨给臣精兵三万，必能平定刘武周，克复汾晋。"

李渊听后非常高兴，马上集结了关中的精兵强将，全部交给了李世民。

武德二年（619）十月二十日，大军出发时，李渊亲自到华阴（今陕西省华阴市）给李世民送行。

这个时候的李世民，已经成为李唐王朝的中流砥柱。在危急时如果不是李世民挺身而出、力挽狂澜，大唐王朝很难顺利地统一。而这个时候的李世民，在历经磨炼后，在战争的指挥中变得越发炉火纯青，形成了自己鲜明的特点，那就是先守不攻，稳中取胜。

十一月，黄河已经开始结冰，李世民率大军自龙门踏冰西渡，进驻柏壁（今山西省新绛县南），扎下营寨，与之前所向披靡的宋金刚对峙。当时，河东各州县村落荒芜，仓廪空虚，百姓全部逃入城邑，导致唐军征收粮草非常困难。驻扎了一个月后，开始断粮。好在李世民在河东的名声很好，在李世民向四方发布文告后，远近民众听说李世民是大军元帅，纷纷前来归附。李世民总算暂时缓解了粮荒。

既然唐军会断粮，宋金刚同样也会断粮，所以李世民采取坚守营垒，拒不出战的策略。这和西征薛举父子的策略一样，都是消耗敌军的粮食和锐气，在其兵疲士衰时再发动进攻。

两军对峙的那些日子，李世民经常轻骑简从，亲自出营侦察敌情。有一次因道路不熟，李世民和随从的骑兵走散了，身边只有一名侍卫相伴。当时天色已晚，由于疲惫已极，李世民和侍卫登上一座山丘的避风之处休息，两个人很快就睡着了。

但就在此时，敌人的一支骑兵队伍路过此地，发现了他们，于是从四面八方悄悄地围了上来。敌兵越来越近。史书上记载，就在这千钧一发之际，从李世民身边忽然蹿出了一只老鼠，同时一条蛇在它身后紧紧追赶。老鼠惊慌逃跑就撞到了侍卫的脸上。侍卫被惊醒了，连忙唤醒李世民，两人随即上马狂奔。刚刚跑出不远，敌人骑兵就已经追了上来。李世民的射术名不虚传，他猛地回身一箭，为首的将领应声而倒，吓得其余的敌兵停止了追击，李世民也就此逃过了一劫。

就在李世民与宋金刚两军对峙的时候，早于李世民进入河东的李孝基（永安王）等联军，在进至夏县时要攻击刘武周手下的大将吕崇茂。于筠（陕州总管）建议立刻发动进攻，可独孤怀恩（工部尚书）却认为应该制作更多的攻城器械，才有把握攻城。李孝基采纳了独孤怀恩的意见，因此错失了战机，而李孝基后来也全军覆没了。

吕崇茂被围之后，立刻求救于驻扎在浍州的宋金刚。宋金刚随即派遣了两名猛将前去增援。这两名大将一个叫寻相，另一个就是不久以后归降李世民的猛将、“凌烟阁二十四功臣”之一的尉迟恭。

尉迟恭是朔州善阳（今山西省朔州市）人，字敬德，隋大业末年从军，以勇武闻名，还做了朝散大夫的官；刘武周起兵后吸收他成为部将。此次南下与唐军开战，尉迟恭是宋金刚的主要将领。当他和寻相率军进抵夏县时，李孝基等人发现已经陷入了腹背受敌的困境。尉迟恭迅速发起了猛烈的进攻。唐军大败，李孝基、独孤怀恩、于筠、唐俭和行军总管刘世让全部被俘虏。

至此，唐王朝在河东的最后力量只剩下驻守柏壁的李世民了。尉迟恭和寻相打了大胜仗、解了夏县之围后，在行至美良川（今山西省闻喜县南）时遭到了唐军的伏击。李世民派遣殷开山和秦叔宝突袭尉迟恭，尉迟恭猝不及防，两千多人被杀。混战中，刚刚被俘的独孤怀恩趁乱脱逃，单骑返回长安。不久后，尉迟恭和寻相又驰援固守蒲坂的王行本。李世民亲率三千步骑，抄小路直插安邑（今山西省运城市盐湖区），对尉迟恭发起猛攻，他的军队被拦腰截断了。尉迟恭大败，士卒基本上全军覆没。尉迟恭和寻相拼死逃走。这两场胜仗总算给唐军出了一口恶气，也报了此前唐军连战连败之仇，唐军将士士气高涨，他们都期待着李世民马上与宋金刚决战。

可李世民此刻非常冷静，没有被胜利冲昏头脑。他知道唐军还需要隐忍和等待，就对手下将领们说："刘武周据守太原，靠宋金刚冲锋陷阵，刘武周的精兵强将全部云集在宋金刚麾下。但是宋金刚孤军深入，军中无粮，只靠劫掠度日，因此他很期盼速战速决。而我们必须要紧闭营垒，养精蓄锐，以挫伤他们的锐气，继而分兵攻击汾州（今山西省吉县）和隰州（今山西省隰县），威胁他的腹心地带，等到他兵疲粮尽时，就会逃跑。所以眼下我们应稳守不出。"

鄂国忠武公尉迟恭（585—658），字敬德，朔州平鲁下木角人。唐朝名将，官至右武侯大将军，封吴国公，是"凌烟阁二十四功臣"之一。

形势与李世民判断的一样，到了武德三年（620）初夏，河东战场的形势开始出现了转机。

刘武周在二月上旬接连攻下长子（今山西省长子县）和壶关（今山西省壶关县）后，其攻势已成强弩之末，在之后围攻潞州（今山西省长治市）和浩州（今山西省汾阳市）的战役中一再受挫，多次败给唐军。

从武德二年（619）十一月中旬到武德三年（620）四月下旬，李世民与宋金刚整整对峙了将近半年，宋金刚军中粮草全部告罄，不得不撤离浍州，向北逃走。在宋金刚全线撤退的时候，李世民抓住时机，亲率大军死死咬住不放，一个昼夜内追击了二百余里，与宋金刚打了大小数十战，每战必胜，宋金刚一直逃到了高壁岭（今山西省灵石县南）。

当唐军一口气追到高壁岭下时，手下大将刘弘基觉得该停下了，不能再往前追了。刘弘基握住李世民战马的缰绳，说："大王破贼，追逐至此，功勋足矣。弟兄们已经疲惫不堪，饥渴难耐，大王也要爱惜自己的生命，不要再追了。我们应该就地扎营，等待主力和粮食全部集结，然后继续北上也不晚啊！"

李世民回答道："宋金刚已经穷途末路，分崩离析；这是难得的好机会，千万不可错过，我们要一鼓作气将其消灭。如果停滞不前，让他们充分休整和戒备，我们再攻击就困难了。我现在考虑的是如何尽忠报国，而没有考虑自己的生命！"

不等刘弘基再说话，李世民扬鞭策马，冲了出去。手下的将士们无奈地默默相对。最后他们咬了咬牙全部跟上，随李世民继续追击。

一直追到雀鼠谷，宋金刚才被唐军追上，双方在一天之内，打了八次仗，宋金刚八战皆败，被唐军斩杀了数万人。

随后唐军在雀鼠谷附近扎营。李世民已经两天滴水未进，三天未脱铠甲。而此时全军将士只剩下了一只羊，李世民和身边的将士们一起食用。

到了四月二十三日，落荒而逃的宋金刚带着两万残兵败将退到了介休。还没坐稳，李世民就已经兵临城下了。宋金刚只好打起精神来应战，命尉迟恭和寻相守城，自己率部在西门外列阵。李世民命李世勣先进攻再佯装败退。宋金刚以为机会来了，就挥师追击，李世民则率精锐骑兵从他的阵地背后攻击。腹背受敌的宋金刚大军顿时崩溃，被唐军斩杀三千余人，宋金刚再

雀鼠谷一景

度北逃。李世民穷追不舍，一直追到张难堡（今山西省平遥县西南）才停下来。

当时，并州以南，晋州（今山西省临汾市）以北的城池全被刘武周军队占领，只有浩州行军总管樊伯通、张德政坚守着西河这座孤城张难堡。当李世民率部来到堡前，因李世民全身都是血水，遮住了脸，他们没有认出李世民。直到李世民摘下头盔，他们才认出来，守军顿时喜极而泣，大家欢呼庆贺。而这时李世民和他的部众们已经是饥肠辘辘了。樊伯通连忙命人呈上浊酒和糙米饭。

尉迟恭和寻相虽然坚守介休，但是连续的多场败仗已经让他们的士气瓦解。当李世民随后命宇文士及前来劝降时，尉迟恭就开门投降了。李世民非常高兴，随即任命尉迟恭为右一府统军，让他和寻相继续统率他们的旧部。兵部尚书屈突通提醒李世民要提防他们叛变，可李世民并没有在意。

当宋金刚惨败的消息传到并州刘武周耳朵里时，他感觉到大势已去，把自己的精兵良将全部交给了宋金刚。而今宋金刚几乎全军覆没，已经是血本无归了。于是刘武周只好放弃并州，带着少数部众逃亡东突厥。

宋金刚本来还想收拾残局再战，可手下士兵听说刘武周已经逃往漠北，也都四散而逃，归附了唐军。宋金刚无可奈何，率自己的亲信一百多人逃奔东突厥。

李世民亲自率领大军进抵晋阳，刘武周朝廷的仆射杨伏念乖乖献出城池投降。随后，原属于刘武周的所有州县再次归属唐朝，只有刘武周的都城朔州（今山西省朔州市）被苑君璋（内史令）据守，拒不投降。李世民留下李仲文（真乡公）镇守并州，然后凯旋返回长安。

流亡东突厥的刘武周不甘心失败，多次借东突厥兵马南下。并州守将李仲文将其屡屡击退，还乘胜占领了唐与突厥边界线上的一百余座城堡。因此李渊任命李仲文为检校（代理）并州总管。

后来突厥人觉得刘武周已经没有了利用价值，就把他杀了。宋金刚同样被突厥人杀死。

至此，李唐王朝终于扫除了北方最强劲的一个对手，而李世民重新夺回并州（今晋阳），对于巩固关中，随后问鼎中原具有极其重要的意义。

山东的另一个豪杰王世充

王世充（？—621），字行满，是祖居西域的胡人。后来寄居在新丰（今陕西临潼东北），他祖父年纪不大就死了。他父亲就跟随改嫁到王家的母亲生活，从此也改为王姓。王世充年少时阅读了大量的书籍，尤其喜欢兵法以及卜卦算命、天文历法方面的学问。

隋文帝开皇时期，王世充因战功被授予仪同三司的官职，随后又被提升为兵部员外郎。王世充通晓各种律令条文，就利用法律条文随心所欲地徇私舞弊。即使有人批驳他，他也能巧言诡辩，文过饰非，人们与他争论总是处于下风。

隋炀帝大业年间，他被提拔为江都丞兼任江都宫监。这时他的察言观色、奉承谄媚派上了用场。当时隋炀帝多次巡视江都，他都刻意顺从隋炀帝的心意，还制作玉石雕刻和风景彩画，诈称远方的珍贵工艺品，献给隋炀帝以示讨好，因此隋炀帝更加宠信他。后来王世充知道隋朝一定会发生动乱，就暗中结交英雄豪杰，对那些犯罪坐牢的人，也用曲解法律的办法予以释放，从而显示他的恩惠，以收买人心。

613年（隋大业九年）六月，隋炀帝杨广远征高句丽。杨玄感突然发动叛乱，进攻东都洛阳。当时响应杨玄感起兵的人很多，在江都附近就有三支起义军，他们是：余杭的刘元进，昆山的朱燮，常熟的管崇。后来这三支队伍联合起来，占据吴郡，推举刘元进为天子，立百官。

隋炀帝杨广派大将吐万绪和鱼俱罗镇压，这二人都是经验丰富的老将。战事持续到年底，隋军取胜已经不成问题，他们击毙了管崇，并把刘元进和朱燮包围在建安。由于连续作战，将士疲惫不堪，这二人请求暂时休兵一段时间。可有人向隋炀帝进谗言，说吐万绪和鱼俱罗有不臣之心，故意拖延不进攻。杨广大怒，马上将吐万绪和鱼俱罗二人撤职查办。随后，隋炀帝命王世充在淮南征募了数万新兵，继续指挥进攻刘元进。这批淮南兵后来成为王世充起家的资本，也是他的子弟兵。王世充的这支生力军非常勇猛，连续进攻刘元进、朱燮，并取得了大胜。刘、朱先后战死，但仍有不少起义军散落在各地继续与官军为敌。这时王世充发挥了他善于卜卦算命的作用。他挑了一个黄道吉日，把一些投降的起义军士兵集合在通玄寺的佛像前焚香立誓，约定剩下的投降者不杀。刘元进的余部听说后，纷纷投降，不到一个月，吴郡的叛乱被王世充彻底平定。可王世充背信弃义，把所有投降过来的三万余人全部坑杀。

615 年（隋大业十一年），突厥在雁门围困了隋炀帝杨广。王世充得知后立刻带领江都的全部人马赶赴雁门，王世充在队伍里蓬头垢面，痛哭得死去活来，盔甲日夜不脱，每天睡在草地上。隋炀帝知道后认为他忠诚，因此更加信任他。

公元 617 年（隋大业十三年）七月，瓦岗军李密、翟让猛攻东都洛阳，洛阳守军大败，向隋炀帝求救的文书络绎不绝。隋炀帝不得已征调全国精兵驰援洛阳，其中的援军就有江都通守王世充率领的江淮劲卒两万人。随后军事行动的总指挥薛世雄被河北起义军窦建德杀死，隋炀帝就任命王世充担任总指挥。这是王世充获得的一个绝好的机遇，从此王世充手握军权，开始成为雄霸一方的割据势力。

九月，各路援军会集洛阳，总兵力达到十余万。总指挥王世充出兵挑战李密，双方在洛口前后交战一百多次互有胜负。隋炀帝催促王世充迅速打败李密。王世充就带领部队渡过洛水，结果中了李密的埋伏，吃了败仗，光是被淹死的就有一万多人。等王世充率领余部返回河阳时，只剩下一千多人。王世充怕受到责罚，就把自己囚禁起来，送到越王杨侗那里。越王杨侗没有怪罪他，亲自安慰并释放了他。王世充返回洛阳，招集逃散的士卒，重新聚集了一万多人。

618 年（隋大业十四年）三月，宇文化及在江都杀死隋炀帝。隋炀帝驾崩的消息传到洛阳后，越王杨侗被众人拥立为皇帝，年号皇泰。王世充也因拥立有功，被杨侗封为郑国公，与段达、元文都等其他六人一起辅政，时人称为“七贵”。皇泰主杨侗登基时，洛阳已被李密包围。这时宇文化及的叛军已抵达洛阳郊外，意图攻下洛阳城。

元文都建议皇泰主杨侗用高官笼络李密，拿钱财暂时利诱他，让李密去攻打宇文化及，使二者自相残杀。众大臣都觉得这个计策非常好，于是皇泰主杨侗当天就派使者授予李密太尉、尚书令的官职，命令他讨伐宇文化及。

李密非常高兴地接受了朝廷的命令，带兵到黎阳攻打宇文化及，一打胜仗就派遣使者向朝廷报捷，人们都很高兴。王世充却对他手下的各将领说：“元文都那帮人只是文官而已。我们的部队跟李密作战多次，杀死他的父兄子弟很多人，我们一旦成为他的下属，我们就没有活路了！”说这番话是为了激怒将士们。元文都知道后跟卢楚等人商议，要趁王世充上朝时杀掉他。可纳言段达这个人很怯懦，害怕办不成这件事，就派他的女婿张志把这个计划泄露给了王世充。

当天夜晚王世充带领人马包围宫城杀死了费曜、田阇、元文都、卢楚等人，还派自己的卫兵换下了宫中所有侍卫，然后拜见皇泰主杨侗谢罪，说：“元文都等人犯下大罪，要联合李密阴谋制造内乱。我是不敢背叛国家的，情况紧急才采取这种办法。”皇泰主杨侗只好升任王世充为尚书左仆射，总领朝廷内外各项军务。从此王世充独揽朝政大权，还任命他的哥哥王世恽为内史令，住进皇宫，侄子后辈都握有兵权，在各地镇守。

没过多久，李密打败了宇文化及，但他的精兵强将多半战死，剩下的也都疲劳困乏。王世充想乘此良机攻打他，但怕人心不齐，就再一次采取他的鬼神迷信骗人，叫巫师在河边宣扬讨伐李密一定会大获全胜，否则兵士们就会死于瘟疫。王世充的兵士多半来自江淮地区，习俗上相信这些蛊惑人心的怪诞言辞，大家都请求作战。于是王世充挑选精锐骁勇之士，共两千多匹战马和两万多名将士，扎营在洛水南边。李密驻扎在偃师的北山头上。

当时李密刚刚击败宇文化及，很藐视王世充，也没有建筑壁垒工事。王世充派遣三百多名骑兵，趁着夜色埋伏在山谷中，他下令在黎明时分进逼李密。李密仓促出兵应战。王世充预先埋伏的骑兵发起冲锋，居高临下，冲向军营，并放火焚烧。很快李密的队伍就被冲散了，手下将领张童仁、陈智略投降了。王世充乘胜追击打下了偃师。李密溃逃到洛口。

李密此时早已不得人心，他逃到长安归附于李渊，驻扎在李密辖区的守将纷纷向王世充投降。李密原来的地盘几乎都归了王世充，王世充的势力范围也从洛阳扩展到整个河南。同时秦叔宝、程知节（程咬金）、罗士信、裴仁基、单雄信等名臣大将纷纷归降。

王世充击败李密后，皇泰主杨侗封王世充为太尉，开太尉府，朝中所有事务都听从于太尉府。随后王世充派遣云定兴、段达等手下人，向皇泰主杨侗索要车马、衣服、乐则、朱户、纳陛、虎贲、宫矢、𫓧钺、秬鬯九种器物，要“加九锡”，发出了夺取政权的信号。

皇泰主杨侗不得已在619年（唐武德二年）三月，封王世充为相国，统管百官，并加封为郑王，如数赐给王世充九种器物。同年四月，王世充冒充皇泰主杨侗发出诏书把隋朝帝位让给王世充，并派遣哥哥王世恽到含凉殿废掉皇泰主杨侗，篡位为帝，建年号开明，国号为郑，他族人中的众多兄弟侄子都被封为王。同年六月，王世充派遣自己的侄儿王行本鸩杀了皇泰主杨侗，给他一个称号叫“恭皇帝”。

秦琼剪纸像

620年（武德三年）二月，王世充的殿中监豆卢达叛逃到李唐朝廷。王世充害怕人心离散，就用酷刑控制逃跑的人。家里如有一个人逃跑，全家无论老少都株连被杀，父子、兄弟、夫妻之间要是告发对方就可免罪。又命令五家为一保，互相监督，如果有人全家叛逃，四周的邻居都要受连累处死。

随着处死的人不断增多，人们就更想叛逃，甚至连上山砍柴的人都有时间限制，弄得人人自危，生活都无法继续了，还把宫廷当作了大监狱，很多人家连同家属都被捆绑起来送进宫廷关押。派遣将领出外作战的时候，也把他的亲属作为人质囚禁起来。被囚禁的人很多都没有食物，一天有几十人因饥饿而死。王世充的战争没完没了，库存的粮食很快就吃光了。城里的人就吃人肉，还有的人把泥土放进瓦瓮做成饼子吃，吃得人人都身体肿胀，腿脚发软，走一会儿就躺在地上了。王世充的尚书郎卢君业、郭子高等人都因逃跑而饿死在山沟里。

王世充统治的河南地区人民民不聊生，李唐王朝觉得此时攻打王世充是一个好机会。620年五月，李世民刚刚平定刘武周，高奏凯歌回到长安城。七月，李渊就命令李世民统率诸军，出潼关征讨王世充。

其实早在618年四月初，李建成和李世民以援助越王杨侗抗击宇文化及为名，先行抵达东都洛阳附近的芳华苑，立刻派人向东都朝廷表示增援之意，可越王杨侗不上这个当，始终紧闭城门。而李密的瓦岗军则试探性地和他们交了一下手，之后就各自按兵不动。李世民冷静地分析了一下当时的形势，得出了自己的判断——现在夺取东都的时机还不成熟。

这时候的洛阳周围聚集着几大势力：李密的瓦岗军训练有素，都是百战之兵，具有很强的战斗力，总共有三十多万人，实力最强；而且东都洛阳王世充军队也算是隋朝军队中的一支劲旅；此外宇文化及的十几万军队也正杀向洛阳；距离洛阳不远处的河北豪杰窦建德也虎视眈眈地注视着这里的一举一动。这几大势力加在一起就有百万之众。如果与他们硬碰硬地拼抢东都，就算获胜，自身也会损失惨重。即使拿下洛阳，面对周围的强敌，也不见得能守得住。更何况关中平定不久，根基未稳，而他们兄弟二人带来的是长安的所有精锐部队，万一西北的薛举在此时乘虚而人，长安将会陷入危险的境地。李世民的想法是坐山观虎斗，等这几大势力互相绞杀，斗得你死我活之际，再出关摘取胜利果实。后来的结果和李世民预想的一样，宇文化及被李密打败后逃走，又被窦建德杀死；随后李密又被王世充击败，归附了李渊；王世充独自占据了河南，但他的根基也并不牢固，也与唐军和窦建德军队互有征讨。

四月初四，李世民率大军班师返回长安。撤军之前，李世民料定东都必定派兵来追，于是在三王陵（洛阳城西南）设置了三道防线，严阵以待。

果不其然，军队刚刚西行，东都洛阳王世充的手下段达就率一万多人一路尾追。结果遭李世民的伏击，大败而逃，还被斩杀了四千多人，一直把段达追到了洛阳城下。随后李世民又在东都附近设置了新安郡（今河南省新安县），命部将史万宝和盛彦师镇守，设置宜阳郡（今河南省宜阳县），命吕绍宗和任环镇守。这两个据点一南一北，互为掎角，相互间可以协同攻防，一方面监视东都洛阳王世充大军的动向，一方面作为防守潼关的门户，其战略意义非常深远。

秦琼和程知节二人归降王世充之后，得到了他的优待和重用，但是王世充为人狐性多疑，阴险狡诈，让他们十分厌恶。为王世充效命，让秦琼和程知节二人不但觉得是耻辱，而且感到毫无前途。有一次，程知节忍不住对秦叔宝说："王世充气量狭小，又毫无见识，却又经常信口开河，还总是诅咒发誓，像一个老巫婆似的，这就是我们为之效命的可以铲除祸乱、匡扶正义的明君吗？"于是二人下定决心找时机归降唐朝。

武德二年（619）二月下旬，王世充在九曲（今河南省宜阳县北）与中原唐军会战，命秦叔宝和程知节率军列阵迎敌。秦叔宝和程知节二人对视一眼：机会终于来了。还未等王世充下令进攻，这二人忽然率领亲信骑兵数十人离开阵地，一直向西狂奔一百余步，他们回头下马，叩拜王世充，对他说："我等受您的厚爱，本应好好报答，可您性情猜忌，爱听谗言，您那里不是我等的托身之所。现在不能再跟随您征战了，请允许我们就此告辞。"说完立刻翻身上马，来到唐军阵地投降。

王世充恨得牙根发痒。这些人都是当世的猛将，谁也不敢追击，只好眼睁睁地看着他们投奔唐军。秦叔宝和程知节投唐之后，被纳入了李世民帐下。李世民素闻二人勇猛，当即厚礼相待，任命秦叔宝为骑兵总指挥（马军总管）、程知节为左翼第三军指挥官（左三统军）。秦叔宝和程知节二人弃暗投明也让王世充麾下的其他将领蠢蠢欲动。不久后，李君羡（骠骑将军）、田留安（征南将军）相继率部降唐；李厚德和赵君颖也率殷州（今河南省获嘉县）部众，举城归降唐朝。

相对于平定薛举父子和刘武周，李世民与王世充之间的较量持续时间最久，也打得最为艰苦。王世充听说李世民统兵前来，丝毫不敢怠慢，赶紧调兵遣将，选拔一批骁勇善战之士集中到洛阳，并派遣亲信防守洛阳以及洛阳周围的军事要地，自己亲率三万大军，同唐军对抗。

620年七月，李世民率大军进至新安（今河南新安），距洛阳七十里。王世充据守洛阳全力抵抗。洛阳城高墙厚，防卫严密，一时间难以攻破。

于是，李世民调兵遣将，派出两路兵马，从洛阳南北两翼东进，一路上势如破竹，接连胜利。王世充属下的许多州县纷纷倒戈，投降了唐军。唐军前锋直指管城（今郑州市），威胁到洛阳的东面，并切断了王世充的供应线。李世民则亲自率领大军驻扎在洛阳北面的北邙山下。为了虚张声势，李世民让手下将士广建营房，夜晚时分还让士兵们吹响号角、擂起战鼓，似乎马上就要攻城，从心理上给洛阳守军施加压力。

有一天，他带领几十名骑兵到前方观察敌情，不料突然与王世充的大军相遇。敌众我寡，李世民很快被敌军围住了。好在此处道路狭窄，敌人的兵力难以展开，否则就危险了。

王世充认为这是活捉李世民的天赐良机，就步步紧逼，指挥部下蜂拥而上。李世民左右开弓，箭无虚发，还命令部下保持队形，不要失散，李世民与尉迟恭亲自断后。王世充手下一位大将左建威将军燕琪立功心切，冲在最前头。尉迟恭突然返身向后驰去，两马相交，竟将这员敌将活捉过来。就这样，李世民且战且退，始终没有被敌人彻底围住，反而屡有斩获。王世充以为李世民是用疑兵之计引诱郑军深入，便鸣金收兵，不再追赶。

这次惊险的接触战，让李世民认识到，王世充这个人多疑寡断，难成大器，因而对战胜他充满了信心。

经过两个月的征战，李世民手下大将连续攻打洛阳周围的城镇，捷报频传。黄君汉拿下了回洛城（今洛阳东北），并攻克了相邻的二十多个据点；刘德威攻入河内（今河南沁阳）；史万宝进军龙门（今洛阳南）；王君廓拿下了洛口（今河南巩义）。

随着唐军的不断胜利，早就对王世充心怀不满的郡县相继投降：长史张公谨和刺史崔枢向李世民献出了洧州（今河南省扶沟县）。张公谨此后成了秦王李世民手下的一员得力干将，武德九年（626）还追随李世民参与了"玄武门之变"并立下大功，后来成为"凌烟阁二十四功臣"之一。随后邓州（今河南省邓州市）的一些豪强发动叛乱后举城投降唐军；显州（今河南省泌阳县）总管田瓒率下辖的二十五个州也全部投降唐朝。几天以后，尉州（今河南省尉氏县）刺史时德叡也率下辖的七个州归降，包括杞州（今河南省杞县）、夏州（今河南省太康县）、陈州（今河南省淮阳县）等地区。李世民对这些投降的郡县全部保留原来的官员，只是改了州县的名称。黄河以南的其他州县无不望风而降。

这一连串大规模的投降行动是对王世充之前所作所为的一个最好的回应，但无疑对王世充造成了致命打击。因为它极大地削弱了王世充的势力，致使北面主力驻扎的洛阳城和南面主力囤积的襄阳城（今湖北省襄阳市）被唐军一块一块地分割包围，彼此间道路阻断，消息隔绝，相互间只能各自为战了。

唐军的攻势越来越猛烈，王世充的地盘也在一天天地不断缩小。到621年二月，唐军已经占据洛阳的所有外围据点。李世民亲率主力来到洛阳西北的青城宫外。王世充见唐军还没有来得及修筑营寨，就率领精兵两万出城攻击李世民。这是双方在洛阳城外第一次正面对决，王世充与李世民的大战也一触即发。

李世民命精锐骑兵在北邙山下布阵迎敌，随后李世民登上不远处的北魏宣武陵上察看敌情。他对左右将领说："王世充已经穷途末路了。这次王世充居然敢把全部兵力都投入战场，他是想侥幸战胜我们。但如果我们今天打败他们，以后王世充就再也不敢出城应战了！”于是他命令大将屈突通率五千人渡过瀫水进攻王世充，随后李世民亲率数十个骑兵，偷偷绕到敌人身后，乘其不备，一举攻入敌阵，一下打乱了郑军的阵脚。王世充的部队没有料到李世民从背后偷袭，被杀了个措手不及，死伤较多。

在李世民纵横驰骋、杀得性起的时候，不料前面突然出现了一道河堤，李世民连忙掉转马头与大军会合。可是周围布满了敌军，保护他的数十名骑兵这时也失散了，身边只剩下一个大将丘行恭。敌人见状围了上来，流矢纷纷射向李世民。李世民的坐骑被弓箭射中，应声倒地而死，李世民也跌落在地，眼看周围的几个敌军就要活捉李世民。李世民手下大将丘行恭看到他情况危急，连发数箭射死李世民周围的敌军，并把自己的战马让给了李世民，李世民骑上战马后奋力拼杀，终于突围回到了自己的阵中。

此时，李世民的部队还在与王世充交锋。这一仗打得异常惨烈，从早晨一直持续到晚上，仍不见胜负。唐军士兵越战越勇。郑军士兵却个个筋疲力尽，有些力不从心，招架不住了。他们开始不听号令，向后溃退。王世充万般无奈，只好掉转马头撤往洛阳城。李世民乘胜追击，一直追到了洛阳城下。在这场厮杀中唐军俘虏敌军六千多人，斩杀敌军一千多人，而且还把洛阳城团团围住。

王世充意识到自己的军队在野战中难以战胜李世民，就龟缩在洛阳城里不敢再轻易出兵。不出战，王世充军队就严防死守。他们的城墙十分坚固，防御部署也非常严密，而且还装备了大量的重型武器。比如投石机，可投掷五十斤的飞石，投掷距离达二百步。可想而知，这样的“炮弹”发射出去，每一发都可以把对方士兵砸成肉酱。此外还有一种巨型连弩，把弓拉满的时候形状大如车轮，箭镞形同大斧，每次可以连续发射八箭，射程可达五百步。尽管李世民组织士兵日夜不停地从四面猛攻，却付出了重大伤亡。这场仗一连打了十多天，洛阳城还是被王世充牢牢地守住了。

唐军的将士们有些疲惫不堪，于是有人劝阻李世民停止攻城，班师回朝。可志在必得的李世民不同意，他说：“洛阳周边的地方我们都已经拿下了，王世充只剩下洛阳这一座孤城。如果我们此时撤军，那些被占领的地方就会重新回到王世充的手中。我看洛阳定然不会支持很久，成功已近在咫尺，为什么要撤军呢？”

于是他下令：“军中以后有再言撤军者，一律处斩。洛阳城一日不破，我军就一日不还。”可还是有人不服气，就偷偷地上奏长安的李渊要求撤兵。数日后，李渊一道密诏令李世民撤兵。李世民也立刻上奏，坚持认为洛阳一定可以攻克。为了加强说服力，李世民还特意派遣随同出征的军事参谋封德彝奉表入朝，向李渊当面陈述。封德彝抵达长安后，禀报李渊说：“王世充原来所占据的地盘很大，但是手下官吏将士离心离德，现在大部分都已归降我朝，王世充号令通行的只剩下洛阳一城而已！王世充已经智竭力穷，朝夕之间即可攻克；倘若现在班师，他的势力就会重新振作起来，到那时他的各地贼兵再度联合，要想重新攻打就非常困难了！”李渊听封德彝这么一说，随即取消了撤兵的命令。

此后，李世民部队中要求撤军者的情绪逐渐平定下来。李世民还命人在洛阳城周围深挖壕沟、高筑营垒，并彻底切断了王世充的粮草供应。而洛阳城在长时间的包围之后，出现了粮食危机。城中极度缺乏粮食，老百姓已经把城中的草根、树叶、树皮都吃完了。一时间，洛阳城内道路两旁全是饿死的、病死的老百姓的尸体，多得数不胜数。这时的情况对唐军极为有利，拿下洛阳城也指日可待了。

封德彝

河北豪杰窦建德

窦建德（573—621），贝州漳南（今河北故城东北）人。窦建德年轻时很讲信用，把履行诺言看得非常重。他有个老乡父母去世了，可家境贫寒无钱安葬，当时窦建德听到后也很伤心，就立即放下农活，主动送去办丧事的费用，因此深受大家的称赞。窦建德当过里长，因犯法逃出去了，等到隋炀帝即位时天下大赦，这才回家。他父亲去世时有一千多人送葬，但有人为丧事送礼窦建德却拒不接受。

大业七年（611），隋炀帝杨广征高句丽，郡里挑选人才担任小头领，窦建德被选中，当了二百人长。当时山东发生了严重的水灾，百姓中很多人都逃荒去了，同县有个叫孙安祖的，也因水灾家破人亡，妻离子散。孙安祖非常骁勇，县里要招他入伍，他不愿意参加，县令大怒，狠狠打他，孙安祖就杀死县令投奔窦建德，窦建德收留了他。

窦建德对孙安祖说："昔日隋文帝在位时，天下富裕，派百万大军征讨辽东，尚且不能取胜。今年天灾不断，百姓贫困，皇上还要亲自到辽东督战。以往连年征战损伤的元气现在还没有恢复，如今却又要出兵，这容易酿成动乱。男子汉大丈夫就该建功立业，怎能去当俘虏啊。高鸡泊（河北省衡水市故城县县城西南）面积很大，有方圆几百里，湖面上的蒲草又密又深，可以隐藏在那里，并找机会抢劫。等拉起人马以后，静待时局动荡，一定可以干出一番惊天动地的大事业。"孙安祖非常同意他的计划。窦建德又吸收几百人，这些人都是为逃避兵役和没有家产的人，被孙安祖带领成了草寇，屯据在高鸡泊，孙安祖自称将军。

蓨县（今河北省景县）人高士达招集了一千多人，也开始兴兵造反了，在清河郡一带活动，却唯独不到窦建德的家乡骚扰。因此郡里官兵料定窦建德跟盗匪们相互勾结，于是杀掉了他的全家，无论男女老幼。窦建德听说后马上带领手下投靠了高士达。高士达自称东海公，任命窦建德为司兵。后来孙安祖被官兵杀掉，孙安祖手下的几千名士卒全部投奔窦建德。因此他们的势力逐渐壮大，人数也发展到一万多人，还是活动在高鸡泊一带。窦建德往往跟士卒一样吃苦耐劳，所得到的战利品又经常分给部下，因此手下人都为他拼命。

隋大业十二年（616），涿州郡守郭绚率领一万多人马到高鸡泊讨伐高士达。高士达自己谋略远不如窦建德，就把军权全部交给了他。窦建德初次领兵打仗，想就此建立奇功来树立威严。他请高士达在老巢留守，自己选精兵七千人抵御郭绚。他假装叛离高士达。高士达又假装宣扬说窦建德叛逃，并且拉出一名女人诈说成窦建德的妻子，当着众士兵的面杀掉。窦建德就给郭绚去信，要求投降，并愿意作为先头部队，打败高士达来为自己报仇。郭绚信以为真，带领军队随窦建德来到长河边界订立盟约，一起设法干掉高士达。郭绚的军队因此松懈而不做防备，窦建德突然发动进攻，大败郭绚，杀死俘获几千人，得到战马一千多匹。郭绚带着几十人逃走，被窦建德派人追杀，斩下他的首级进献给高士达。从此窦建德在军中声威大震。

此后隋炀帝杨广派杨义臣（太仆卿）率领一万多人讨伐高鸡泊的高士达。窦建德对高士达说："隋军将领中，能打仗的只有杨义臣。他们长途跋涉进攻我们，锐气势不可当，请让我带着军队远离他们，拖他几个月，等他的将士们疲劳厌倦了，再乘机打他个猝不及防，就可以获胜。如果眼下跟他一争高低，只怕我们会失利。"高士达没有听他的意见，留下窦建德守卫大本营，自己领兵迎战杨义臣，初战取得小胜，就轻敌摆酒庆祝。窦建德得知后说："东海公有点自高自大，灾祸就要降临了。隋朝的军队如果乘胜追击，必然打到这里，到时候我们就守不住了。"于是留下人马守卫军营，自己只带一百多精兵占据险要位置，以防止高士达吃败仗。过了五天，果然高士达大败被杀，杨义臣乘胜追击。窦建德就带着这一百多人逃走，逃到了饶阳县，见饶阳县防备空虚，就打下了县城，安抚城中百姓，因此手里又聚集了三千多人马。

杨义臣杀掉高士达后，也没有特别在意窦建德。窦建德却乘其不备返回平原县，全军穿起白色的丧服，把高士达及众将士的遗体掩埋好，还为高士达举行葬礼。此举又招集逃散的士卒几千人，军队又重新振作起来，窦建德自称将军。窦建德捉到隋朝的官吏和当地士绅都是以礼相待。他把刚刚抓到的饶阳县县令宋正本当作贵客，向他请教大计方针。此后一大批各郡县长官逐渐投降于他，他的势力不断扩大，共有精兵强将十多万人。

到了隋大业十三年（617）正月，窦建德在河间、乐寿两县的交界处设祭坛并举行典礼，自称长乐王，设置机构委任各级官吏。七月，隋朝廷派遣薛世雄（右翊卫将军）率领三万人马讨伐窦建德，到河间城南边扎营。窦建德听说薛世雄讨伐自己，就挑选几千名精兵埋伏在沼泽里，周围各城镇的守军全伪装逃跑。薛世雄见状以为窦建德惧怕自己，也没有构筑什么军事设施。窦建德派人侦察后，亲率一千名敢死队袭击薛世雄。正巧碰上天降浓雾，两军互相辨认不清，隋军大败，自相践踏，死了一万多人。薛世雄落荒而逃，其余的部队也全被打败。窦建德接着攻打河间县城，却没有打下。

但后来城里粮尽了，河间郡丞王琮又听说隋炀帝被杀，就请求投降。窦建德就后退三十里，置办酒席等着他。王琮身穿白色丧服，与官吏们一起双手反绑在背后，来到窦建德军营门前请罪。窦建德为他们亲自松绑，与他们一起谈论隋朝灭亡的事，王琮非常伤心痛苦，窦建德也陪着他一起抽泣。有的将领提议说：“王琮与我军长时间作战，我军被杀受伤的人很多，他没有退路了才出城投降，请求煮死他以谢罪。”窦建德说：“这是一位非常有节操的人，应该提拔任用，以鼓励忠心报国的人，怎么能够杀他。从前我们做盗匪时可以随便杀人，如今要平定天下，万不可伤害忠良。”于是下达命令说，“与王琮有仇的人，如今要有谁敢杀害他，其罪可灭三族。”于是任命王琮为瀛州刺史。窦建德开始以乐寿（今河北省献县）为都城，并攻占了周围很多郡县。

唐高祖武德元年（618）冬至那天，窦建德召集文武官员时，有五只大鸟落在乐寿城，随后几万只鸟雀跟着一起飞来，过了一整天才飞走，因此窦建德改年号为五凤。有一个宗城人进献一枚黑玉，属下孔德绍说：“古时的夏禹上天赐予他黑玉，现在您也拥有了黑玉，所以我国应当称为夏国。”窦建德于是建国号为“夏”，自称夏王。

在这之前，上谷郡被王须拔占领，他自称漫天王，聚集了几万人马，进犯幽州，却中箭而死。于是副将魏刀儿接替他，继续统率这支人马。魏刀儿自称历山飞，聚集在深泽县，拥有十万人马。窦建德先是与他订立和约，魏刀儿因此放松了警惕，随后窦建德突然发动袭击，打败了魏刀儿。魏刀儿被部下擒住，送给窦建德并投降。窦建德杀死魏刀儿，将他的余部全部收编到自己麾下。窦建德势力得到迅速发展。

武德二年（619），宇文化及在魏县称帝，窦建德对手下人说：“我当隋朝百姓已久，侍奉的隋朝君主也有两代了。现在宇文化及大逆不道，杀害了隋炀帝杨广，所以他就是我的仇敌了，我与各位共同讨伐他怎么样？”孔德绍说：“如今隋炀帝已死，各路英雄豪杰逐鹿中原，宇文化及干出杀君叛逆的坏事，还篡夺隋朝的皇位，是天下的公敌。您身为义军领袖，对这样的人必须讨伐。”窦建德当天就带领大军讨伐宇文化及，连续几仗都大败宇文化及。宇文化及退守聊城，窦建德用装置灵巧的抛石车投掷石块，四面猛攻，终于攻陷聊城。窦建德进城后先拜见萧皇后，并对她称臣。杀害隋炀帝的全部主谋宇文智及、杨士览、元武达、许弘仁、孟景都被斩下首级示众。

窦建德每当攻陷城镇所得财物，全部分发奖赏给各位将领，自己则什么都不要。他不吃肉，只吃蔬菜和小米饭。他的妻子曹氏也不穿丝织衣裳，小妾、侍女只有十几人。攻入聊城后，他把宇文化及手中的上千名宫女当即遣散。隋朝文武官员和士兵上万人也任凭他们自由出入。如果去投奔别人的，还发给足够的衣物食粮并送出辖区。

王世充废除杨侗自立为帝后，窦建德也效仿王世充开始称帝，建都乐寿，国号夏，并设置天子的旌旗仪仗，追隋炀帝谥号为闵帝。随后他同突厥可汗相互联合，军队的锐气更加旺盛。

武德二年（619），李唐王朝在西北战场上不战而胜，收复李轨的陇西地区，但在东面战场与窦建德的交战中屡战屡败。

619年的春天，窦建德刚刚消灭宇文化及，就对聚集在河北的唐军发起猛攻，唐军毫无还手之力，节节败退。这一年的闰二月，窦建德大军迅速攻陷了邢州（今河北省邢台市），生擒唐将陈君宾（邢州总管）。六月三日，攻陷沧州。八月初，窦建德亲率大军十几万进抵洺州（今河北省永年县东南），唐淮安王李神通退守相州（今河南省安阳市）。八月十一日，窦建德攻克洺州，唐将袁子幹（洺州总管）投降。八月十九日，窦建德又进攻相州，李神通再次后撤，逃往黎阳（今河南省浚县）投奔李世勣。九月四日，窦建德攻破相州，唐相州刺史吕珉战败被杀。九月二十五日，窦建德攻陷赵州（今河北省柏乡县），唐赵州总管张志昂和慰抚使张道源双双被擒。

至此，唐朝在河北的势力除了镇守幽州的罗艺之外，几乎全部落入窦建德的手中。

十月，窦建德率领大军继续向南攻击唐军，很快就逼近卫州（今河南省淇县东）。在距黎阳三十里的地方，窦建德率前锋部队与李世勣手下大将丘孝刚的三百名前哨骑兵相遇。丘孝刚骁勇善战，率先发动攻击。窦建德不敌，慌忙败退，幸亏随后赶到的大军令窦建德转危为安。丘孝刚因此寡不敌众，被夏军斩杀，全军覆没。

窦建德一怒之下命令大军围攻黎阳，李世勣寡不敌众，很快黎阳就陷落了。淮安王李神通、秘书丞魏徵、李世勣的父亲李盖（徐盖）、唐朝同安公主（李渊的妹妹）全部被俘。只有李世勣带着骑兵数百名，突围逃走，渡黄河南下。

李世勣因为父亲在窦建德的手中，最终还是掉转马头，返回黎阳投降了窦建德。窦建德喜出望外，当即任命李世勣为左骁卫将军，任命他镇守黎阳，但是他的父亲李盖被扣充当人质。同时，魏徵也受到重用，被窦建德任命为起居舍人。

黎阳已经陷落，唐卫州守将觉得没有了依靠，也投降了窦建德。

几天以后，唐滑州刺史王轨的家奴刺杀王轨，携其首级进献给窦建德，以为会得到封赏，但窦建德说：“家奴杀死主人，是大逆不道的行为！我窦建德决不接受你这种人！”随即命手下人将那个家奴斩首，连同王轨的首级一同送回了滑州。滑州军民闻讯大为感激，都非常钦佩窦建德的为人，当天就派人向窦建德的使臣请求投降。随后，相邻的州县以及盘踞在兖州（今山东省兖州市）的农民军首领徐元朗等，全部投降窦建德。

王轨，太原祁人，北周名将

十月二十四日，收获大片土地的窦建德班师凯旋，返回洺州，并兴筑宫殿。之后将夏朝都城从北面的乐寿迁到靠近河南的洺州，以利于经略中原，问鼎天下。

李世勣在父亲被擒、不得已之际归降窦建德之后，虽被委任左骁卫将军的要职，但仍一心归唐。十月，李世勣与他的长史郭孝恪商量如何脱身，郭孝恪让他先立战功，取得窦建德的信任后再伺机归唐。李世勣十一月对王世充发动攻击，攻陷了获嘉等地，俘获很多钱粮，都献给了窦建德。窦建德从此对李世勣十分信任。

十二月，李世勣又派手下人对窦建德说：“曹、戴这两州，户口充实，却被孟海公占有。他与王世充表面上很好，实际他们却有很多隔阂，如果此时派大军攻占他，一定会成功。”窦建德认为李世勣说得非常对，并准备亲自前往征讨。于是便派妻兄行台曹旦等将领率五万人先渡河，李世勣引兵三千与其相会。

武德三年（620）正月，李世勣准备趁窦建德渡河之际攻其军营，袭击窦建德，然后把他的父亲救回来，并夺取窦建德所占据的土地归唐。可恰巧窦建德的妻子生产，窦建德一直没渡河，便躲过此难。他的妻兄曹旦过河后，在河南大肆掠夺骚扰，引起众多归附者的不满。

当时相州农民起义首领李文相率众五千余人驻守在孟津中潬城（今河南省孟县西南黄河沙洲上），与李世勣结为兄弟，一起谋划袭杀窦建德归唐。当晚，李文相召曹旦手下二十三位副将，灌醉后杀死。曹旦部将高雅贤、阮君明率部在黄河北岸尚未过河。李文相用四艘大船运北岸三百士兵过河，在河心将其全部杀死。

一个兽医侥幸脱逃了，随后报告曹旦，曹旦马上严加戒备。李文相率精兵二千袭破阮君明，高雅贤率众退走，李文相没有追上他。李世勣听说曹旦已有防备，就舍弃了父亲李盖和郭孝恪，率亲信数十骑投唐。窦建德部下对李世勣非常愤怒，强烈要求将李盖斩首以谢罪。但窦建德则认为："李世勣本来就是唐臣，虽然被我擒获了，但他不忘旧主，逃回唐朝，这是忠臣啊，他的父亲有什么罪？"于是将李盖释放返回唐朝。这一年二月，窦建德击败了李文相，将其斩首。

窦建德、王世充双双覆灭

洛阳城内的王世充已经是困兽犹斗，内无粮草，外无援兵，这时他想到了窦建德。窦建德一开始并不想派兵援救王世充。窦建德的中书侍郎刘彬就建议他说："如果王世充被唐军消灭，唐军的力量就会大大加强。这样就会唇亡齿寒，我们也很难独自保全。不如救援王世充。到时候内外夹击，唐军肯定会被打败，这样就可以长久保持三分天下的形势。"于是，窦建德抛弃前嫌，同意派兵援救王世充。

窦建德先是派人送信给李世民，信上的内容是要李世民迅速撤军。随后窦建德率领十万大军，号称三十万，沿河西上，来救援困在洛阳城里的王世充。李世民接到信后召集大家研究对策。

会上，屈突通、封德彝等人认为，随着窦建德的到来，我军面临着腹背受敌的危险，不如趁此机会先撤军，以后再寻找时机收复洛阳。而郭孝恪、薛收等人则主张要围点打援，在围困王世充的同时分兵占领战略要地，对抗窦建德。

李世民知道，主张撤退的封德彝、屈突通等人的观点还是很有道理的。唐军已经与王世充相持了足足八个月，早已疲惫不堪，士气已不如从前。而窦建德的夏军则是养精蓄锐，以逸待劳，两相比较，唐军胜算不大。夏军的战斗力也不可小觑，武德二年（619）把李神通率领的河北唐军打得一败涂地就是证明。而且这一次窦建德几乎出动了他的全部精锐，十几万精兵强将足以让唐军感到不安和恐慌。

但在李世民看来，两线作战的风险巨大，可一旦成功，便可一战平定河南河北，进而一统天下，同时他的军事生涯也将写上浓墨重彩的一笔，还可以极大地提高他在李唐统治集团中的声望和地位。

李世民同意后者的意见，就命令齐王李元吉带领主力部队继续围攻洛阳城，自己率领三千五百人，迅速前往虎牢关阻击窦建德。不要小看了李世民的这三千五百名精兵，他们都是玄甲骑兵，是李世民亲自挑选的精锐勇士，由手下大将秦叔宝、程知节、尉迟恭、翟长孙统领，每当和敌军交战时，都是李世民亲自带领玄甲骑兵冲锋陷阵，屡有斩获。

这场“虎牢之战”是中国历史上非常著名的一场战役。李世民仅以数千骑兵就破了窦建德十万大军，堪称以少胜多的经典之战。对于虎牢关，大家可能很熟悉，因为《三国演义》中的著名事件，十八路诸侯虎牢关前“三英战吕布”就发生在这个地方。

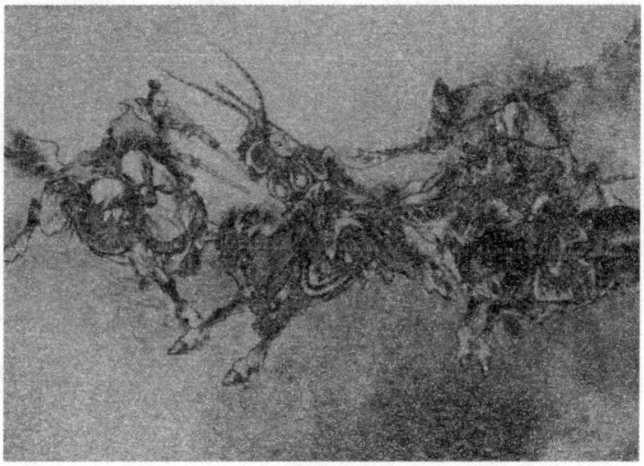

三英战吕布

虎牢关位于今河南省荥阳市区西北的汜水镇，距离市区约十六千米，是洛阳东面的屏障，地势极其险要，因西周穆王曾在此狩猎并捕获猛虎而得名。其关隘修筑在汜水西面的大伾山上。《唐代交通图考》记载：“北临黄河，崖岸峻峭，岧岧孤危，高四十余丈，势尽川陆。”这座雄关可以说是一夫当关，万夫莫开，自古就是兵家必争之地。唐军要想切断王世充的外援，阻击窦建德大军，就必须占领虎牢关。

但是由于虎牢关隘险固，唐军自进军中原以来，始终未能将其攻克，虎牢关一直牢牢掌握在郑军的手中。此时驻守虎牢关的是王世充的侄子、荆王王行本（非隋将王行本）。

然而，就在窦建德大举南下的前一天，唐军轻而易举地拿下了虎牢关。621年二月三十日，王行本属下的司兵沈攸忽然派人来到唐军驻地，找到了再次返唐的李世勣。李世勣这时为左武候大将军，沈攸以前是李世勣的手下，他请求投降唐军。李世勣马上意识到这是夺取虎牢关的天赐良机，于是当天夜里就派遣王君廓（左卫将军）与沈攸里应外合，迅速攻陷虎牢关，生擒了王行本。李世勣因此立下了大功，拿下虎牢关使得唐军有了与窦建德相抗衡的本钱。

窦建德亲率十万大军渡河南下，援助处于危难中的王世充，并在三月初一举攻克孟海公占领的周桥(今山东省定陶县东南)，生擒了孟海公。三月二十一日，窦建德抵达酸枣（今河南省延津县），随后攻陷唐军驻守的管州（今河南省郑州市），并杀死唐管州刺史郭士安。随后窦建德又迅速西进，接连攻克了荥阳和阳翟（今河南省禹州市），大军水陆并进，用大船运载粮食，一路沿着黄河向西进发。

王世充的弟弟王世辩（时任徐州行台）随即派手下大将郭士衡率数千人与窦建德会师。两军总共十余万人，但对外号称三十万。下一步，只要窦建德向西迈过虎牢关，就可以挺进中原，直奔东都洛阳了。但在“一夫当关，万夫莫开”的虎牢关前，窦建德无奈停住了脚步。

窦建德数次进攻虎牢关，均被李世民击退。李世民又发挥出骑兵机动性快速的特点，经常偷袭窦建德的运粮部队，还俘虏了窦建德的大将军张青特。一时间，窦建德的部队有些军心动摇。

在这种情况下，窦建德的谋士国子祭酒凌敬建议不要和李世民继续僵持下去，他提出了一个新的战略思路。他说："大王应率全部主力渡河北上，夺取怀州、河阳（今河南省孟县），然后命令心腹将领镇守，然后大王亲率大军翻越太行山，进入上党（今山西省长治市），占领汾州（今山西省吉县）、晋州（今山西省临汾市），向蒲津（今山西省永济县西黄河渡口）进发，以控制黄河渡口威胁关中，这么做的原因是唐军主力都在围困洛阳，我军可甩开他们如入无人之境，必获全胜；如果向关中进发，关中必然震骇，李世民自然回援，洛阳之围也可解除。"

这在兵法上是典型的"围魏救赵"之策。如果窦建德真的采用这个战略，那么这场战争的结局可能就会大不相同。

窦建德一开始也想采用这个战略。可王世充的使臣王琬和长孙安世却不干了，他们每天在窦建德的面前痛哭流涕，王琬还暗中重金贿赂窦建德的部将。随后当窦建德征求诸将意见时，多数人都说这是纸上谈兵，书生之见，不可相信。但窦建德的妻子曹氏是能带兵打仗的女中豪杰，只有她支持凌敬的意见。

她对窦建德说："凌敬是正确的，如果大王从滏口（今河北省武安市西南，太行山八陉之一）深入，乘唐朝后方空虚直取河东，并且派人与突厥联络，让他们从背后直捣关中，那么唐军必定应接不暇，洛阳之围必定解除。千万不可逗留此地劳师费财！"可是窦建德还是没有听从这个建议，他的结局也就此注定了。

双方一直僵持到621年的五月，李世民得知窦建德要等唐军粮草耗尽，到汜水北岸牧马时趁机袭击虎牢关，就决定将计就计。他命令一千余匹战马放牧于汜水北岸水草肥美的地方，引诱窦建德主动出战。

第二天一早，窦建德倾巢出动，在汜水边列阵，由于兵力众多，南北竟然绵延有二十里。为了鼓舞士气，窦建德命令士兵们擂响战鼓，一步一步向虎牢关逼近。唐军将士看见这个阵势，都很害怕，毕竟敌人的人数实在是太多了，是李世民军队的几十倍。

见惯了大场面的李世民并不慌张，他带着数名骑兵，登上高处观察敌情，决定先按兵不动，等敌军人饥马乏时再出击。窦建德的士兵们一清早就开始布阵，到中午时已经非常饥饿疲劳，就都坐在草地上休息。窦建德也以为唐军不出，是李世民胆怯害怕，心里更加轻敌。

与此同时，唐军在河边饮水、吃草的战马已经返回了。李世民一声令下，三千五百名骑兵全部出击，他亲自率领骑兵冲锋在前，直逼窦建德的大营。窦建德慌忙整军备战，但为时已晚，军队还未集合好，李世民就已经冲到了眼前。李世民带着史大奈、程知节、秦叔宝等人迅速贯阵而过，然后在窦建德军队阵后方展开旗帜。窦建德将士看见阵后竟然飘起了唐军的大旗，以为后方已经完全被唐军占领，自己被包围了，都惊慌失措，争相逃命。窦建德的部队很快就溃不成军。唐军见窦建德的士兵都被吓跑了，就开始乘胜追击，追奔三十余里，斩首三千余级，窦建德也因坠马而被俘。这一仗，唐军一共俘虏五万敌军，李世民下令将这些被俘虏的将士解散，并让他们回自己的家乡。

虎牢关大捷后，李世民押着窦建德和王世充的使节王琬、长孙安世等人来到洛阳城下。王世充见到窦建德被俘后大惊失色，不知所措，忙与众将领商议对策。他们决定要突围到襄阳，但是很多人已经失去了战斗的信心。王世充觉得大势已去，就派人商谈投降李世民，条件是要李世民保全王世充一家人的性命。李世民同意了王世充的条件，于是王世充率领群臣和守城将士出城投降。

随后李世民进入洛阳城，并禁止军队骚扰百姓，命人接管了王世充的仓库，大赏将士，并将段达、王隆、单雄信、郭善才等数十位王世充政权的主要成员斩首。

621 年 7 月，李世民押着王世充、窦建德和数不清的战利品凯旋回到长安。随后窦建德在长安的闹市中被斩首。王世充因为李世民曾经答应保全他的性命而被发配到蜀地，但是在半路上被他的仇人定州刺史独孤修杀死了。从此北方割据政权的另外两大势力王世充与窦建德都被消灭了，李唐王朝统一全国不再有障碍。只是对待窦建德的部将上，李渊父子执行镇压政策，这导致了极其严重的后果。

CHAPTER

第四章 李唐王朝一统天下 4

正当年轻的李世民为李唐王朝铲除了最有能力与他们争夺天下的王世充与窦建德割据势力时，另一位大唐王朝杰出的、大器晚成的军事家李靖登场了。他屡出奇谋，一战就平定了割据江南半壁河山的萧铣集团，将大片领土纳入唐王朝。此时尽管还有一些零星的割据势力，但都不足以对唐王朝构成威胁，唐王朝在经过数年的征战后，终于一统天下。

一战定江南，剿灭萧铣

正当李世民与王世充、窦建德激战正酣时，江南地区进行着另一场战争——平定萧铣。而著名的军事家、名将李靖是唐军南方战场获胜的最大功臣。李靖同样出身于关陇贵族世家。据《旧唐书》记载，李靖“姿貌瑰伟”，从小就表现出与众不同，不但精通史书，而且精通兵法，经常与他的舅舅——隋朝四大名将之一的韩擒虎在一起谈论兵法。

隋末大乱时南方也兴起了几支割据势力，分别是江陵的萧铣、江西的林士弘、江淮的杜伏威等。其中杜伏威已经在唐武德二年（619）九月宣布归降唐朝。而萧铣是后梁亡国之君梁宣帝的曾孙。617 年天下已经失去了控制，萧铣所在地岳州也打算举旗造反，他因为是沾了皇室后裔的光被推选为领袖。618 年，隋炀帝被杀，萧铣趁机在巴陵（今湖南岳阳）称帝，建立梁国。李渊便派左光禄大夫李孝恭和大将军李靖挥军南下，进入巴蜀，攻击萧铣。由于萧铣控制着险塞，唐军进攻受阻，迟迟不能向前推进。

武德四年（621）正月，李靖鉴于敌我双方的形势，上陈了攻灭萧铣的十策，得到了唐高祖的重视。唐高祖二月即任命李孝恭为夔州总管，擢任李靖为行军总管，兼任李孝恭的行军长史。李靖实际上成为前敌总指挥兼总军师，具体负责战事指挥。李靖组织人力和物力大造舟舰，组织士卒练习水战，做好下江陵的准备。同时，他见巴蜀之地归附唐皇朝不久，各部族还不太稳定。为了解除后顾之忧，他劝说李孝恭把各部族酋长子弟都召集到夔州，根据才能的优劣安置下来，分别授以官职，这对于稳固巴蜀政局起了积极作用。

随后，萧铣政权内部发生叛乱，董景珍、张绣等功臣先后被杀，人心叛离。由于李孝恭善待投降的将领，抚慰有加，因此大军所到之处，大部分人都愿意归降，这使得唐军的进攻一路势如破竹。

当唐军抵达江州时，总管盖彦举率兵归顺，唐军不费吹灰之力便拿下了五州之地，打开了江陵的门户。尽管还有一些萧铣手下的将领反抗，却难以抵挡唐军前进的步伐，大军直抵江陵城下。此时由于萧铣才完成将领调换，防守江陵的守军并不多，只有几千人。匆忙之下萧铣下诏征召在外的大军回援，可是梁国疆土广阔，山川纵横，仓促之间无法及时支援江陵。李孝恭很快就攻克了水城，俘获舟船数千艘，梁国的交州总管丘和（今河南省洛阳市人）、长史高士廉（今河北省景县人）等人也归顺李唐。

唐军占领水城，包围江陵后，李靖认为，梁国疆域辽阔，我军已经深入其腹地，如果迟迟攻城不下，敌军援兵从四周集中而来，到时候两面夹击，唐军将陷入危机。所以，李靖建议李孝恭要将所俘获的战船通通丢弃到江中，任其漂流，以迷惑援兵。而梁国援兵已经到达巴陵，见空船顺江而下，果然不敢轻易前进。不久后，萧铣见援兵久久未到，便弃城投降。梁国的援兵见江陵陷落，萧铣投降，认为大势已去，便纷纷投降唐军。李孝恭因此进入江陵。他严明军纪，对萧铣的降将家眷以礼相待，随后南方州郡都望风归附。

从此以后，唐朝平定萧铣，收复江南，隋末以来的几大割据势力已经全部扫除，李渊统一天下的大业基本上已经完成。尽管在全国范围内还有一些敌对势力存在，但是这些势力都不强大，无法对李唐王朝构成实质性的威胁。

河北刘黑闼造反

621 年五月，虎牢关之战中李世民获得全胜，不仅生擒窦建德，还就此降服了王世充，从此山东、河北之地尽归李唐。李世民一战威震天下，已成为李唐开疆扩土的第一功臣，其功劳大大超越太子李建成。而当时窦建德的部将，大多数已自行解散回到民间，可唐朝的官吏严格地搜捕并虐待他们。这激起窦建德余部的强烈反抗，从而掀起一场旷日持久的反唐风暴，持续近两年时间，他们的首领就是窦建德的老乡——刘黑闼。

刘黑闼（？—623），是贝州漳南县人。他年轻时喜欢赌博，还嗜酒如命，不务正业。同乡窦建德与他关系非常好，经常资助他。隋末天下大乱，义军纷起，刘黑闼也投奔了一支义军，是山东地区的郝孝德义军。郝孝德后来投靠了李密的瓦岗军，从此刘黑闼成为瓦岗将领。但不久后李密跟王世充在邙山一战中，兵败投降了李唐，而刘黑闼与秦琼等人被王世充俘虏。王世充觉得刘黑闼很勇猛，很看重他，命他镇守新乡。不过刘黑闼和秦琼、程知节等人一样，觉得王世充这个家伙成不了大事，就投奔了好友夏王窦建德，被窦建德封为汉东郡公。

智勇双全的刘黑闼在窦建德军队如鱼得水，屡建战功，大家都认为他神勇。然而好景不长，很快窦建德被李世民击败，夏政权又灭亡了。刘黑闼觉得大势已去，就卸甲归田，回到原籍，闭门不出，过上了小农生活。这种“日出而作，日入而息”的日子也是逍遥自在的，刘黑闼也很满足。可哪知来了一伙人，这伙人从此改变了刘黑闼后半生的命运。他们是窦建德的旧将范愿、董康买、王小胡等人。这些人被李渊下诏去长安听命，看到李渊杀了窦建德，又大量屠杀王世充的降将单雄信等人，他们感觉到如果去长安就会送死，而解散回到家乡的窦建德余部很多人又受到官府的迫害，他们聚在一起商量以后决定起兵反唐。他们想找个首领，认为刘黑闼最合适，于是就找到了他。刘黑闼经不起他们的怂恿，兴奋得杀牛宴客，决定与他们共举大事。很快他们就招来一百多人，一举拿下漳南县城，开始了他们轰轰烈烈的第二次造反生涯。

刘黑闼聚众起兵、攻陷漳南的消息传到长安，李唐朝廷并未感到震惊。但李渊还是在洺州设立了山东道（太行山以东）行台，任命李神通（淮安王）为行台右仆射，全权负责镇压他们。对于刘黑闼这群残兵败将，李唐王朝认为他们根本构不成多大的威胁。可谁也不会想到这个名不见经传的刘黑闼会掀起一场令人恐惧的飓风。

621 年八月十二日，刘黑闼攻陷鄃县（今山东省夏津县），唐魏州（今河北省大名县东北）刺史权威和贝州（今河北省清河县西）刺史戴元祥率部迎敌，不料均被刘黑闼击败，并战死，人马和武器也全部被刘黑闼俘获。十天后，刘黑闼势不可当，又攻下历亭（今山东省武城县东），唐屯卫将军王行敏被俘虏。刘黑闼命令王行敏向他叩头请罪，王行敏不从，随即被斩。

这些失利的战报如雪片般传来，李唐朝廷终于感到事态严重。李渊随即下诏，征调大将秦武通、李玄通率领关中精锐步骑三千，会合幽州（今北京）总管李艺（原名罗艺，被李渊赐姓李）共同围剿刘黑闼。

刘黑闼初战告捷，声名大振，流落各地的窦建德余部闻讯纷纷前来归附，很快部众就增至两千余人。刘黑闼就在漳南县设坛祭奠窦建德亡灵来激励大家的士气，并自立为大将军。

河北出了一个刘黑闼，没想到一个月后，黄河以南又冒出了一个徐圆朗。在乱世群雄中，徐圆朗绝对可以称得上是墙头草。他是鲁郡（唐改兖州，今山东省兖州市）人，隋朝末年在鲁郡起兵，很快发展到两万余人，不久后归附于李密；李密失败后，他又降唐，被任命为兖州总管，封鲁国公；窦建德南下援救王世充时，徐圆朗又叛唐降窦建德，还一起发兵投入虎牢关之战；窦建德战败后，徐圆朗再次降唐，李唐朝廷仍让他官复原职。

河北刘黑闼起兵后，刘黑闼与徐圆朗联络一起起兵响应，徐圆朗欣然应允。这一年的八月二十六日，唐将盛彦师要来安抚河南，当他刚走到任城（今山东省济宁市）时，徐圆朗突然将他逮捕，再度举兵叛唐。

徐圆朗叛唐后，兖州、郓州（今山东省郓城县）、陈州（今河南省淮阳县）、杞州（今河南省杞县）、伊州（今河南省汝州市）、洛州（今河南省洛阳市东北）、曹州（今山东省定陶县）、戴州（今山东省金乡县）等八州豪强纷纷响应徐圆朗。徐圆朗于是自称鲁王，随后又被刘黑闼任命为大行台元帅。

面对着这些反扑的势力，李渊开始命人镇压。武德四年（621）九月初，淮安王李神通统率大军进抵冀州（今河北省冀县），与燕王李艺会合，并紧急征调邢、洺、相、魏、恒、赵六州军队共五万余人，在饶阳与刘黑闼展开一场大战。

这一仗唐军在人数上具有绝对优势，而曾经败给窦建德的李神通这回踌躇满志、意气风发，他相信自己一战就可剿灭刘黑闼，立下大功一件。

就在两军大战一触即发时，天气骤变，狂风从唐军一侧猛然向对方阵地刮去，刘黑闼军被刮得都睁不开眼睛。李神通抓住战机令数万唐军乘着风势向刘黑闼发起猛攻。可惜的是天不凑巧，就在唐军冲到敌军阵前时，风向突然反转，刮向唐军，这一下轮到唐军睁不开眼睛了，马上阵脚大乱。刘黑闼立刻率大军反击，唐军大败，李神通也慌忙逃走，人马和装备损失了足有三分之二。李神通又一次败给了窦建德的手下。

与此同时，幽州总管李艺在李神通的战场西面攻击高雅贤部，本来已经胜利了，刚刚追击敌军数里，闻讯主力被击溃，就只得率部退守藁城（今河北省藁城市）。刘黑闼趁军队士气高昂，一鼓作气攻打藁城。李艺难以抵挡，就撤回幽州，但他麾下的猛将薛万均、薛万彻兄弟都被刘黑闼俘虏，并且被剪掉头发当作奴隶使用。不久二人趁机逃回。

这一战过后刘黑闼兵势大振。十月初六，刘黑闼乘胜攻陷瀛州，杀了刺史卢士叡；同日，观州（今河北省东光县）发动暴乱，杀死唐军长官后举城归附刘黑闼；十九日，毛州（今河北省馆陶县）民众也起兵响应刘黑闼。十一月十九日，不断壮大的刘黑闼又攻陷了定州，李玄通被生擒。随后李玄通趁看守不备自杀而死。

局势越来越严峻了，武德四年（621）十二月三日，刘黑闼攻陷冀州（今河北省冀县），刺史麴棱被杀，随后刘黑闼向赵魏地区（今河北中部、南部及河南北部）发布檄文，各地的窦建德余部纷纷响应，他们诛杀当地唐朝官员后都归附了刘黑闼。十二月八日，刘黑闼率数万大军准备攻打宗城（今河北省威县东）。宗城的长官为李世勣（唐黎州总管）与秦武通（右武卫将军），他们觉得难以抵挡刘黑闼，就准备放弃城池，将全部力量固守洺州。可在撤退途中被刘黑闼追上，刘黑闼从背后猛攻，唐军大败，被斩杀五千余人，李世勣和秦武通只身逃走。十四日，洺州城内的豪强与刘黑闼里应外合，拿下了洺州城。洺州城是窦建德的都城，刘黑闼在这座夏朝旧都东面设坛祭祀夏王，随后率大军进入洺州。同时刘黑闼又北联突厥，颉利可汗立即派大将宋邪那率突厥骑兵与其会合，刘黑闼兵势更盛。

数日后，刘黑闼挥师南下，所向披靡，连战连捷，相继攻下了相州、黎州、卫州（今河南省卫辉市）、邢州（今河北省邢台市）、赵州（今河北省赵县）、莘州（今山东省莘县）等地，各地唐军纷纷望风而逃。

622 年正月，刘黑闼自称汉东王，年号天造，再次定都洺州，窦建德时期的文武百官全都官复原职，司法和行政也沿袭夏时代的。

短短半年之内，刘黑闼所向无敌，锐不可当，横扫河北，战必胜，攻必取，光复了夏朝之前的属地。李神通、李艺、李玄通、李世勣、秦武通等唐军名将都成为刘黑闼的手下败将，刘黑闼创造了战争神话。

李世民再次出征

面对如此恶劣的局势，李唐政府只好打出他们的一张王牌，也是河北军团极其渴望的复仇对象——李世民。李渊命他和李元吉二人挂帅，并集结大唐最精锐的部队出征。

武德五年（622）正月初八，李世民率领东征大军浩浩荡荡地进抵获嘉。刘黑闼知道这个强大的对手李世民的厉害，出于战略上的考虑，刘黑闼主动放弃相州并退守洺州。随后李世民大军抵达洺水，在沿岸扎营并对洺州施加压力，还命李艺率一万大军从幽州出击，两路大军形成南北夹击之势。刘黑闼先攻击北面的李艺大军，留下大将范愿守洺州，自己则亲率大军攻击李艺。

为了调动刘黑闼，并迫使刘黑闼回军，李世民决定对洺州守军施加强大的压力。他派遣部将程名振带六十面战鼓悄悄地渡过洺水，在距洺州城西二里的河堤上猛烈擂鼓，以示将要发动进攻。这个心理战法果然奏效了，范愿被吓破了胆，以为唐军主力即将要攻城，于是就派快马向刘黑闼告急。刘黑闼听后进退两难，最后还是不忍心放弃老巢，又率大部队返回洺州城，同时命弟弟刘十善和大将张君立率大军继续北上，阻击已抵达鼓城（今河北省晋州市）的李艺。

正月三十日，李艺与刘黑闼军队在徐河（今漕河，流经今河北省保定市北）展开激战，汉东军大败，被斩杀数千人，刘十善和张君立落荒而逃。同日，洺水县（今河北省曲周县）人李去惑占领了县城，并向唐军投降。李世民闻讯非常高兴，立刻命王君廓率所有人马进驻洺水。

二月十一日，刘黑闼回军迅速，企图一举夺回洺水，却被唐将秦叔宝阻击，无奈他只得返回洺州。稍后数日，李世民命人绕过洺州，攻克了北面的邢州和太行山脉的重要关口井州（今河北省井陉县西北）。二月中下旬，李艺在击败刘十善后一路南下，连克定州、栾州（今河北省赵县）、廉州（今河北省藁城县）、赵州（今河北省隆尧县），兵锋直指洺州。至此，唐军已经对刘黑闼南北合围，将他压缩在洺州附近的弹丸之地，而此时的刘黑闼形势极为不利：北面的邢州和赵州已经陷落，李艺来势汹汹，已经挡住刘黑闼北面的去路，西面则有太行山脉阻隔，南面为李世民的唐军主力，他的地盘就只剩下洺州东北面、洺水上游的贝州和冀州等地了。这个地区为后勤基地，刘黑闼大军依靠从这一地区运来的粮草和给养。

李世民派兵占领洺水县卡住了这条补给线。

洺水是洺州下辖的县城，位于洺州城的东面，但是它处在贝州和冀州通往洺州的必经之路上，它对于唐军来说是牢牢卡住汉东军咽喉的战略要地。因此，李世民与刘黑闼的决战到来前，双方要对洺水城展开激烈的争夺。

从二月下旬开始，刘黑闼对洺水城展开猛烈攻击。李世民数次率军渡河增援，都被汉东军击退。眼看死守洺水城的王君廓难以支撑，李世民召集众人研究对策，猛将罗士信（罗成）自告奋勇，带着二百人前去接应。结果在混战之中，王君廓突围出城了。罗士信反而陷入重围，不得已他只得返回城中继续坚守。刘黑闼攻击越来越猛烈，唐军多次派人试图增援，却因大雪而受阻。罗士信只带两百人孤军坚守了八天，洺水城被攻破了，他受伤被俘。刘黑闼劝他投降，可罗士信宁死不从，被刘黑闼杀害，死时年仅二十岁。

刘黑闼虽然又占据了洺水城，但随后不久，李世民又命李世勣重新夺回了。三月初，李艺率大军抵达洺水南岸，与李世民顺利会师。刘黑闼不断派兵挑战，李世民则始终坚持他的坚守不出、封锁敌军补给线这一百试不爽的策略。三月十三日，从冀州、贝州、沧州、瀛州等地发给刘黑闼的粮草和补给都被程名振率部阻截并焚毁。

就这样，唐军与汉东军在洺水两岸对峙了将近六十天。刘黑闼的粮草渐渐断绝了，汉东军也陷入绝境之中。

三月二十三日，为了摆脱目前的困境，刘黑闼大军全力攻击李世勣。李世民亲率人马渡河袭击刘黑闼，不料刘黑闼迅速回军将李世民重重包围。就在这千钧一发之际，尉迟恭率部突入重围拼死救出了李世民。

随后几天，李世民料定刘黑闼因洺州城粮尽，必将与他决战。果然刘黑闼率步骑两万，南渡洺水逼近唐军大营列阵。李世民则亲率精锐骑兵击破刘黑闼的骑兵阵，并乘胜杀入汉东军阵地冲击他的步兵。刘黑闼大军也明白，如果这一仗输掉了，他们就很难再有翻身的机会，于是这些河北众将士也以背水一战的决心拼死抵抗。两军奋战一天，未分胜负。唐军虽然略占上风，但始终难以取得决定性的优势。

就是在这场激烈的战斗中，李世民所骑的骏马“拳毛䯄”（“拳毛䯄”也是著名的“昭陵六骏”之一；李世民为其题写的赞辞是“月精按辔，天驷横行。孤矢载戢，氛埃廓清”）

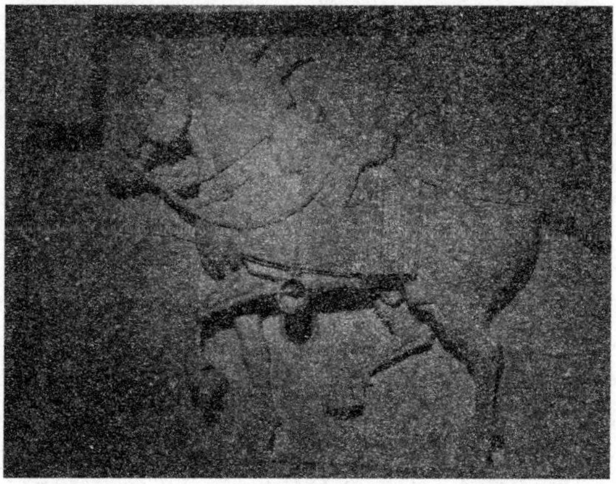

拳毛䯄

被射中了九箭，最终战死。

随后汉东军已经渐露颓势，刘黑闼尽管不情愿，但还是下令撤退，随后汉东军向洺水北岸溃逃。等他们全部进入河中间的时候，洺水河上游的大水扑面而来，就在一瞬间汉东军被咆哮的洪水吞没，几乎全军覆没，刘黑闼仅带着二百余骑逃往东突厥。

虽然刘黑闼逃走了，但是他的主力精锐尽失，唐军大获全胜，李世民又击败了一个顽强的对手。随后李世民被派往黎阳征讨徐圆朗。七月初，李世民接连攻克河南的十余座城池，平定了徐圆朗的一部分势力。随后李世民就主动班师回朝，把彻底肃清徐圆朗的任务交给了李神通、李元吉和李世勣。

刘黑闼卷土重来终被杀

武德五年（622）深秋，李世民刚刚撤军数月，刘黑闼又借助突厥的兵力卷土重来，南下进军定州。他的旧部董康买和曹湛立刻在鲜虞（定州州府所在地）起兵响应。

他在九月末一举攻下瀛洲，还杀死了唐刺史马匡武。刘黑闼兵势重新大振。盐州首领马君德立刻献城归附刘黑闼。十月初五，刘黑闼的弟弟刘十善与唐贝州刺史许善护在鄃县展开激战，唐军大败，许善护被杀。十月初六，唐观州（今河北省泊头市西）刺史刘会再次献城，投降了刘黑闼。

十月十七日，淮阳王李道玄在下博（今河北省深州市）与刘黑闼进行了一场大战，结果唐军大败，李道玄也命丧沙场。

当时李道玄拥兵三万，实力占优，可战斗一打响，李道玄就率先杀入敌军阵中，命史万宝随后跟进。可当他率兵杀入汉东军阵地时，史万宝却没有跟进。左右见淮阳王李道玄处境危险，史万宝却不以为然，眼睁睁地看着李道玄和手下人被敌人一点点吃掉，士兵们无不心寒。当刘黑闼的主力随后攻上来时，唐军早已毫无斗志，无论史万宝如何激励将士，也丝毫不起作用，“下博之战”就此大败。

得知十九岁的李道玄被杀之后，李世民深感惋惜，对旁边的人说：“道玄多次随我东征西讨，经常看我率兵深入敌阵，心中羡慕并要效仿，以至于此啊！”说完之后痛哭流涕。淮阳王李道玄兵败被杀，这对河北唐军造成了沉重的打击。这一年十月末，唐洺州总管庐江王李瑗在刘黑闼还未到来时就弃城而逃。河北地区一片震骇，各州县纷纷再次叛降。

不到两个月，刘黑闼再次收复夏朝全境。十月二十七日，刘黑闼又进入他的都城洺州。

到十一月初，唐朝沧州刺史程大买也望风而逃。屯兵在河南的齐王李元吉虽然收到李渊令他攻打刘黑闼的诏令，却并不敢执行。

这时候长安城里的魏徵眼看秦王李世民几年来威望与日俱增，身为太子洗马的他一直替太子李建成忧心忡忡。魏徵随即与太子中允王珪一起对李建成说：“秦王功盖天下，殿下虽然以年长位居东宫，但无大功以镇服海内。今刘黑闼收集散兵游勇，人数不过万余人，粮食也匮乏，如果殿下亲率大军讨伐，肯定势如破竹。殿下趁此机会博取功名，同时团结并接纳山东（崤山以东）豪杰，那么您的太子之位就可以稳固了！”

李建成觉得他分析得很对，于是在武德五年十一月七日，主动向李渊请战，李渊欣然接受，当天就颁发诏书，命太子李建成率军征讨刘黑闼。

十一月二十二日，李元吉在得知兄长李建成已经从关中出发，他鼓起勇气与刘十善在魏州（今河北省大名县）打了一仗，将其击败。二十六日，刘黑闼率部南下，打下元城（今大名县东）以后，相州（今河南省安阳市）以北的州县纷纷归附他，只有田留安坚守孤城魏州。刘黑闼随即包围魏州，日夜猛攻。

十二月中旬，李建成率大军与李元吉会师，驻扎在昌乐（今河南省南乐县）；刘黑闼立刻南下与唐军对峙。两军对峙时，魏征建议李建成说：“起初击破刘黑闼时，抓到他的将领就处死，逃亡人员也全部通缉，妻子、儿女也一并关进监狱，所以他们下定决心，反抗到底。前不久齐王李元吉宣布皇帝的大赦令，可他们无人敢信，以为又是我们布下的陷阱。现在应该把汉东军的战俘全都释放，给他们慰问金并送他们各自回家，如采取这个办法，即使不用我们动手，刘黑闼部众就会相继离散。”

李建成依魏徵之计而行，虽在战场上列阵两次，却又主动收兵两次，不跟刘黑闼正面对决。刘黑闼担心李建成设下埋伏，引他上钩，也不敢贸然行动。

随后几天，刘黑闼开始断粮。而更重要的是，魏徵释放俘虏的策略对他的部队产生了致命的影响。不断有人逃亡，有的士兵甚至把他们的将领捆起来一起投降了唐军。刘黑闼的大军逐渐陷入了困境，他思前想后，决定走为上策。

十二月二十五日，刘黑闼连夜向馆陶（今河北省馆陶县）撤退。李建成的大军趁势追击。撤到永济运河的时候，刘黑闼命士兵搭设浮桥过河，桥刚搭好，他立刻带数百名骑兵冲到了对岸，可留在河对岸的部众全都向唐军投降了。

万般无奈下，刘黑闼只好带这几百名亲兵落荒而逃。随后刘黑闼在冰天雪地里向北狂奔，他想逃到突厥。

李建成派出的唐军大将刘弘基在背后拼命追赶。到了武德六年（623）正月，刘黑闼已经慌不择路、忍饥挨饿、疲惫不堪地逃亡了一个多月。他们在跑到了饶阳时，刘黑闼的老部下、饶州刺史诸葛德威亲自出城迎接他进城。可是刘黑闼没有想到刚刚进城就中了埋伏，被诸葛德威抓获并把他送给了李建成。当刘黑闼和弟弟刘十善被押到洺州处斩时，刘黑闼仰天长叹，说：“我本来在老家种菜挺好，都是高雅贤这群人害我走到今天这个地步！”

平定刘黑闼首先是李世民在军事上挫败了刘黑闼及其部众的锋芒和锐气，而河北民众在经受了长年的战乱之后也需要休养生息，这也为魏徵建议李建成采取安抚政策，迅速打垮刘黑闼铺平了道路。李世民刚即位时，就立刻重用魏徵，并采用他的治国之道，对农民采取了一系列让步、怀柔政策，还重用大量的山东（崤山以东）人，借以缓和与山东人的紧张对立局面。

唐统一天下

唐军在平定萧铣和刘黑闼的割据势力后，全国的统一大业已经基本完成，可就在此时，江淮地区的另一个重要人物辅公佑又起兵反唐了。

说起辅公佑，就不得不提杜伏威，他们二人为生死之交，自幼便是好朋友，他们出身极为贫苦，在当时遭受的压迫也最重。二人不堪忍受便决定扯旗造反。隋大业九年（613），杜伏威和辅公佑逃到长白山（今山东章丘东北）地区，两人就近参加了一支小起义军队伍，最初他们只是普通的士兵。当时，杜伏威年仅十五岁，但由于杜伏威作战勇敢，每次出战时都冲锋在前，很快就赢得了大家的信任和尊敬，并成为这支小起义军的首领。

当时，江淮地区隋朝设有重兵驻守，杜伏威的势力还难以与官兵抗衡，于是他开始想尽办法与别人联合以扩充实力。海陵赵破阵的势力要比杜伏威强大很多，杜伏威假意归顺赵破阵，并带着厚礼前去投降。赵破阵很轻视杜伏威，没有任何防备，最后被杜伏威当场刺杀。随后辅公佑就率领大队人马接应杜伏威，赵破阵部下见首领已死，便全部归降杜伏威。

杜伏威吞并了赵破阵的部队后声名大振，他自称将军，之后他领兵攻占了高邮（今江苏高邮北）、历阳（今安徽省和县）等地，周边的多股起义军也相继归顺杜伏威。隋大业十一年（615），东海李子通率领部众投靠杜伏威。可是李子通也是很有野心的人，不久后发动兵变，要吞并杜伏威的人和地盘。杜伏威防备不及，身受重伤，在养子王雄涎的帮助下才逃过一劫。李子通的兵变使得杜伏威的势力受到重创，实力锐减，自此杜伏威和李子通结下了大仇。

然而祸不单行，正当杜伏威遭遇重创之时，隋军前来围剿，身受重伤的杜伏威因无法指挥导致全军溃败。接连遭遇两次重创的杜伏威损失惨重，已经失去了江淮霸主的地位，只得到处打游击。

618 年，宇文化及杀死杨广，随后率领大军北上，江都地区成为无人主宰的真空地带。这给了杜伏威重新崛起的机会，他不断吸收周边的百姓以扩充实力，很快就拥有了数万人的部队，并且控制了江都附近的六合县（今江苏境内）作为根据地。杜伏威在其统治的地区实行低赋税，严惩贪官污吏，百姓非常拥护和支持，越来越多的人前来投靠，实力也不断壮大。

与此同时，左才相占据淮北地区，李子通占据海陵（位于今江苏省中部），与杜伏威在江淮地区形成了三足鼎立的局面。这三家势力都对江都虎视眈眈。还是李子通先下手为强，占领江都，并且自称皇帝，定国号为吴。

这时，李渊已经建立唐朝，在消灭了关陇以西的割据武装薛举、李轨等人之后，就把目光转向了江淮地区。李渊派出使者向杜伏威招降，杜伏威则于唐武德二年（619）九月正式宣布归降唐朝。李渊任命杜伏威为东南道行台、尚书令、楚王，并且赐予李姓。随后，李子通击败了沈法兴，就开始和杜伏威展开了决战。杜伏威还是实力更胜一筹，他战胜了李子通，并将其俘虏，押送到长安斩首。

这时杜伏威占据淮南江东之地，完成了江淮地区的统一。纵观全国地区，唯一能够对李唐政权形成威胁的只有杜伏威了，他非常担心成为李渊下一个打击的对象。为了消除李渊的顾忌，杜伏威主动上书李渊，请求去长安朝见李渊。李渊当然乐于见到杜伏威入朝，以方便控制。于是，杜伏威前往长安入朝为官，李渊加封其为太子太保。

杜伏威在去长安之前，把政务交给辅公佑，而把军队指挥权交给了王雄涎。辅公佑对杜伏威的安排很是恼火，他不愿意屈居王雄涎之下，便用计策密谋夺权。辅公佑伪造杜伏威的笔迹给王雄涎写信，责备王雄涎有二心。王雄涎有勇无谋，竟托病放弃军务，正中辅公佑下怀，辅公佑随即掌握了江淮军的兵权。接着，辅公佑借故杀死王雄诞，又伪造杜伏威笔迹写了一封密令，借助杜伏威的名号开始反唐。唐武德六年（623）八月，辅公佑自称皇帝，定国号宋，年号天明，封左游仙为兵部尚书、东南道大使、越州总管，镇守会稽（今浙江省绍兴市）。

李渊得知辅公佑起兵造反，立即派李孝恭、李靖以及李世勣等人率军讨伐，杜伏威的义子阚棱也一同前往。阚棱在江淮军中以勇武著称，威望极高。当两军对垒时，阚棱纵马上前，摘掉头盔向对方大喝："你们难道不认识我，岂敢上前来战？"江淮军一见阚棱出战，纷纷溃散逃跑，不敢与其迎战。

辅公佑接连败退，最后被唐军俘获送到丹阳处死。但辅公佑在被处死前，竟诬陷杜伏威和阚棱为同谋，这样阚棱以谋反罪也被处死，杜伏威则被革去官职。直到李世民即位之后，才为其平反。

平定辅公佑的叛军，唐朝统一天下的大业终于完成。从李渊称帝长安，建立大唐到扫平四海，共用了七年的时间。在唐朝统一的过程中，李世民南征北战，扫荡西秦，消灭薛举父子，平定刘武周，大战王世充，随后更是生擒窦建德，打败刘黑闼，是大唐统一的最大功臣。李世民功劳太大，其威望已经盖过了太子李建成，最终导致兄弟二人产生巨大的矛盾。

CHAPTER

第五章 “玄武门之变”成就一代帝王 5

伴随着统一战争的不断胜利，唐王朝统治集团的内部矛盾——皇权之争也在不断加剧，终于导致了“玄武门之变”。这是中国历史上非常血腥和黑暗的记忆，就连英明神武的李世民，也难逃这一宿命。这场政变对唐朝的历史产生了极其深远的影响，此后的数百年间，唐朝的宫廷政变以及未遂的宫廷政变不断上演。

功高过人，英才遭嫉妒

621年十月，李渊为了表彰李世民立下的丰功伟绩，特地为他设置了一个官位，封李世民为“天策上将”，位列其他王公之上，并允许他设立天策府，可任命各种官员。因李世民早就名声在外，天下英雄豪杰如秦叔宝、程知节、尉迟恭、翟长孙等勇将以及四方名流俊士如杜如晦、房玄龄、虞世南、陆德明、孔颖达等人早就聚集在他的门下，并形成了以李世民为核心的政治集团。

太子李建成对此感到愤愤不平，齐王李元吉也很不服气，李渊儿子们之间的矛盾随着统一天下的战争结束而变得越来越大，似乎一场“本是同根生，相煎何太急”的兄弟残杀早已不可避免。

李建成喜欢游猎酒色，也经常寻欢作乐、不务正业，许多人劝说他都不听。尽管李建成也打过一些胜仗，但他立下的功劳远不及李世民。身为太子，却有一个功业、智谋都强于自己的弟弟李世民，心中的滋味当然很不好受。而李世民的弟弟齐王李元吉更像是一个纨绔子弟，不仅骄奢淫逸、虐待仆从、草菅人命，还经常外出打猎游玩，抢劫老百姓的东西。更有甚者，还命手下人在街上拿弓箭射路过的百姓，并引以为乐。李元吉在隋末唐初的征伐中，经常临阵脱逃，打过几次败仗（比如被刘武周打败失去了太原），尽管后来曾经协助李世民攻下洛阳，以及协助李建成讨伐刘黑闼平定了河北之乱，他所立的军功也远不及他的二哥李世民。

李建成与李元吉都很嫉妒李世民的才能和立下的赫赫战功，也都把李世民视为眼中钉、肉中刺，都欲除之而后快，于是二人便联合在一起。尤其是李建成，为了牢牢保住太子之位，开始监视、防范李世民的一举一动。

唐高祖李渊在完成统一大业之后，开始沉湎于女色，并封了很多妃子，生下了十七个儿子，这些儿子刚生出来，李渊便把他们封王。那些妃嫔为使自己的地位牢固，不断结交李建成、李世民、李元吉这三个李渊朝中最有实力的人物。李建成和李元吉也主动讨好李渊的宠妃张婕妤、尹德妃等人，并希望她们能在李渊面前替自己说好话。只有李世民不屑于去结交父亲众多的妃嫔。这样，李渊身边的女人争相在李渊面前称赞李建成、李元吉，反而诋毁李世民，并离间李渊和李世民父子的关系。这样一来，李渊渐渐对李世民也产生了反感。

李世民平定洛阳后，觉得淮安王李神通的功劳很大，就给李神通一些良田作为赏赐。后来李渊的宠妃张婕妤的父亲也想要这块地，就通过女儿向李渊索要。李渊当即写了手令把这块地赏给张婕妤的父亲。李神通认为自己有军功，而且认为李世民赐他在前，李渊手令在后，就坚决不肯把田让出来。张婕妤知道后大为恼怒，就向李渊哭诉说：“陛下已经将良田赐给臣妾的父亲，可秦王李世民没有把臣妾放在眼里，竟夺了这块地赏赐了李神通。这叫臣妾有何颜面啊！”李渊知道后大发雷霆，对长年跟随的谋臣裴寂说：“李世民长年在外征战，虽然立下不少大功，但是他现在放荡不羁，被别人给教坏了，早已不是那个知书达理的好儿子了！”李渊随后把李世民叫来，训斥了一番。李世民知道原委后，虽有委屈但也没有办法，不得不下令李神通将这块田送给了张婕妤的父亲。

数日后，一波未平，一波又起。李世民天策府的官员杜如晦上街时路过李渊宠妃尹德妃父亲的门前。尹德妃的父亲阿鼠仗着女儿得宠就横行霸道，长安城内无人敢过问。他见杜如晦在他家门前路过却不下马，便叫来家奴把杜如晦拉下马来殴打。杜如晦的一根脚指头都被打断了，阿鼠还指着杜如晦的鼻子说：“你算是什么狗东西，居然敢过我家门而不下马？老子可是当今皇上的岳父！你以为靠山是李世民我就怕了你啦？”

后来阿鼠害怕李世民找李渊告状对自己不利，就贼喊捉贼，叫自己的女儿恶人先告状，说：“秦王李世民的手下骄横无礼，欺辱、殴打我的父亲。”李渊听后不禁龙颜大怒，命人把李世民叫来，大声训斥道：“就连我宠妃家里的人，你手下都敢欺负，更何况一般老百姓！你还把我这个父皇放在眼里吗？”李世民对李渊百般解释事情的原委，李渊还是不相信。

兄弟的忌恨、父亲宠妃的诽谤，使得李渊对李建成和李元吉愈加信任，反而越来越疏远李世民，也打消了更换太子的念头。

向往皇权，兄弟互拆台

尽管李渊早已打消了让李世民取代李建成的念头，但李建成还是不放心，为巩固其太子之位，622年十一月，率兵讨伐刘黑闼。刘黑闼的主力其实已在之前早被李世民摧毁，因此几个月后，李建成顺利地完成了任务，不仅擒获了刘黑闼，还培植了一批自己的势力并收罗了很多人才，像镇守幽州的李艺和庐江王李瑗也加入了他的集团。但这样的“军功”还是远远不及李世民，李建成的心病仍未除去。

李建成为了对抗李世民，就擅自从长安和外地招募了两千余名勇士担任东宫守卫，分别守护左、右长林门，号称“长林兵”；又派人到幽州找到李艺，让他挑选精锐骑兵三百人到长安随时听候他的调遣。李世民得知后向李渊告发，说李建成私自招兵，意图不轨。李渊马上派人调查，结果正如李世民说的那样，就立刻召见李建成，严厉地批评了他，并让他解散“长林兵”，还把他派往幽州招兵买马的人流放至偏远地区。李建成表面上悔改，暗中却继续准备，等待时机。

李渊因嫌长安夏天太热，就命人在渭北的宜君县建了一座仁智宫避暑。624年六月，正是天气炎热的时候，李渊想要离开长安城到仁智宫避暑，他让李世民和李元吉跟随，命李建成留守长安，处理日常事务。李建成认为这是一个除掉李世民的好机会，于是就和李元吉密谋，并派人通知曾在东宫担任过警卫的亲信杨文幹（此时任庆州总管）起兵，在半路上截杀李世民，又派东宫军官尔朱焕、桥公山两人准备大量武器和铠甲。尔朱焕、桥公山二人慑于李渊和李世民的威势，生怕此事失败后获罪，于是他们跑到仁智宫向李渊揭发李建成，把他谋划的经过全都报告给了李渊。李渊盛怒，以一些小事为由召李建成赴仁智宫。

这时李建成已经知道事情败露了，不敢前去见父亲，召集谋士们研究对策。他的部下徐师謩说：“事已至此，唯有铤而走险，起兵控制长安，则大事可成。若现在赶赴仁智宫，肯定会白白送死。”可詹事主簿赵弘智不同意他的意见，说：“皇上既已知晓，必有准备。若是仓促起兵，满朝文武中没有几个人会听太子的号令。太子毕竟是皇上的亲生骨肉，况且太子起兵意图是要除掉秦王，而不是皇上。所以现如今只要赶赴仁智宫，向皇上请罪一定会得到宽恕。同时请皇上的妃子出力营救，一定可化险为夷。”

李建成考虑再三，觉得还是要到仁智宫给李渊谢罪。于是他只带十几个骑兵前去仁智宫，并且一见李渊就叩头请罪，甚至都磕破了头，并做出悔恨不已想自杀的样子以求饶恕。李渊见李建成已有悔意，不忍惩罚他，只是把李建成关在屋中，只给粗茶淡饭，并派人严加看守，同时令司农卿宇文颖去抓杨文幹。

谁知宇文颖与杨文幹的关系很不一般，他到了庆州之后就把事情的原委讲给了杨文幹，杨文幹无奈起兵造反。李渊马上召李世民商议平定叛乱。李渊说：“杨文幹造反会打着太子的旗号，估计会有不少人响应他。所以，你要亲自带兵去平叛。事成之后立你为太子。当年隋文帝杨坚杀掉长子杨勇而立次子杨广为太子，我可不能仿效他杀掉李建成。我会贬李建成去当蜀王，日后李建成若能服你，你就保全他的性命；他若不服你，你也可以很容易就剿灭他。”李世民说：“一切听从父皇安排。”

李世民率兵讨伐杨文幹。李元吉和李渊的宠妃们一个接一个地为李建成向李渊求情，为他百般开脱。她们说：“太子仁厚孝顺，是不可能谋反的，一定是他手下人在背后教唆他。现在太子已痛不欲生，就请陛下饶恕他吧！”

李渊经不住众人七嘴八舌的劝说，耳根开始发软了，对李建成的怒气渐渐消失，就放了李建成，只将东宫中参与此事的官员流放在外。李建成不过是虚惊一场，仍稳坐太子位。

李世民统率大军来到庆州后，杨文幹已经被部下所杀。这样，叛乱迅速就被平定了。李世民班师回朝，可李渊却像是忘了这件事似的，不再提废太子的事了。这让李世民愤愤不平，可他表面上却没有显露出来。

经历了杨文幹事件后，李建成表面上和李世民和平相处，但暗中还是与李世民作对。李世民赞成的事，他总要反对；李世民反对的事，他又总要赞成。表面上兄弟之间没有大的争斗，但心里的裂痕越来越深了。

祸根深种，兄弟矛盾日益激化

李渊为了改善父子兄弟间的紧张关系，特意在城南举行了一次狩猎活动，召集三个儿子比赛骑射。可李渊万万没有料到，这场为增进感情的比赛居然又出了问题，使得他们父子兄弟的紧张关系再度雪上加霜。

问题源于太子李建成的一匹胡马。比赛开始时，李建成把这匹膘肥体壮的胡马亲自交给了李世民，满脸笑容地说："这匹骏马非常罕见，跨越数丈宽的沟涧不成问题，二弟久经沙场善于骑术，可以试试看。"李世民接过李建成手上的缰绳，丝毫没有考虑就跃上马背，鞭子一挥，胡马立刻飞奔而去。

李渊看见后非常高兴，这对矛盾重重的兄弟终于握手言和了。可李渊并不知道太子交给秦王的是一匹烈马，尚未驯服。这种未驯的烈马奔跑中会忽然玩一些惊险动作，重则将骑手置于死地，轻则落下残疾。

此刻，李世民正纵马狂奔，拼命追逐射杀一头麋鹿，李建成和李元吉紧随其后，暗自高兴。很快，他们预想中的一幕发生了：秦王胯下的胡马突然间身子一歪，两条前腿匍匐在地，李世民从马背上被甩了出去。

李建成和李元吉心里顿时乐开了花，可是当他们再把头转过去的时候，眼前的情景却让他们惊呆了，秦王神情自若，毫发无损地站在胡马旁边。随后李世民再次跃上马背。胡马不停地故技重演，可秦王安然无恙地随这匹马不断地做着危险动作。最后这匹烈马被驯服了，任由李世民驰骋，毫无脾气。

在回来的路上，李世民对身边的宇文士及笑着说：“就算有人想用这匹烈马杀我，可是生死有命，根本杀不了我。”

周围的人立刻把这句话通报太子，太子又添油加醋地告诉给后宫嫔妃，李渊回宫后，嫔妃们又把秦王的话告诉了李渊：“秦王自己说，他是天命所归，谁也害不了他，日后肯定会成为天下之主。”李渊听后大怒，随即召集三个儿子，当着李建成和李元吉的面怒斥李世民：“天子才是天命所归，不是要要聪明就能得到的，你为什么这么着急？”

很显然，李渊对李世民的这句话骂得非常重。但无论是李渊听信谗言后的一种无端指责，还是他在借机发泄对李世民功高震主的不满和忌惮，说明这时候的李渊已经不太信任李世民了。

李渊早就知道，李世民这些年南征北战的过程中，顺理成章地招揽了四方豪杰和天下名士，在他的眼皮底下建立了一个实力超强的政治军事集团。如果秦王不是亲儿子而是异姓功臣，李渊很可能早就除之而后快了，太原元谋的大功臣刘文静之死就是明证。李渊对李世民的不满情绪，其实在心里已经埋藏了很久，只是并未显露出来。李渊完全有理由相信，李世民的实际影响力已经远远超过他的想象，并且极大超出了他可以容忍的范围。

李渊对李世民提出严厉的警告，并且毫不客气，目的就是防止他在夺嫡的道路上越走越远，这和此前流放他的属官，分割他的势力是一个道理。

但是，面对李渊的斥责，李世民毫不屈服，要求皇帝由司法部门立案审查，表现出一副坦坦荡荡、问心无愧的样子。其实李世民很清楚，李渊无论如何也不会把这件事情闹上公堂，如果李渊真这么做，那就是李唐皇室一个莫大的耻辱了。

李渊却真的有些忍无可忍了，因此要想办法教训一下他。看着父亲生气的样子，旁边的李建成和李元吉都不禁眉飞色舞，丝毫不掩饰他们的幸灾乐祸之情。

这一次，李世民真的是要受到惩罚了，可是随后发生的一件事救了他。

不战屈人，智退突厥兵

发生的这件事就是突厥又大举进攻了。李渊知道，擅长打仗的李世民又有了用武之地。

唐朝创立初年，西北地区的少数民族突厥一直是唐朝的最大隐患。突厥人经常率大军侵扰关中，直逼长安。李渊感到自身实力无力抵御，只能向东突厥示弱并每年馈送大量财物。

突厥始毕可汗死后，他的位置传给他的弟弟颉利可汗，但同时他的儿子也被立为突利可汗。突厥军队经常大举南侵，并对长安构成很大威胁。有人劝李渊迁都，太子李建成、齐王李元吉，还有裴寂等大臣也极力赞成。只有李世民挺身而出，劝李渊道："陛下依靠武力统一天下。当年霍去病数万人就能够扫荡匈奴，我大唐有百万雄兵，所以恳请父皇给我时间准备，不出十年，我一定能平定漠北，提颉利的头来见父皇。如果到时我灭不了突厥，父皇再考虑迁都还不迟。"

因为李世民有超强的领兵打仗能力，所以李渊还是比较信任李世民的，于是就暂时打消了迁都的念头。但李建成串通李渊的妃嫔挑拨说："突厥侵扰边境的目的是抢掠财物，而李世民打着剿灭突厥的幌子，实际上是想独掌兵权，以达到篡权的目的。"

李渊听了半信半疑，但为保证万无一失，还是把李世民的兵权分给了李元吉一部分。

624 年，突厥的颉利、突利两个可汗率铁骑数万，进犯幽州，一时间朝野震动。李世民立即向李渊请战，前去幽州抵御突厥。李建成怕李世民独揽军权，建议李渊让李元吉当李世民的副手，并要李元吉暗中监视李世民。于是，李世民、李元吉率领大军向幽州进发。

二人率领军队日夜兼程，在刚刚抵达幽州地界时与突厥相遇，两军剑拔弩张。趁着唐军立足未稳，颉利、突利突然率一万多骑兵来进攻，李世民命令李元吉带兵出战。李元吉吓得腿都软了，连忙推托不敢出战，并要求李世民赶紧撤军。李世民看到李元吉已经被吓成这个样子，心中非常蔑视他，而自己只带了一百多名骑兵，来到敌军阵前。

突厥军队看见唐军只来了一百多骑兵，害怕唐军背后有埋伏，反而不敢冲锋。李世民纵马前行，大声叫道：“我乃大唐秦王李世民，你们可汗若有胆量，可出来与我单独决斗。”颉利可汗素来听闻李世民足智多谋且骁勇善战，竟不敢出来交战。李世民又派人对突利可汗说：“你我曾结盟共同抗敌，为何不讲信义引兵来攻？”

突利可汗羞愧不已，没有作答。颉利、突利两人虽然同是突厥的可汗，但是双方向来关系不和，互相猜忌，甚至曾经兵戎相见。颉利可汗实力强大，经常胁迫突利可汗，这次就是颉利可汗胁迫突利可汗进攻唐朝边境的。李世民深知二人之间的矛盾，想让他们的联盟分化，然后危机就可不攻自破了。李世民故意经常联系突利可汗，以此来引起颉利可汗的猜疑，颉利可汗果然中计了，他担心背后遭到李世民和突利可汗的联合攻击，于是引兵后退数里，派人与李世民讲和。

李世民原本想一举拿下颉利可汗，但是仔细想想自己手中的兵力不够，而且唐朝刚刚进行过多次战争，国内需要休养生息，目前唐军的力量还不够强大，难以彻底打败突厥，和突厥保持和平也非常符合唐朝的利益，因此李世民同意了颉利可汗的请求，并与突厥签订了友好盟约。

突厥退出幽州，返回草原，李世民也撤兵回到了长安。李建成是非常期待李世民打败仗的，好在李渊面前继续贬低李世民，不料李世民竟安然无恙，用计智退突厥，他想要打击李世民的企图破灭了，对李世民的仇恨也越来越深了。

人心叵测，秦王遭到暗害

秦王李世民与太子李建成、齐王李元吉之间的矛盾越来越深，他担心留在京城并不安全，而东都洛阳的地势优越便利，就打算离开京城来到东都洛阳驻守。他让温大雅（此时任行台工部尚书）镇守洛阳，并派秦王府车骑将军张亮拿着大量的金银丝帛，率领亲信王保等一千多人前往洛阳，企图暗中结交崤山以东的豪杰，静待事态的变化。

李元吉的手下人探听到了这件事，就向李渊告发张亮图谋不轨，张亮因此被抓，还被送到监狱进行审讯。张亮受到了严刑拷打，却始终一言不发，李世民也从中积极营救。见没有证据，朝廷便释放了他，让他返回洛阳。

有一次，太子李建成在东宫夜间召来李世民，与他一起饮酒，暗中在酒里下毒害他。李世民喝过酒后突然心痛，吐了数升鲜血，淮安王李神通搀扶着他返回西宫。唐高祖李渊亲自来到西宫，询问李世民的病情，还责骂太子李建成："秦王向来不善饮酒，从今往后，你不能再与他饮酒。"

唐高祖李渊因而对李世民说："是你首先提出反隋的谋略，还消灭群雄，平定海内，这都是你的功劳。我本打算立你为太子，可你却坚决推辞。现在建成年纪最大，被立为太子已经很长时间了，我也不忍心废去他的太子之位。我看你们兄弟之间似乎难以相容，一起住在京城里，免不了要发生纷争，我应当派你返回行台，留居洛阳，陕州以东的广大地区都划归给你。我还要效仿汉朝梁孝王的故事，让你设置天子的旌旗。"李世民听后哭泣，他以不愿意远离父皇膝下为由表示拒绝。唐高祖李渊说："天下都是一家，东都和西都两地，路程不远，只要我想念你随时可以动身前往，你不用因此烦恼悲伤。"

就在李世民准备出发前往洛阳的时候，李建成和李元吉聚在一起商议说：“如果秦王到了洛阳，洛阳地区都是他的势力范围，他一旦拥有了土地与军队，我们控制他就太难了。不如留他在长安，在长安他不过是一个匹夫而已，捉住他易如反掌。”

于是，他们暗中让几个心腹以密奏的形式上奏高祖，密奏声称：“秦王身边的人听说秦王要前往洛阳，他们都欢声鼓舞，因此看秦王的意向，恐怕他是一去不复返了。”他们还指使高祖非常宠信的官员，以秦王去留的得失利弊来劝说高祖改变主意，随后秦王前往洛阳的事情就搁置了。

随后李建成和李元吉密谋陷害李世民。他们让后宫的嫔妃日夜不停地向高祖诬陷李世民，高祖听多了就信以为真，他准备惩罚李世民。大臣陈叔达进谏说：“秦王已经立下了不朽的功劳，绝对不能废黜他。更何况他性情刚烈，如果加以折辱贬斥，恐怕他经受不住内心的忧伤和愤怒，一旦染上难以治疗的疾病，陛下恐怕会后悔莫及！”于是，高祖没有处罚李世民。

李元吉又暗中请求高祖杀掉秦王李世民，高祖说：“平定天下，他是首功，而他犯罪的事实又不明显，拿什么借口杀他呢？”李元吉说：“秦王刚刚平定东都洛阳的时候，给众人散发钱财丝帛，以此树立他的恩德，他又借此观望形势，不肯返回京师，这肯定是违背陛下的敕命，不是谋反又是什么？应该赶紧把他杀掉，不用担心找不到借口！”高祖听后却没有答应。

秦王府的幕僚看到太子李建成和齐王李元吉对李世民的不断陷害都很忧虑，也有点儿不知所措。房玄龄（时任行台考功郎中）对长孙无忌（时任比部郎中）说：“现在双方的仇怨已经非常深，一旦爆发，不但是秦王府不可收拾，大唐的社稷存亡都成问题。不如劝说秦王采取春秋时周公平定管叔、蔡叔的措施，以便安定国家社稷。此时的生死存亡就看现在我们要采取什么措施了！”长孙无忌说：“现在你说的这一席话，正好符合我的心愿，请让我代您禀告秦王。”于是，长孙无忌进入李世民的卧室告诉了他。随即李世民把房玄龄也一起召来共同商议此事，房玄龄说：“大王功高盖世，早就应该继承皇帝的大业。现在

房玄龄

大王担心危机发生，应早做打算，希望大王不要再犹豫不决了。”于是，房玄龄与秦王府属官杜如晦共同劝说诛杀太子李建成和齐王李元吉。

李建成和李元吉打算引诱秦王府众多的勇将为他们所用，就暗中将许多金银财宝赠送给尉迟恭、程知节、段志玄等人，可这些人都拒绝了，不肯听命。李建成见一计不成，又生一计，他对李元吉说：“在秦王府的人物中，有智谋才略且值得畏惧的只有房玄龄和杜如晦。”于是李元吉就向高祖诬陷房玄龄和杜如晦，这二人就被驱逐出了秦王府。

此刻李世民的心腹只剩下长孙无忌还留在秦王府中，他与他的舅舅高士廉（雍州治中）、侯君集（左虞侯、车骑将军）以及尉迟恭等人，天天劝说李世民诛杀李建成和李元吉，可李世民始终犹豫不决。

随机应变，血染玄武门

武德九年六月初一丁巳日（626年6月29日），太白金星在白天出现，且出现在天空正南方的午位，按古人的说法：“这是‘变天’的象征，一定是要发生大事了。”

刚好突厥的数万骑兵驻扎在黄河以南，威胁乌城，太子李建成就向李渊推荐齐王李元吉，都督各路军马北征以抵抗突厥入侵。高祖听从了他的建议，就命令李元吉督率李艺（右武卫大将军）、张瑾（天纪将军）等人援救乌城。李元吉借此机会要求李世民的手下大将尉迟恭、程知节、段志玄以及秦琼等人与他一同前往，并挑选秦王帐下精兵以增强军队的实力。

李建成还对李元吉密谋说：“现在你已得到秦王的勇将和精兵，总共有数万之众，出征时我与秦王在昆明池给你饯行，趁机在帐幕内将秦王杀死，之后上奏父皇，就说他暴病身亡，父皇如果不信，我就让人进言，逼父皇退位。秦王手下尉迟恭等人已悉数落到你的手中，到时候把他们全部坑杀，谁敢不服！”

在太子东宫中担任率更丞（主管计时）的王晊，早被李世民重金收买了，他听到了太子与齐王的对话，就悄悄地告诉了李世民。李世民听后非常震惊，他连忙告诉长孙无忌等人，长孙无忌劝李世民率先动手。李世民叹息道：“骨肉相残，古往今来都被世人耻笑。我虽然知道祸事即将来临，但我打算在发生祸事以后，我们得到道义上的支持，再讨伐他们，这样做不可以吗？”

尉迟恭说：“作为人之常情，有谁愿意舍得去死！现在大家誓死效忠大王，这是上天授给您的。可是祸事马上就要发生了，大王却仍然毫不担忧。如果大王把自己看得很轻，这如何能对得起宗庙社稷！要是大王不肯采用我的主张，我就准备逃到荒野草泽的地方，决不留在大王身边，任人宰割！”长孙无忌接着说：“如若大王不肯听从尉迟恭的主张，我们必败无疑。尉迟恭等人也不会再追随大王，我也会跟随他们离开大王，不能够再侍奉大王了！”

李世民说：“我讲的意见大家再考虑一下吧。”尉迟恭说：“如今大王处事犹豫不定，这非常不明智；面临危难，不能迅速决断，这是不果敢的。况且，忠于大王的八百多名勇士，现在都已经进入宫中，如果让他们穿好盔甲，手握兵器，大战就会一触即发，大王怎么能够制止得住呢！”

李世民又继续征求秦王府幕僚们的意见，大家都说，“齐王凶狠歹毒，终究不会侍奉自己兄长的。最近听说护军薛实曾经对齐王说，‘大王的名字如果合起来，就变成了一个唐字，大王最终会主宰大唐社稷。’齐王非常高兴地说，‘只要除掉秦王，夺取太子之位就易如反掌。’他与太子策划的作乱还未成功，就有夺取太子之位的心思。这样的人又有什么事情做不出来呢！假使这两个人成功了，恐怕天下就会大乱，从此不再归大唐所有。以大王的贤能，收拾这两个人如探囊取物，怎么能为信守匹夫的节操，而忽略了国家社稷的大事呢！”

李世民仍然没有下定决心，大家又问道：“大王认为舜为何人？”李世民答道：“肯定是圣人。”大家说：“当舜帝在疏通水井的时候，父亲与弟弟在上面填土欲置其于死地，假如他没有逃过他们，就会化为井中的泥土；当他在涂饰粮仓的时候，父亲和弟弟在下面放火想要烧死他，假如他没有逃过，便化为粮仓里的灰烬了，怎么还能恩泽遍及天下，法度流传后世呢！所以说，舜帝在遭到父亲用小棒笞打时就忍了，可在遭到大棍笞打时就逃走了，这是因为舜帝心里想的是大事啊！”

李世民犹豫中忙命人算卦，来占卜凶吉，恰好秦王府幕僚张公谨进来，便一把夺过龟壳扔在地上，他说：“古人占卜是为决定疑难之事，现在事情很简单，还占卜什么！如果占卜要是不吉利，难道就此停止行动了吗？”于是李世民便订下了行动计划。

李世民命令长孙无忌秘密派人将房玄龄等人召回，房玄龄等人没有返回秦王府，说道：“陛下敕书不允许我们再侍奉大王。如果我们私下回去，一定会因此获罪而死，因此我们不能听从大王的命令！”

李世民大怒地对尉迟恭说：“房玄龄、杜如晦难道要背叛我吗？”于是他摘下佩刀递给尉迟恭道：“明公前去看看情况，如果他们真不想回来，你就砍下他们的头回来见我。”

尉迟恭与长孙无忌一起去见房玄龄等人，对他们说：“大王已经计划行动了，众位明公应速去秦王府共议大事。但我们四个人不能一起同行，以免引起齐王的怀疑。”于是房玄龄和杜如晦装扮成道士，与长孙无忌相继进入秦王府，尉迟恭则从小路辗转来到了秦王府。

六月初三己未日（626 年 7 月 1 日），傅奕密奏李渊道：“金星在秦地上出现，这是秦王要造反夺取天下的征兆。”高祖大怒，急忙召来李世民，将傅奕的密奏扔给秦王看。李世民则乘机上奏父皇，告发李建成和李元吉与后宫嫔妃淫乱，而且说：“儿臣没有做对不起皇兄和皇弟的事情，现在他们却打算杀死儿臣为王世充和窦建德报仇。如今我就要含冤而死，永远离开父皇，魂归黄泉，死后如果见到王世充等诸贼，实在感到羞耻！”唐高祖听后，惊讶不已，对李世民说：“朕明天亲自审问此事，你应及早见朕。”

宫中的张婕妤得知了李世民给李渊奏报的大意，急忙派人告诉李建成。李建成将李元吉召来一起商议此事，李元吉说：“我们应当留在府中称病不去上朝，有卫兵的保护会很安全，以便进一步观察形势。”李建成道：“宫中军队防备严密，我与皇弟入朝参见没有什么危险，应该亲自打听消息。”于是二人决定第二天进入皇宫面见李渊。他们认为在宫城玄武门的禁卫军统领常何是太子的亲信，可他们不知道常何早被李世民策反，宫中卫队也已经倒向了秦王，他们还以为宫中都是自己人。

六月初四庚申日（626 年 7 月 2 日），李世民率领长孙无忌、尉迟恭、侯君集、张公谨、刘师立、公孙武达、独孤彦云、杜君绰、郑仁泰、李孟尝等人入朝，并在玄武门前设下伏兵。李建成、李元吉二人不知危险即将到来，他们一起入朝，骑马奔向玄武门。这时，高祖也将裴寂、萧瑀、陈叔达、封德彝、裴矩等人召来，查验太子和齐王这件事。

来到临湖殿前，李元吉察觉到了变化，连忙招呼李建成，二人立即掉转马头，准备返回东宫和齐王府。李世民见他们要走，就连忙呼唤他们，李元吉心虚，首先张弓搭箭射向李世民，但由于着急，一连数次都没有将弓拉满，也没有射中李世民。李世民却一箭射向李建成，将他射死了。

随后尉迟恭带领骑兵七十人相继赶到，他手下人用箭射中了李元吉的坐骑，李元吉立刻跌下马来。可就在此时，李世民的坐骑受惊，带着李世民跑到玄武门旁边的树林里，李世民被林中的树枝挂住，跌落马下，一时间爬不起来。

李元吉见状迅速赶到，夺过李世民手里的弓箭，准备用弓勒死李世民，就在这时尉迟恭跃马赶来大声呵斥他。李元吉知道不是尉迟恭的对手，赶紧放开李世民，想跑入李渊的武德殿寻求父皇庇护，但尉迟恭快马追到，一箭将他射死了。

这时跟随太子一起来的卫兵赶到东宫报告，太子李建成的部下冯立（翊卫车骑将军）得知李建成已死，叹息道："我等在生前蒙受太子恩惠，现在太子已死，我们就要逃避祸难吗？"于是，他与薛万彻（副护军）以及谢叔方（屈直府左车骑），率领东宫和齐王府的两千兵马，急驰来到玄武门，准备杀死李世民，为太子和齐王报仇。张公谨膂力过人，他一个人关闭了大门，挡住东宫冯立等人，使他们无法进入。

李世民手下的云麾将军敬君弘掌管着宿卫军，驻扎在玄武门，但数量不多。他挺身而出，准备出战迎敌，身边的亲信阻止他说："事情还没有结束，姑且慢慢静待事态的发展变化，等我们的大军会集起来，再列阵出战也不晚。"

敬君弘没有听从手下人的建议，就与吕世衡（中郎将）向敌阵冲去，结果他们全部战死。驻守玄武门的兵士与薛万彻等人奋力交战，持续很久，薛万彻见难以攻下玄武门，就擂鼓呐喊，准备进攻秦王府。这时秦王府的人们都集中在玄武门，如果他们进攻秦王府，那里肯定抵挡不住，将士们大为恐惧。这时尉迟恭灵机一动，他提着李建成和李元吉的首级扔给薛万彻等人看，东宫和齐王府的人马立刻毫无斗志，迅速溃散，薛万彻则逃入终南山中躲避。冯立杀死敬君弘后，对手下人说："这也算是稍微地报答太子殿下了。"于是，他也扔下兵器，落荒而逃。至此，政变以秦王李世民的胜利而宣告结束，这就是历史上著名的"玄武门之变"。

李渊退位，太宗即位定天下

政变发生时，唐高祖李渊与裴寂、陈叔达、萧瑀等人，正在宫中的湖面上划船。政变结束后，他们已经划到了岸边。这时李世民让尉迟恭入宫警卫。尉迟恭披戴盔甲，手执长矛，身后跟着一队全副武装的士兵。他们脸上表情凝重，迈着大步径直朝皇帝走去。唐高祖李渊大为震惊，身边的大臣们也同样面面相觑、惊愕不已。李渊问道："是谁在作乱？爱卿来此做什么？"

尉迟恭回答道："回禀皇上，太子和齐王发动叛变，秦王已率领军队将这二人诛杀！秦王殿下担心惊扰陛下，特意命臣前来护驾。"高祖闻听此事，犹如晴天霹雳一般，他的身体摇摇欲坠，左右连忙上前搀扶。李渊过了半天才缓过神来，他把脸转向身边的几位重臣，说："没料到今日终于发生这种事，你们认为应该怎么办？"

一直倾向于太子的裴寂有些茫然，不知道该说什么好。而属于秦王阵营的陈叔达和萧瑀则对李渊说："太子和齐王当初就没有参加密谋起义，对于大唐也没有多大功劳，他们嫉妒秦王功高，所以才会共同策划对秦王不利的阴谋。秦王今日既然已将他们铲除，并且秦王功盖宇宙、天下归心，陛下此时应该封他为太子，把国家大事移交给他，便不会再有什么事端发生了。"

此时李渊已经别无选择，他说："你们说得对，这正是我的夙愿。"此时，玄武门外的兵戈尚未停息，禁军、秦王卫队与东宫、齐王府的残部还在交战。尉迟恭向高祖提出要求，请他颁布一道敕令，命各军一律服从秦王指挥。李渊听后只能照办。

片刻后，天策府司马（兼朝廷检校侍中）宇文士及从东上阁门飞驰出宫，一路高声宣布皇帝敕令，那些仍在纠缠恶斗的士兵才陆陆续续放下了武器。为了进一步稳定局势，李渊又命黄门侍郎裴寂前往东宫晓谕众将士，东宫的人心才逐渐安定下来。

随后高祖召秦王前来，抚慰他说："这些天，我总是听信谣言，现在总算是过去了。"李世民听后跪了下来，伏在高祖的胸前，号啕大哭了很长时间。

太子和齐王虽然已经被除掉了，但是他们的十几个儿子还在。李世民将李建成的儿子安陆王李承道、河东王李承德、武安王李承训、汝南王李承明、钜鹿王李承义，以及李元吉的儿子梁郡王李承业、渔阳王李承鸾、普安王李承奖、江夏王李承裕、义阳王李承度全部残忍杀害。原东宫和齐王府的女眷则被纳入宫中，后来成为李世民的女人，其中较出名的是原李元吉之妻杨氏，因貌美被李世民纳为妾，但没有封号，她还为李世民生下了孩子。

秦王府准备将李建成和李元吉的亲信一百多名全部杀死，尉迟恭竭力反对，他说：“犯下罪恶的只是李建成和李元吉这两个元凶。既然已经诛杀了他们，倘若还要牵连党羽，这样做无法让人心安定。”

李世民欣然采纳了他的意见，于是诸将领停止了追杀。

同日，高祖下诏大赦天下，并称：“叛逆的罪名只是针对李建成和李元吉二人，其余的党羽一概不追究。国家的各项事务，此后都由秦王处置。”

六月五日，冯立和谢叔方主动投案，薛万彻仍然在逃。李世民命人给薛万彻传递赦免的消息，薛万彻才回到长安。李世民说：“这些人忠于他们的主人，是义士！”于是将他们无罪释放，并重新任命他们。

六月七日，李渊正式册封李世民为皇太子，并下诏重申：“自今日起，无论军事、政治及其一切大小政务，皆交由太子裁决之后再行奏报。”

626年七月初十，高祖加封了很多政变的功臣：宇文士及为太子詹事，长孙无忌与杜如晦为左庶子，高士廉与房玄龄为右庶子，尉迟恭为左卫率，程知节为右卫率，秦王府旧臣虞世南为中舍人，褚亮为舍人，姚思廉为太子洗马，政变的首功，长孙无忌和尉迟恭，二人分别获得赏赐绢一万匹。高祖还特别嘉奖尉迟恭，慰劳他说：“爱卿对大唐来说有安定社稷的功劳。”于是把齐王府的金银财宝全部赏赐给了尉迟恭。

626年七月三十日，任命秦王府护军秦琼为左武卫大将军，程知节为右武卫大将军，尉迟恭为右武侯大将军，屈突通为陕东道行台左仆射，镇守洛阳。

626年八月初三，任命高士廉为侍中（相当于宰相），房玄龄为中书令（相当于宰相），萧瑀为左仆射（相当于宰相），长孙无忌为吏部尚书，杜如晦为兵部尚书。

626年八月初四，又任命宇文士及为中书令，封德彝为右仆射（相当于宰相），杜淹为御史大夫，颜师古、刘林甫为中书侍郎，侯君集为左卫将军，段志玄为骁卫将军，薛万彻为右领军将军，张公谨为左武侯将军，长孙安业为右监门将军，李客师为领左右军将军。至此，原秦王府的成员和支持李世民的官员，控制了国家的要害部门和职位，完全掌握了全国军政大权。

626年八月初八，一个最重要的历史时刻来临了，唐高祖李渊正式下诏传位给太子李世民。626年八月初九，李世民在东宫显德殿登基，正式登上皇帝的宝座；同日大赦天下，免除关内及蒲、芮、虞、泰、陕、鼎六州的田赋和捐税两年，免除其余各州差役一年。

CHAPTER

第六章 稳定皇位的措施 6

“玄武门之变”后，李世民取得了最终的胜利，此后他开始构建以他为中心的政治机构。但是此时他面临着极其复杂的局面，东宫和齐王的残余势力依旧存在，山东地区依旧有很多不安定的因素，迅速稳定政治局势是当前的首要任务。只有妥善处理这些遗留问题，才能迅速稳定刚刚得到的皇权。

采取宽大政策，清除东宫余党

玄武门事变之后，李世民终于得偿所愿，拿到了皇位的继承权，随后正式即位。唐太宗刚刚执政时，面临着一系列严重的问题，形势也非常复杂。

在玄武门之战中，太子李建成和齐王李元吉虽然被杀，但东宫和齐王府还有很多的残余势力，特别是在山东地区，李建成有很多的亲信，这些人会对国家的安定构成一定的威胁；李世民是由父亲唐高祖李渊让位才做的皇帝，而李渊时期，朝廷的宰相班底依然存在，如何处理和任用他们，也成了一个难题；李世民依靠秦王府的心腹起家，李世民即位之后势必要重用他们，这又会与之前的朝廷班底产生矛盾——如何处理好这些问题，就成为李世民能否坐稳皇位的关键。但李世民迅速且妥善地处理了这些艰巨的问题，从而为后来的“贞观之治”奠定了坚实的基础。

626 年六月初四，“玄武门政变”发生以后，东宫、齐王府的亲信大举逃亡，有的人潜伏长安周围，也有的人潜伏在外地。而前太子李建成在山东的亲信庐江王李瑗（时任幽州都督）和燕郡王李艺（时任领天节将军镇守泾州）都手握重兵，伺机而动，他们随时与李建成的残余势力相勾结。

为了解决这些问题，秦王府将领中有很多人都主张将李建成、李元吉的余党斩尽杀绝，并查抄他们的家产，还有一些人争相捕杀他们来邀功，这让前太子余党整天惶惶不可终日。这时候尉迟恭的头脑非常清醒，他极力反对采取这个措施。聪明的李世民也马上认识到问题的严重性，决定采用极为明智的安抚政策，用以消除他们的对抗情绪：一方面下令禁止秦府人员滥捕滥杀，另一方面以唐高祖的名义下令将他们全部赦免。

这一招果然奏效。曾率领李建成和李元吉卫兵进攻玄武门的冯立、谢叔方等人，此时正逃亡在外，得知被赦免，第二天就赶来自首。薛万彻自知罪孽深重，他开始时根本不敢出来自首，但李世民派人屡次给他送信，李世民的诚意消除了他的顾虑，他马上来到李世民面前自首。

李世民说："这些人所做的都是忠于旧主的事情，他们都是义士。"当众释放了他们，并对他们委以重任。从此潜伏在长安附近的前太子余党都放下武器，主动向朝廷投诚，长安附近的隐患被迅速消除。

接着，李世民又集中力量对付庐江王李瑗和燕郡王李艺。李瑗是李世民的堂兄弟，在武德元年（618）就被封为庐江王，到了武德九年（626），他官居幽州大都督，与李建成关系非常密切，并企图策应李建成。

由于李瑗此人并非是能够镇守边疆的将才，朝廷又派王君廓（右领军将军）做他的助手，协助他。王君廓是农民起义军出身，他勇力过人。李瑗非常仰仗他，把他作为自己的心腹，两个人还结成了儿女亲家。

李建成被杀后，李世民派崔敦礼特招李瑗入朝，李瑗害怕进京后前途未卜，因此犹豫不决。王君廓却别有用心，他假装将崔敦礼软禁并听命于李瑗。这时，王利涉（时任兵曹参军）对李瑗说："如果大王不奉诏进京就是谋反，如果独自入京，就会自投罗网。"李瑗听后决定谋反，他通过驿站调集兵力，并且召集王诜（燕州刺史）前往蓟州，与他共商起事。

随后王利涉又劝李瑗说："王君廓与李世民关系密切，他又反复无常，决不可将兵权交给他，并且要尽早将他除掉，让王诜替他带兵。"李瑗考虑很久，还是没有决定如此做。王君廓此时探听到这一消息，他首先去见王诜。王君廓亲手杀死王诜，并向大家宣告说："李瑗与王诜密谋造反，他们囚禁了皇上的使者，还擅自征调兵力。现在王诜被杀，只剩李瑗，他已经无能为力了。你们是跟着李瑗谋反被诛灭全族，还是随我去建功立业呢？"大家都说："愿听大人调遣。"

随后王君廓率领手下一千多人，趁夜里翻越城墙，进入城内。李瑗丝毫没有发觉。王君廓先把崔敦礼放出来。李瑗这才知道王君廓的动向，连忙身穿铠甲，率领手下亲信数百人出来应战。王君廓对李瑗的部下说："李瑗谋反，你们为什么要跟随他一起受死呢？"大家听闻，四散而逃。只有李瑗大骂王君廓说："你这个小人，出卖我，很快你也会自取灾祸！"王君廓勒死了李瑗。王君廓因这次的大功，很快被朝廷任命为左领军大将军兼幽州都督。朝廷还把李瑗家中的财富和奴婢赏赐给他。

李建成的另一亲信罗艺，原是隋朝旧臣，镇守幽州，于武德三年（620）归唐，被封为燕王，赐姓李氏。李艺是一位能征善战的武将，但脾气暴躁，桀骜不驯，十分凶悍。李世民东征刘黑闼时，李艺曾率部众数万参加战斗，与李世民南北夹击刘黑闼，并一战击败了刘黑闼，立下了大功。第二年又跟随李建成再次讨伐刘黑闼，从此成了李建成的死党。经李建成推荐，入朝为将，官拜左翊卫大将军。李艺屡次和秦王府作对，后被李渊调出京师，镇守泾州。李世民即位后，为了先稳住李艺，给他升了官职，为开府仪同三司。可李艺还是惧怕李世民报复，就伺机谋反。他谎称朝廷密令他入朝，就率军离开泾州赴豳州。豳州守将赵慈皓不知李艺已反，就出城迎接，李艺乘机进入豳州。唐太宗闻报李艺谋反，当即命长孙无忌（时任吏部尚书）和尉迟恭（时任右武侯大将军）率众讨伐。讨伐大军还未抵达，赵慈皓与统军杨岌准备赶走李艺。李艺把赵慈皓关入狱中，驻扎在城外的杨岌随即率兵攻打李艺。李艺大败，抛下家属，匆忙带领数百骑逃往突厥。随行的数百人行至半路就把李艺杀死，至此李艺的叛乱瓦解了。

李瑗、李艺都是在不得已的情况下举兵叛乱，最后都手下倒戈而兵败身亡，这从侧面反映了李世民实行了积极的安抚政策而取得的成功。至此，李建成余党中实力较大的武装力量被清除了，李世民的政权取得了初步稳定。

礼葬前太子，重用东宫旧属

李世民对以前依附于李建成的人才，采取大胆的信任和破格的提拔。昔日李建成麾下也网罗了一批骁勇的武将，如薛万彻、冯翊、冯立等。这些人很讲义气，也对李建成非常忠心，这些人后来在李世民的感召下，重新被朝廷重用，像薛万彻等将领随后还屡立战功。

对于东宫旧属中的能臣，李世民同样委以重任，甚至成为知己。例如，政变后马上召回流放在高州（今四川省西昌县）的东宫旧属王珪、韦挺等人，以谏议大夫的职位，作为李世民身边的顾问。原太子洗马魏徵更是在李世民手下如鱼得水，逐渐成为李世民"贞观之治"下的朝廷重臣。而李世民"弃怨用才"的做法也为后人不断称赞。

李世民杀兄夺嫡，这在讲究礼法的封建社会里，在道德上难免要遭到人们的谴责。为给改立李世民为太子正名，626 年六月初六，高祖李渊向天下颁布诏书："天策上将、太尉尚书令、陕东道大行台尚书、益州道大行台尚书令、雍蒲二州都督领十二卫大将军，中书令，上柱国秦王世民，器质冲远，风猷昭茂，宏图夙著，美业日隆。孝唯德本，周于百行，仁为重任，以安万物。王迹初基，经营缔构，戡翦多难，征讨不庭，嘉谋特举，长算必克。敷政大邦，宣风区隩，功高四履，道冠二南，任总机衡，庶绩惟允。职兼内外，彝章载叙，遐迩属意，朝野具瞻，宜乘鼎业，允膺守器。可立为皇太子（即太宗也）。"

竭力为李世民歌功颂德，从而洗刷"玄武门之变"在他形象上留下的污点。八月，李世民正式即皇帝位。十月，唐太宗即位后两个月，为了消除"玄武门之变"造成的不良影响，他考虑再三，特地追封李建成为息王，谥曰"隐"，李元吉为海陵王，谥曰"剌"。不说李建成是被自己弑杀的，而是表彰他自己息隐去了。

采取这样的做法，一方面用来申明唐太宗李世民发动“玄武门之变”的正义性，另一方面又向天下表明他的仁爱之心，平息李建成、李元吉一党的不满和恐惧。为此，他又决定以礼改葬隐太子李建成。在给他们下葬的那一天，唐太宗在千秋殿门前痛哭流涕，还把自己的儿子赵王李福过继给李建成。

以礼改葬李建成前的几日，魏徵从山东圆满完成任务，顺利返回京城，立刻升为尚书右丞兼谏议大夫，王珪也升为黄门侍郎。他们联名给唐太宗上表，说的大概意思是李建成被杀是理所当然的，同时还称赞唐太宗：“明社稷之大义，申骨肉之深思。”随后又从封建礼仪上陈述了给他们送葬的道理。

显然他们的上表没有煽动东宫旧属的怨恨情绪，只是从道义上弥补了骨肉相残所留下的伤痕。唐太宗因此非常高兴地同意并下命令：原东宫、齐王府僚属一律前往送葬。这次隆重的礼葬活动，化解了原来十分对立的秦王府与东宫、齐王府之间的矛盾。

后来到了唐贞观十六年（642）六月，唐太宗再次下诏追赠李建成为“隐太子”，这说明唐太宗承认了哥哥原来的太子地位。当然，这也是出于维护封建伦理道德的需要。

唐太宗以其杰出政治家特有的风度与气魄，妥善地处理和解决了“玄武门之变”之后所遗留的种种问题，也缓和了朝廷内部的矛盾，极大地巩固了李唐王朝的政权。

河北、山东政局不稳成隐患

山东、河北地区是隋末被压迫最严重的地区，也是农民起义风暴的发源地。即使是到了唐朝初年，依然是各种社会矛盾的集中点。这也是刘黑闼叛乱持续长达两年之久，历经数次征讨才得以剿灭的原因。唐太宗即位之初，这一地区的紧张局势是刚刚登上皇位的唐太宗李世民所面临的严重隐患。

隋末唐初崛起的河北、山东豪杰，其代表人物或是豪强地主，或是农民军领袖，而其下属大多数都是铤而走险的失去土地的农民，他们战斗力极强。这些人物是各派政治势力争夺的对象。

当初李世民和李建成为了争夺皇位，各自都采取积极地接收山东、河北豪杰的策略。李建成在魏徵的建议下开始得最早，收效也很大。在平定刘黑闼第二次叛乱时，他积极实行魏徵的策略，把抓到的俘虏全部释放，人们都欢欣鼓舞。这与李世民平定刘黑闼第一次叛乱时的残酷镇压相比，河北地区的人们对李建成的好感要多很多。

此后，李建成在河北地区的威望逐渐提高，他积极培植地方势力，李艺就被他收为心腹。当从长安传来李建成与李元吉被杀的消息后，马上出现了波动，幽州都督庐江王李瑗的叛乱，就是其中的例子。后来在贞观元年（627）正月燕郡王李艺发生反叛，也是例证。随后又发生了一系列的叛乱事件，如贞观元年九月，幽州都督王君廓除掉了庐江王李瑗立下了大功，他骄横自恣，不遵法度，随后反叛，这些叛乱的发生，势必给国家的安定埋下严重的隐患。

山东地区（崤山以东）是李世民的势力范围，比如说洛阳就是一个他经营多年的重要据点。"玄武门之变"后没几天，威望与影响力很大的大将屈突通就被任命为陕东道行台左仆射，他"驰镇洛阳"。这是李世民在政变发生后做出的紧急部署，以震慑有可能发生的叛乱。到了贞观元年（627），屈突通被任命为洛州都督。第二年，屈突通病死了，唐太宗悲痛不已，特地赶到洛阳宫送别他，以表彰屈突通在稳定关东政局方面做出的重要贡献。

然而，山东、河北的局势错综复杂，仅仅依靠洛阳的屈突通，远远不能解决问题。如果不好好处理，势必引起一连串的动荡。

所有这一切，使唐太宗认识到，要消除河北地区的隐患，必须实行安抚政策。而能够胜任的只有魏徵，以后的事实也表明魏徵没有辜负唐太宗的期望。在他的努力安抚下，河北的局势才一直比较稳定。

魏徵宣慰山东，安辑河北

“玄武门之变”后，唐太宗及时选派魏徵安辑河北。

魏徵本来就是河北人，他在李密的瓦岗军里没有受到重用，只是做了元帅府文学参军的闲职，他十次向李密献计，表现他的“奇谋深策”，但李密都置之不理。后跟随李密降唐，他马上要求去山东招抚李密的旧部，随后给李世勣去信，劝他归附了唐王朝。不久又被窦建德军俘虏了，被任命为起居舍人。窦建德失败。魏徵又投靠了李建成，很受器重，他给李建成提出了“结纳山东豪杰”的方针。可见，魏徵与山东、河北地区各种社会势力都有着密切的联系。

“玄武门之变”后的一个月，即武德九年（626）七月，唐太宗封魏徵为谏议大夫，命令他宣慰山东安辑河北，并许给他“便宜从事”的特权。当魏徵到达磁州（今河北省磁县）时，恰好看见当地的官员，正准备把前东宫、齐王府官属李志安、李思行押送到京师长安。原来，有很多李建成与李元吉的亲信已经逃到河北，但又被官府抓住了。

魏徵对副使李桐客说：“朝廷命令我们，对以前东宫和齐王的下属，一概不予问罪，可是还是有很多人被抓。如果因为这些人的被抓而导致朝廷的政令难以畅通，这就是我们的罪过。如今朝廷授予我便宜从事的权力，并且主上以国士待我们，我们就必须以国士相报答。”于是魏徵就自作主张，把李思行等人当即释放了。

这个措施，不仅体现了唐太宗对这些东宫余党的宽大政策，有利于解除逃亡者的疑虑，更重要的是为唐太宗在河北地区树立起“信义”，以争取当地豪杰的广泛支持。唐太宗知道魏徵的所作所为后，十分高兴，对魏徵更加信任。

武德九年（626）八月，唐太宗即位之初，下诏免除关东赋税一年。不久又改变了主意，想要重新征收赋税，关东地区百姓非常失望。这时，正在安辑河北的魏徵立即上书，诚恳指出，切不可贪图小利，重新引起山东人对李唐王朝的忌恨与不信任。由于魏徵尽心尽力，妥善地处理各种关系问题，山东、河北局势逐渐平静下来。

次年即贞观元年（627）七月，山东地区大旱，唐太宗诏令当地要对百姓赈济，并免除当年的租赋。他还将温彦博（中书侍郎）、魏徵（尚书右丞）、孙伏伽（治书侍御史）、辛谞（检校中书舍人）等人，派往各州县，检查当地官员的工作。就在这一年，青州又发生了“谋反”事件，唐太宗派崔仁师（殿中侍御史）前往处理。崔仁师在动乱平息后，采取宽慰的办法，只惩处了首恶分子，其余全部释放。此后，类似的“谋反”事件再也没有发生。可见，经过唐王朝君臣们的努力，山东、河北地区的统治已日趋稳定。

“玄武门之变”后，唐太宗一直留心物色出色的山东、河北人士，用来稳定当地的局势，魏徵与崔仁师就是其中典型的代表。

而唐太宗所选拔的山东人士，往往不是士族高门，而是普通的微族寒门。例如，魏徵是小族之家，境况贫困；崔仁师也是名门中的破落户；张行成为寒族，张亮家境寒贱，戴胄出身低微，马周是个寒士，等等。这些人大多经历隋末战乱，依附于关东普通士族地主，他们很熟悉民间的情况，所以唐太宗任用他们，迅速稳定了山东、河北地区的政治局势。

CHAPTER

第七章 立章建制，开创新局面 7

李世民在稳定了不安定的局势之后，对以前的官僚制度进行了改革。他大力推动宰相制度的改革，还对中书省、门下省、尚书省这三个最高权力部门的职权和相互制约关系进行了明确的规定，使得这种政治运作的方式很接近“三权分立”制，因此有西方学者说，李世民早在一千多年前就实现了“三权分立”制。

制度改革，设定三省六部

三省六部制是我国古代封建社会一套组织严密的中央官制，是隋文帝为了加强中央集权，综合以前各个朝代制度后确立的。但是到了隋炀帝执政之后，朝廷机构臃肿，官员众多，仅内官就多达二千五百八十一员。李世民在做了皇帝之后决定通过革新消除隋末体制中的各种弊端。他大力推动宰相制度改革，还对三省的职权以及相互制约的关系进行了明确的规定，建立了新的宰相制度，从而进一步加强了君权。

唐朝的三省为中书省、门下省、尚书省。中书省负责定旨出命，长官中书令二人，门下省掌管封驳审议，长官侍中二人，中书、门下通过的诏敕，经皇帝裁定交尚书省贯彻。尚书省职责为执行，长官尚书令一人，副长官左、右仆射各一人。尚书省下辖吏、户、礼、兵、刑、工六部，长官尚书，六部分理各种行政事务，每部又领四司，计二十四司。

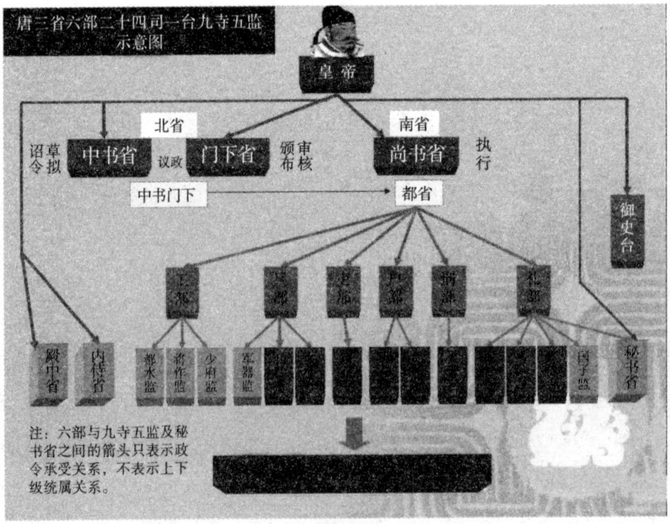

唐朝官制图

三省长官共议国政，执宰相之职，他们议政的场所叫政事堂。尚书令位高权大，李世民不再授人以尚书令之职。左、右仆射代领尚书省事，实际上同为宰相。贞观时期，李世民任命房玄龄、杜如晦两位非常有能力的人作为尚书省尚书左、右仆射。后来又常以品位较低的官员同三省长官共议国政，加以“参知政事”“参与朝政”“参议得失”等名号，执行相职。以后又出现“同中书门下三品”“同中书门下平章事”等宰相名号。

唐太宗的这些做法，表明皇帝任用宰相的范围扩大了，已不限于三省长官。宰相成员增多，既便于集思广议，又使之互相牵制，从而避免出现权臣专权的局面。这样，大大加强了中央集权，防止皇帝大权旁落。

在三省六部进行改革的同时，李世民对三省六部的官员也进行了及时调整。萧瑀、陈叔达等一批唐高祖李渊年间的老臣相继被罢免相职，房玄龄、杜如晦、王珪、魏徵、长孙无忌、温彦博等众多才学出众的新人被提拔到宰相位置。通过一系列的制度改革和官员任免，李世民在短时间内将中央权力牢牢掌控在自己手中。

李渊太原起兵后，为了迅速壮大实力获得各阶层和一些割据势力的支持，开始给大量投靠自己的人封官晋爵。据《资治通鉴》记载，仅在向关中进军的过程中每日便封官千余人。贞观元年（627），李世民任命刘林甫（魏州观城人，唐武德初年为中书舍人、中书侍郎、典掌机密）为吏部侍郎，主持官员铨选（唐五品以上官员由皇帝任命，六品以下官员，文武官员分别由吏部、兵部按规定审查合格后授官，称为铨选）。虽然刘林甫所选授的官员级别并不高，但是竟然有一万多人到吏部参选。这足以证明当时朝廷官员数量太多了。如此烦冗的朝廷机构办事效率是不会高的，而且大大增加了百姓的负担。

李世民初定天下，马上领悟到了官员臃肿的弊害及严重后果。他深知“治国先治吏，治吏必优吏”，否则将威胁到其统治根基。因此李世民觉得精简冗员已经势在必行。随后他下令房玄龄重新审核、确定中央各部门官员定额，共裁掉四分之三的官员，达两千多人。将中央文武官员总额定为六百四十人后，李世民十分满意地说：“朕得此天下贤才足矣。”

完善府兵制度

府兵制度是同均田制度相关联的一种军事制度。它起源于西魏时期，是宇文泰掌握西魏政权时创立的，其制为置六军，合为百府，分属二十四军开府，选拔体力强者充任府兵，另立户籍，兵员主要从鲜卑和汉人官吏、富豪子弟中选拔，兵与农是分开的。

隋朝文帝时期对府兵制度实行改革，府兵户籍属于各个州县，并废除了军户，实行兵农合一，是一种寓兵于农的军事制度。

武德元年（618），唐高祖沿用隋朝的府兵制度，以关中地区为十二军，每军设置主将、副将各一人，平时耕作，战时集中。由于当时战争持续不断，因而征调很不及时，兵与农的结合也非常不稳定。为此，唐太宗在贞观十年（636）对府兵制度实行了一系列的改革。府兵制被唐太宗整顿为兵农合一的军事制度。府兵终身服役，征发时自备兵器资粮，定期宿卫京师，并戍守边境。

这种府兵制度是在全国设六百三十四个府，其中关中地区有二百六十一个府，兵员因每府的大小，分为八百、一千二百、一千六百不等，府下设团、队、火组织，折冲都尉、果毅都尉是每府府兵的最高正副将领，下属军官为校尉、队正、火长。兵员大多来自应征的农民，年龄在二十岁至六十岁之间，府兵的军粮、兵甲、衣服装备需要自己准备；战马是国家提供的，分骑兵、步兵两种。

每年的冬季农闲时必须进行军事训练，除战时应征作战外，其余三季在家务农。平时也有保卫京师（即“番上”）的义务：按照距离京师的远近来确定宿卫京师次数的多少，宿卫的时间每次为一个月。

征兵时，要根据农户家中的具体情况选择，以家庭富裕、能力出众者或人口数量多的家庭优先选用，在三个人中选取一人，六等以下贫弱户就可以免于应征。代表国家统率各府府兵的是被朝廷任命的各卫、率的大将军和将军，每个卫、率分领一定数目的折冲府。折冲府不隶属于州郡，但州郡在点兵、练兵、发兵及军需建置方面有协助的义务。战事结束后，府兵就会返回各府家中。

这种寓兵于农的府兵制，在选拔时“财均者取强，力均者取富，财力又均先取多丁”。首先从富裕和劳力多的农户中征兵，有利于由国家直接掌握、控制地方上的军队，从而使府兵制度日趋完善。至于关中地区的府兵则占全国总数的百分之四十一，其目的是为“举关中之众，以临四方”，以有利于中央在关中地区（京师所在地）有效控制全国。

白居易在他的文集中，曾对唐太宗贞观时期实行的府兵制度给予了充分的肯定：首先是增加了军府的数量，并且将三分之一以上的军府设置在关中，以利于控制；其次是兵将分离；最后是在府兵服役期间免征租税，但需要府兵自己准备武器装备与粮食等。唐太宗调整府兵制的重要目的是防微杜渐，把可能出现的祸乱消失在萌芽状态。

由于府兵在平时务农，生活中就是农民，这样国家不需要为其负担军饷，这就节省了大量养兵的费用。在战争时期，由中央临时调配将领，率领府兵征战；等战争结束后，兵源又重新归府，将帅的兵权也被解除。这种措施使得将帅难以把军队私有化，这就减少了军人拥兵自重或割据一方的可能。

分封之议

在面对如何分封宗室和功臣的问题上，唐太宗一直冥思苦想，迟迟拿不定主意，对于分封方式的研究与争论，前后长达十年之久。

贞观初年，唐太宗曾问宰相萧瑀：“朕想要子孙富贵长久，社稷永存，应该怎么做？”萧瑀回答说：“各个朝代能够长治久安，都是因为分封了很多的诸侯国，使得国家非常稳固。比如当初秦吞并了六国，舍弃了分封诸侯而设置了郡守，才经历了二代就亡国了；而汉家的天下就是因为有了分封制度，延续了四百年；魏晋时期废除了这个制度，存在的时间就不长，这是封建的礼法，应该遵行。”

唐太宗认为萧瑀讲得对，就想分封宗室为世袭都督或世袭刺史，在他死后由子孙继承他的爵位，他甚至还想要把长孙无忌、房玄龄、杜如晦、李靖等功臣也封为世袭刺史，于是就开始了持续不断的“分封之议”。

在这场长达十余年的争论中，主张实行分封的只有萧瑀一人，唐太宗也同意，但其他大臣多数表示反对。魏徵的反对理由是，实行分封将缩小王畿地区，大量减少国家的岁入，以致无力供给官吏的俸禄。他和马周还指出诸侯无道的危险和可能发生的国家防务问题。魏徵主要是从赋税的征收和抵御外敌的角度反对实行分封。

而李百药（礼部侍郎、历史学家）则从总结历史经验的角度，写了《封建论》一文，指出了实行分封的要害。他阐述的观点是，获封为诸侯的人如果子孙即位，子孙如果由于年幼，或者由于能力达不到治理封地的水平，就会造成极大的危害。颜师古（中书侍郎）也著有《论封建表》，他实际是主张分封与州县并行。

这三人的议论中，李百药的主张切中了分封诸侯的要害，而颜师古的折中主张，已被西汉初年的“七国之乱”证明，那是很难实现的愿望而已。最终，唐太宗没有采纳李百药、魏徵等人的正确意见，于贞观五年下诏封长孙无忌、房玄龄等十余位功臣为“世袭刺史”，并下令由子孙后代继承。

对这个被削弱的“封建制”，反对的意见依然很多。朝中大臣们几乎无人愿意离开朝廷中的岗位，到他们的“封地”去工作。长孙无忌上言说：“臣等历经艰险侍奉陛下，如今天下太平了，我们不愿意到外州为官，这和被贬没有什么分别。”

长孙无忌是故意这么说，因为太宗在分封他们为世袭刺史的同时，并没有免除房玄龄等人的宰相职务。唐太宗见宰相、大臣们从唐王朝的长治久安的大计出发，诚心不愿意封自己的子孙后代永为刺史，以免发生“年少的小孩儿继承封地后，一定会被外人夺权而发生祸害”，不由得非常感动，于是唐太宗分封功臣的诏令，在众多大臣的强烈反对下收回。长达十年之久的分封之议至此宣告结束。

但唐太宗对皇子的分封政策仍在继续实行，他依然向往“封建制”。在唐太宗的晚年，他在给继承者立下的政治遗言以及写于648年的《帝范》中的内容，再次提到这个问题，并断言：“如果不分封皇族，皇室就不能占有足够的土地。但这必须保持平衡，不能过度，以免削弱中央的力量。”

制定《贞观律》

汉高祖刘邦因秦朝政令严酷，入关后就采用宽缓、简单的刑律。诸葛亮治理蜀地时法纪荒废，风气败坏，所以执行法律的力度极为严格。这二者都审时度势地制定法律，没有一味套用前人的法律，取得了非常好的效果。隋、秦很相似，都是只存在了几十年的短命王朝。秦始皇、隋炀帝贪得无厌，毫无节制，尽情享乐，他们在位时都非常残忍暴虐，搞得民怨沸腾。唐太宗借鉴了这两个短命朝代的特点，于是本着“宽仁慎刑”的原则，制定出很多宽缓简约的律令。

贞观元年（627），唐太宗命房玄龄、长孙无忌修改《武德律》并制定《贞观律》，这部律法从贞观元年开始修订，到贞观十一年才结束。它仍为五百条，十二卷。因其修订于贞观年间，故史称《贞观律》。据记载，这部律法与隋《开皇律》相比，减少了大辟（死刑）九十二条，减少了流放七十一条。具体的法律废除断趾法以及缩小了族刑、连坐的范围等。由此可见《贞观律》比《武德律》在减轻刑罚方面更前进了一大步。

唐太宗曾经读了一本《明堂针灸图》的医学专著，知道人的脊背上穴位众多，并且都与人的心、肝、脾、肺、肾五脏有关联，于是他下令在行刑时，不许杖背。唐太宗主持制定的《贞观律》，明确赏罚制度，加强法制建设。随后长孙无忌又与其他人为其作注，这就是后来的《唐律疏议》。它成为封建社会法典中成就最高者，并一直保存下来。在唐朝随后制定的律法中，无论是从体例到内容，基本上都没有太多的变化，清末法学家沈家本说："唐律以贞观所修为定本。"

除律外，还有令、格、式，这形成了完整的体系。令是规定国家各种制度的法典，它基本上包括了经济基础和上层建筑的各个方面。格相当于律，是皇帝对国家机关或个人因时因事而颁行的诏书汇编。式则是国家机关经常和广泛适用的办事细则和公文程式。令、格、式从积极的方面来规定国家机关和官民等应当遵守的制度，而律则从消极方面规定违反令、格、式以及其他一切犯罪的刑罚制裁。这四种法律形式互相协调，体现了唐朝立法技术的极大成就。

唐永徽二年（651），高宗李治命长孙无忌以《贞观律》为蓝本，修订并颁布了《永徽律》。后来鉴于当时的中央和地方在审判中对法律条文的理解没有统一，李治下令对《永徽律》逐条逐句进行统一而详细的解释。这些内容称为"律疏"，附在律文之下，于永徽四年（653）向天下颁布，律疏与律文具有同等法律效力。这部法典当时称为《永徽律疏》，后世称之为《唐律疏议》（简称《唐律》）。

《明堂针灸图》

《永徽律疏》是唐高宗秉承李世民遗训，在贞观立法原则的指导下，按照《贞观律》的基本精神修订的。直至唐玄宗时，人们仍然认为《贞观律》与《永徽律疏》是"至今并行"的。由此可见，《唐律》实际上是在贞观时期定型，在永徽年间完善的。

《贞观律》和《永徽律疏》的制定和颁行是中国法律史上一个重要的里程碑，它们确立了中国古代刑法的规范，并且影响遍及朝鲜、日本、越南等亚洲各国，乃至在世界法律体系中也占有重要的一席之地，成为独树一帜的一大法系。

维护庶族地主，重修《氏族志》

魏晋以来的门阀制度延续到南北朝末期时，已渐渐衰落，然而门第观念在社会上仍然具有很大的影响。在建立李唐王朝的政权之后，关陇士族地主的政治地位提升了很多，与山东、江南士族地主相比，更是高出一等。

然而，昔日山东的崔、卢、李、郑、王等世家大族，在社会上的名望仍然很高，这反映在具体婚姻的缔结上。唐初的一些公卿和宰相等重臣，甘愿陪送丰厚的彩礼或嫁妆，来与山东士族联姻，借此抬高自己的社会地位，对与皇帝宗亲联姻却不感兴趣。唐高祖对此曾严重不满。唐初进入统治集团的一些庶族地主，由于门望不高，也常受到旧士族出身的这些人的奚落。

于是李唐宗室、关陇贵族以及新进入上层统治集团的庶族地主，就与山东旧士族以及有旧的门阀观念的这些人产生了矛盾。为提高皇室和新兴地主的门望，唐太宗决定重修《氏族志》。

贞观十二年（638），《氏族志》修成时，把山东士族仍列为第一等。唐太宗看后极为不满，他指出，山东士族已经衰落了，只是依靠婚姻敛财，不理解为什么还是把他们放在第一等。他命令高士廉等重新勘定，并指示：不要论数代以前的身世，只按照现在的官职高低来排定。此后重新修订的《氏族志》基本贯彻了唐太宗的指示，以皇族为首，外戚次之，山东世族被降为第三等。

《氏族志》的勘正极大地提高了李氏皇族的地位，也扶植了庶族地主，压制了旧士族势力，加强了李唐王朝的皇权。

唐太宗修《氏族志》，表面上声称是继承魏晋南北朝时期的谱学传统，其实并不是这样。在魏晋南北朝时，选官就以谱籍为依据，划分门第是由历代做官的情况而定，列为门阀的大多都是累世冠冕之家。而《氏族志》打破了以往单纯以郡姓作为门第做官的传统，至于划分门第等级的标准，则只看在唐朝的官爵高下。

这些变化触动了以往的门第等级，具有一定的进步因素。但必须指出，唐太宗并没有否定门阀观念，而是更多侧重扶持当时的统治集团，调和门阀间的差距以保持大致的平衡。这在当时虽然有一定的进步意义，但由于他想建立一个新门阀，结果肯定会趋向保守。

重新修《氏族志》，使一部分做官的庶族地主取得了士族身份，没落门阀士族也受到了进一步的打击，只有关陇士族保持了旧日地位。唐太宗修订的《氏族志》，为多年后武则天颁布《姓氏录》彻底否定传统的门阀制度打下了坚实的基础。

CHAPTER

第八章 8

任人唯贤，安定天下

李世民识人善用，他以政治家的胸怀、气魄和胆识，选拔、提拔以及破格任用了大量人才。李世民被称为一代“英主”，这与臣下敢于直言纳谏是分不开的。在贞观一朝，纳谏已经蔚然成风。

敢于纳谏的魏徵

封建社会里，皇帝的好坏、大臣的忠佞决定着国家的兴衰，在这个时代里，人们对明君和诤臣怀着深切的期盼。作为“明君”和“诤臣”的典范，从古至今，还能够找到唐太宗和魏徵这样绝佳的搭配吗？

唐太宗曾经说，贞观以前，跟随他打天下的人，房玄龄（出谋划策最多）功居第一；贞观之后，匡助他治国安民的人，魏徵功劳最大。他身上有两把非常喜欢的佩刀，分别送给了房玄龄和魏徵。但是魏徵以他鲜明的个性，留给后世的影响更大一些。

唐太宗有一段三面镜子的名言：以铜为镜，可以正衣冠；以古为镜，可以知兴替；以人为镜，可以明得失。第三面镜子说的就是魏徵，毫无疑问，他已经成为历史上诤臣形象的代表。

魏徵，字玄成，是钜鹿（今河北巨鹿）人，父亲曾做过北齐的县令，小时候家道中落了，他无依无靠就出家做了道士。他生性好静，喜欢读书，道观里的书他都读过，因此不像私塾里专读经史的科班生，反而成为杂家，兼通众学。他素有大志，并小有名声。隋末，武阳郡（元宝藏归李密后改为魏州）丞元宝藏举兵响应李密，魏徵也一同加入了李密的瓦岗军。李密每次见到元宝藏的报告都非常称赞，听说是魏徵所为，觉得他是个人才，就急忙召见他。

李密是叶公好龙，虽欣赏魏徵，却只给了他一个元帅府文学参军的职务，做些文字工作，与许敬宗同事。魏徵以为遇到了明主，满怀热情地给李密提了十条建议，李密口头上夸奖了一番，却根本没有照办。

魏徵认为王世充缺乏粮草，李密对他围而不打，就会不战自乱。他向李密的长史郑颐提了这番建议，希望他转达给李密。郑颐非常清楚李密对魏徵的态度，不耐烦地说："不过是老生常谈而已！"魏徵觉得非常尴尬，就气愤地拂袖而去。

魏徵自此以后就很少给李密提建议了。李密败给王世充之后投靠了李渊，魏徵感觉到唐朝最终会问鼎天下，就随李密一起来到了长安，但也未受到重视。他按捺不住，毛遂自荐去山东招抚李密的手下。他立即被授予秘书丞，前往山东。他果然不虚此行，为李唐劝降了两个人：一个是他的老上司、魏州总管元宝藏，另一个是镇守黎阳的李勣。魏徵在瓦岗寨虽然不得志，但与李勣关系很好。他写了一封信给李勣，为他分析当时天下的局势，促使李勣下定决心归唐。

可是没多久窦建德占领黎阳，魏徵又落入窦建德部，被任命为起居舍人，给窦建德和他的夏朝做日常记录。随后窦建德战败被李世民俘虏，魏徵独自跑到长安找到了李建成。李建成听说过他的大名，就任命他做太子洗马，是东宫中管理图籍文书的官，相当于五品官。魏徵生来就喜欢提建议，就反复地劝李建成早些下手除掉李世民。可是李建成和魏徵之前投靠的人一样，都没有彻底采纳他的意见。

"玄武门之变"后，李世民重新掌权，就责问他："你为什么要离间我兄弟？"魏徵知理直气壮地从容应对："皇太子若听我言，殿下怎可安然无恙？"李世民很欣赏他的胆识，任命他做太子詹事主簿。李世民即位后任命他为谏议大夫，谏议大夫是门下省中专职提意见的正五品上的官。这次魏徵终于找到了适合自己的位子。魏徵从小无依无靠，投奔李密却不被重用，直到四十出头才受到唐太宗的重用，他大有士为知己者死的感激之情。

他觉得唐太宗以国士待他，他就以国士相报。魏徵为人原则与春秋时期晋国豫让相同。豫让最先是范氏和中行氏的手下，这二位待他与别人没有区别。后来豫让投奔了智伯，智伯非常礼待他，其他人都无法相比。后来赵灭了智伯，他不惜以自残身体为智伯报仇，五次刺杀赵襄子都没有成功。别人问他为什么要对智伯这么忠心，他说："范、中行以凡人待我，我就以凡人相报。智伯以国士待我，我就以国士相报。"魏徵的经历和性格与豫让颇为相似，为了唐太宗的江山和声名，他不顾小节，不顾得失，甚至不顾性命。

魏徵有一次对唐太宗说，他要做良臣，不止是忠臣。唐太宗问忠臣和良臣的区别，他说："良臣不仅保持自己的名节，也要使君主得享美号，国家长治久安。忠臣却因自己触犯龙颜被杀，这会让君主留下恶名，忠臣虽有空名，但家、国都保不住。"

魏徵在任谏议大夫大约一年的时间内，共进谏二百多次。唐太宗感动地说："若非一心为国，孰能做到？"627 年魏徵升为正四品的尚书右丞，这是尚书省次于仆射的官职。628 年升任尚书右丞守秘书监（从三品），并参与朝政，进入执政班子。633 年，他升为侍中，正式成为宰相。

魏徵首先是一个有韬略的能臣，他谏诤的内容并非吹毛求疵，所提的政见都一针见血，直戳要害。他对唐太宗制定治国方针、树立治国理念、维护纲常秩序、完善自身修养等方面的作用，无愧于一面"人镜"，时刻折射出唐太宗身上的缺点，因此唐太宗评价魏徵是贞观之后的第一功臣，毫不夸张。

魏徵建议治理国家要用儒家的"王道"，以德治国，并督促唐太宗认真落实制定好的每项措施。唐太宗还在做太子时，国家征兵，封德彝建议把未成丁（当时规定十八岁成丁，要承担各种负担）但长得壮实的都列为征集范围。唐太宗同意并拟好了诏书，魏徵却坚决不签署，唐太宗大怒，把魏徵叫来骂了一通。骂完了，魏徵说："陛下口头上说要以诚信治天下，实际上短短时间内失信数次！"唐太宗很惊讶，忙问原因，魏徵就一件件地举例："陛下曾下令赦免百姓欠的官物，欠秦王府的却不赦免。又说服役之人关中地区可以免二年租税，关外地区免一年徭役，可随后又照征不误。现在征兵又是有变故，是诚信吗？"唐太宗不仅高兴地采纳了，还赏了他一个金瓮。这类事情在唐太宗与魏徵之间不胜枚举。

魏征建议的"王道"不仅是治理中原的策略，在处理少数民族地区的关系问题上也适用。他给唐太宗提出了解决民族问题的政策："中国既安，四夷自服。"用现在的观念解释就是中原搞好了，民族问题也就不是什么大问题，不要轻易动武。

对岭南少数民族问题的处理就体现了魏徵的思想。曾有人不断地反映岭南的酋长冯盎准备造反，唐太宗也要去征讨。魏徵却分析冯盎只是犹疑并非造反，不要逼他造反，只要派一个高级别的使节就能解决问题。唐太宗按照魏徵的办法去做，果然如魏徵所言。唐太宗高兴地说："魏徵叫我派一个使节，效果胜过了十万大军。"

630年李靖、李勣击败了突厥，唐太宗想仿效汉武帝把归降的突厥安置在黄河以南河套一带。魏徵认为这样做是养虎为患，其他的朝臣都支持唐太宗。唐太宗没有听魏徵的，后来唐太宗后悔了。十年后唐太宗到九成宫，突厥夜里袭击唐太宗。突厥尽管没有得逞，唐太宗却感慨当初没有听魏徵的，以致引来祸患。

魏徵一再给唐太宗阐述"创业不易，守成更难"的观点，要唐太宗时刻居安思危，戒骄戒躁。房玄龄认为要在乱世的群雄之中取得天下不易，创业难。魏徵却认为帝王得天下后就骄逸懈怠，导致国势衰微，守成更难。唐太宗一生大小百余仗，多次危机重重，当然知道创业的艰难，但他也能体会魏徵的良苦用心。

唐太宗曾说自己是一块璞玉，没有良工雕琢就如同瓦砾，若遇良工就是宝物。魏徵就是这个良工，用仁义道德修琢他。这是自谦。但魏徵确实在一心打造唐太宗，为其扬长去短，塑造他心目中的明君。也就正如唐太宗说的，魏徵总是用礼来约束他。这个礼大到国家纲常，小到家庭事务。

有一次，唐太宗从九成宫返回长安，中途休息时看到当地官员把宫人安排在官舍，等李靖和王珪到了，把官舍让给李靖和王珪，而把宫人安置到别处。唐太宗大怒："为什么礼遇李靖、王珪，却要慢待朕的宫人？"说完要治罪地方官。魏徵劝道："李靖、王珪是陛下的大臣，宫人是皇后的奴婢。官员接待大臣是应该的，却没有接待宫人的义务。"唐太宗这才作罢。

唐太宗的女儿长乐公主是长孙皇后所生，出嫁时唐太宗想给长乐公主两倍的陪嫁。魏徵认为这是不合礼节的。他劝诫唐太宗，说天子的姐妹是长公主，天子的女儿是公主，既然加"长"字，就是表示尊崇，公主不可以超过长公主。

唐太宗和长孙皇后商量之后，不仅采纳了魏徵的意见，而且还派人给魏徵钱四十万、绢四百匹作为赏赐。

魏徵唯恐唐太宗时间久了会懈怠，639年，他上奏历数了唐太宗与贞观之初十个方面的变化。这篇奏章就是著名的《十渐不克终疏》。唐太宗看后非常感动，叫人把奏章写在屏风上，每天都要看一看。有一次，唐太宗抱怨大臣奏章既多又空，说空话的人应该惩罚。魏徵却说，说得对陛下就采纳，说得不对也无害，不能因此而责罚。

有魏徵这样的大臣，唐太宗一刻也不敢松懈。一次，魏徵听说唐太宗要去出游，急忙来劝阻，看到外面行装都已准备妥当，人却没有走的迹象，他问为什么会有人说有这件事。唐太宗笑着说："本来打算去游玩，只是怕你责怪就取消了。"还有一次，唐太宗正在玩猎鹰的时候，魏徵突然来了，他怕魏徵责怪就慌忙把猎鹰藏进怀里，魏徵啰里啰唆地说了一大通，等魏徵走了，鹰也憋死了。皇帝当到这份上也确实很累。但是唐太宗并不以为累，他还时刻把魏徵带在身边。

唐太宗不是一个没有脾气、可以任由别人挑刺而不动怒的人。有一次，魏徵在朝堂上让唐太宗难堪，唐太宗当场没有发作，但是下朝之后，唐太宗余怒未消，对长孙皇后说："这个顽固的田舍翁（乡巴佬），总是找我的不是，我一定要杀了他。"长孙皇后知道唐太宗说的是魏徵，她没有说话悄悄退了出去，不一会儿她穿着皇后礼服给唐太宗行大礼，唐太宗不明白长孙皇后的行为，感到奇怪。长孙皇后说："自古君主圣明，臣子才敢直谏，现有魏徵如此，说明是陛下圣明，所以给您道贺！"作为一个卓越政治家的李世民，听了长孙皇后的话，气马上就消了。

唐太宗对魏徵的信任招来不少人的妒忌，他们调唆唐太宗："魏徵成天劝谏，要是您不听他的，他就说个没完没了，他把陛下当作小孩子了。"唐太宗却谦虚地说，自己出身于行伍，对学问、政术懂得不多，是魏徵和王珪尽心尽力辅佐，天下才得以太平，我听从他们的劝谏，并非出于私心。说得那些人面红耳赤。

还曾有人告魏徵谋反，唐太宗看都没看，立即把告状的人杀了。

魏徵不想被接踵不断的谗言中伤，以眼睛不好为由一再提出辞职。唐太宗再三挽留，让他以特进身份知门下省事（唐太宗时宰相们常到门下省议事，门下省就被称为政事堂，不是三省长官而参与宰相班子也叫“知门下省事”）。

642年，唐太宗请魏徵做太子太师，辅佐他的太子李承乾，仍旧知门下省事。魏征又以眼病推辞，唐太宗却没有答应他：“我知道你有病，你就躺着辅佐他吧。”

谁知这一年刚刚过去魏徵就真的病倒了。唐太宗派人去探望，听说魏徵的家里非常简陋。史书记载为“家无正寝”，也就是说连一间像样的大房间都没有。唐太宗就把宫中用的材料送过去，给魏徵盖了一间“正寝”。

后来魏徵病危，唐太宗亲自到魏徵家里，屏退左右，君臣二人流泪话别。第二天唐太宗又叫人送来一份手诏，大意是说本想来探视，又担心魏徵劳累就没有来。唐太宗还派左屯卫中郎将（正四品下）李安俨住在魏府，随时向唐太宗报告病情。后来唐太宗又与太子一同来看望，并给魏徵儿子魏叔玉和衡阳公主订下婚事。

几天后，唐太宗夜里梦见魏徵，不料天亮时就传来了魏徵的死讯。魏徵享年六十四岁。唐太宗为他举行了唐朝建立以来最隆重的大臣葬礼，唐太宗亲临哭祭，罢朝五天。发丧的时候，祭奠中的人有皇太子、诸王及九品以上的文武百官，还派了四十人的乐队，献上丰厚的祭礼，以一品官员的规格陪葬昭陵。魏徵妻子裴氏坚持按魏徵遗愿从简办理，百官送出郊外，唐太宗则登上城楼流泪遥送。

唐太宗亲自起草并书写了碑文，还写了《望送魏徵葬》寄托哀思：

阊阖总金鞍，上林移玉辇。
野郊怆新别，河桥非旧饯。
惨日映峰沉，愁云随盖转。
哀笳时断续，悲旌乍舒卷。

望望情何极，浪浪泪空泫。

无复昔时人，芳春共谁遣。

特别是最后的四句，后人读来不觉怆然伤怀。

唐太宗与魏徵这一对君臣之间的故事原本已经很完美了，但后来发生了两件事：一是东宫左庶子杜正伦泄露了唐太宗的话被贬官；二是侯君集谋反被杀。魏徵生前极力推荐过这两个人。这两件事的发生给魏徵留下了瑕疵。以前就有人告魏徵搞朋党，唐太宗派温彦博调查，没有找到证据，口头批评了魏徵。唐太宗怀疑魏徵做过拉帮结派的事，一直眼红妒忌魏徵的人又报告唐太宗，说魏徵把自己所有的谏诤都抄给起居郎褚遂良，好让他在史书上留下美名。唐太宗听后更加不高兴，马上解除了衡阳公主与魏叔玉的婚事，而且捣毁了亲手为魏徵题写的碑。两年后唐太宗征讨高句丽劳民伤财却未达目的，他又想起魏徵的劝谏，派人为他重新立了碑。

富于谋略的房玄龄

房玄龄（579—648），名乔，字玄龄，以书法见长，齐州临淄人（今山东省章丘市）。房玄龄出生在官宦之家，父亲房彦谦，精通五经，是魏、齐年间著名的山东学者。房玄龄从小就耳濡目染，从父亲那里学到了很多知识。他善诗能文，博览经史，精通儒家经书，书法又得到了父亲的真传，尤其善于草书和隶书。十八岁时考中进士，先后被授予羽骑尉。

房玄龄少年时代跟随父亲来到京师长安，当时隋文帝在位，全国一片太平景象，年纪轻轻的房玄龄已经对当时有非常独到的分析。他私下对父亲讲：“杨坚本没有什么功德，只知道蛊惑百姓，而且他没有为国家的长久考虑，几个儿子中嫡庶不分，他们竞相淫侈，最终会互相攻击。现在国家虽然很稳定，但灭亡的日子不会太远了。”父亲房彦谦听后吓得连忙斥责他：“不要胡说八道！”形势的发展与房玄龄预料的一样。

他的父亲常年重病卧床，房玄龄一直在身边伺奉左右，为人极其孝顺。李世民太原起兵后，领兵过渭北，房玄龄投靠了李世民。两人一见如故，李世民马上任他为记室参军。

房玄龄为报李世民的知遇之恩，竭尽全力筹谋军政事务。每当李世民率军攻下一方割据势力，军中其他人就全力搜寻珍宝异物，唯独房玄龄四处访寻英雄豪杰人物，并把他们推举给秦王李世民。秦王府中的谋臣猛将云集，他们心中都十分感念房玄龄的推荐之恩，也都尽忠报效李世民。

每当李世民与房玄龄研究国事的时候，房玄龄总是能够提出非常精辟的意见和具体的办法，但是往往不能做出决定。这时李世民就把杜如晦请来。而杜如晦一来，将问题略加分析，就肯定了房玄龄的意见和办法。房、杜二人，一个善于出计谋，一个善于做决断，被世人称之为“房谋杜断”。在当时人看来，房、杜二人同心辅政，合作得非常好，人们称赞说“笙磬同音，唯房与杜”。

房玄龄在李世民秦王府中任职十多年，资历很老。他一直掌管李世民的军机大事，而且军中要发布的文书奏章，他骑在马上就可出口成章，不用打草稿。房玄龄在李世民的文学馆十八学士中位列第一。

高祖李渊也对房玄龄非常欣赏，对身边的侍臣讲：“此人见识渊博，处事果断，足堪重任。他每次转述我儿（世民）交代的话时，说得清清楚楚，没有一点儿差错，就像世民当面对朕讲话一样。”后来太子李建成斥逐秦王府内的谋臣，房玄龄与杜如晦一起被外放任职。“玄武门之变”前夕，二人化装成道士，被李世民召入府内密谋，最终成功。贞观元年（627），官拜中书令。论功行赏时，太宗把房玄龄、长孙无忌与杜如晦、尉迟恭、侯君集五人列为一等，进爵邢国公。

李世民的堂叔李神通非常不服，他说：“当时义兵初起时，臣率先起兵。现在房玄龄、杜如晦等拿笔杆子的官员（这位皇叔不敢提太宗大舅子长孙无忌，也不敢提都是武将的尉迟恭和侯君集二人),反而立了一等功,臣心实在是不服。”李世民也不客气，当面驳斥他：“义旗初兴时，人各有心。叔父您虽率兵前来，也是因为惧怕受到牵连被杀，而且打仗时您从未亲自上过阵。与窦建德交手时，您全军覆没（还被俘获，只是窦建德仁德没杀他。李世民给他面子没点破）；后来刘黑闼起兵，您又望风而逃。如今论功行赏，房玄龄等人运筹帷幄，安定社稷，功比张良、萧何，他们虽没有战功，但能以屡出奇谋居功一等。叔父您是国家至亲，朕并没有吝惜封赏，但也不能因私情而与功臣同受奖励。”一席话，讲得这位经常打败仗的皇叔惭愧退下，在众人面前好没面子。

房玄龄追随唐太宗荡平天下，出生入死，也品尝了国家创立的艰辛，他时刻不忘创业的艰难，经常劝李世民警钟长鸣，不要骄奢淫逸，以维持国家的长治久安。

贞观元年（627），房玄龄十分重视吏治，他认为官吏的公平正直问题是治理国家的根本。在选举官吏的问题上，唐太宗主张“量才授职，务省官员”，“现在应当审查官吏，让他们都能够发挥各自的作用，那么国家就可以无为而治了”。房玄龄非常忠实地贯彻了他的这一思想，大力简政，并省官吏，“于是所配置的文武官员总六百四十员”。

房玄龄精减官吏的做法，既裁去冗官滥职，避免十羊九牧，提高朝廷各部门办事效率，也节省国家财政开支，减轻人民负担。

房玄龄精通典制政令。贞观初年，正值天下初定，国典朝章很不完备，他与尚书右仆射杜如晦共掌朝政，亭台楼阁等建筑物的规模以及法令、礼乐、制度，都是他们二人所制定，在当时获得美誉。

在修定律令方面，房玄龄秉持“审查并确定法律和命令，将宽厚平和（的风格）作为宗旨”的思想，简化律令，又去除了隋朝的苛酷刑法。自房玄龄等更定律、令、格、式以后，有唐一代都没有发生过多大变动。

贞观二年（628），房玄龄改封魏国公，为尚书左仆射，监修国史。房玄龄尽心尽力，加之他明达吏事，法令宽平，任人唯贤，不分卑贱，论者皆称之为良相。

他任宰相十五年，女儿为韩王妃，儿子房遗爱娶高阳公主，显贵已经达到了极点，但他常常自己检讨，不敢对外人炫耀。

贞观十八年（644），李世民御驾亲征辽东高句丽，命房玄龄留守京城处理政务。贞观二十三年（649），房玄龄旧病复发，当时李世民人在玉华宫，听说后命人用自己的担舆把房玄龄抬到御座前，两人相见相视流泪，哽咽无语。太宗命太医疗治，每日都给房玄龄提供御膳食用。

每当听说房玄龄病情有所好转，太宗就喜形于色；可每当听说房玄龄病情加重了，太宗马上就愁容显现。临终时，房玄龄对儿子们说："当今天下太平，皇上总要讨伐高句丽，这是国家很大的隐患。皇上有时候做的决定是在愤怒中做出的，当时臣下都不敢犯颜劝谏。我如果明白却不说，就会含恨而死啊。"于是上表进谏，请求太宗以天下苍生为重，停止讨伐高句丽。

太宗见表，十分感动，他对房玄龄儿媳高阳公主说："此人病危将死，还能忧我国家，实在难得啊！"临终之际，李世民来到房玄龄的病床前，与他握手诀别，并下旨令他的儿子房遗爱为右卫中郎将，房遗则为中散大夫，使其能在活着的时候看见这两个儿子显贵。房玄龄受到唐太宗这样好的礼遇，死时一定会含笑九泉，他去世的时候正好七十岁。唐太宗为他罢朝三日，并赠太尉，谥曰文昭，陪葬昭陵。

作为凌烟阁二十四功臣之一，他的画像下面有这样几句评语："才兼藻翰，思入机神。当官励节，奉上忘身。"

房玄龄一直告诫儿子们不要以地望凌人，切勿骄奢沉溺，并汇集古今圣贤的家戒，亲自

昭陵是唐朝皇帝唐太宗李世民与文德皇后长孙氏的合葬陵墓，是陕西关中"唐十八陵"中规模最大的一座，位于陕西省礼泉县城西北二十二点五千米的九嵕山上。

书写在屏风上，分给儿女们。他说："如能留意上面的内容，足以保身成名。"但是他的儿子们的结局并不好，彻底毁掉了房家的名节。

长子房遗直继承了他的爵位，高宗初年做到礼部尚书的大官。次子房遗爱在太宗活着的时候，由于老婆高阳公主很得父皇的宠爱，他做驸马时与皇室别的女婿相比，待遇也大不相同，礼赐恩宠非常大，高阳公主也因此恃宠骄横。

高宗继位后，高阳公主想让房遗爱承袭他哥哥房遗直的公爵爵位，就诬告房遗直对自己无礼。高宗让舅舅长孙无忌审理此案，谁知竟审出高阳公主和房遗爱两人想要谋反的事情。可惜房玄龄忠贞一世，对大唐竭尽心力，家族却为逆子恶妇所累，高阳公主被赐自尽，房遗爱被杀，房遗直因为父亲的功劳而被贬为庶人，其他的儿子则被流放岭南。

善断大事的杜如晦

杜如晦

杜如晦（585—630），字克明，汉族，京兆杜陵（今陕西西安）人，祖上为周朝高官，隋朝取代周朝后，祖父杜果在隋朝任工部尚书，并封为义兴公，父亲杜吒任隋朝昌州长史。

杜如晦小时候非常聪慧且极有悟性，经常与人谈论历史、文学方面的知识。隋朝大业年间，杜如晦被征为预备官员。当时的礼部侍郎高孝基对杜如晦非常器重，对他说："你有处理紧急事态的才能，早晚会成为国家的栋梁，希望你能坚守美德。我先让你做个小官历练一下，就是俸禄不多。”于是任杜如晦为滏阳尉，但没过多久，杜如晦便弃官回家了。

隋大业十三年（617），李渊父子在太原起兵，随后在李世民建议下，李渊率军杀入长安。平定长安后，杜如晦被李世民召入秦王府任兵曹参军，不久被李渊调任陕州长史。当时王府幕僚中的很多人被调任地方官，李世民担忧自己的人才逐渐流失。房玄龄对他说：“其他人没有什么可惜的，只有杜如晦是辅佐帝王的人才。您若只做一个藩王，他没有用武之地，但如果大王要想经营四方，绝对少不了他的协助。”

李世民听到房玄龄的话后猛然醒悟过来，对房玄龄说道：“你要是不说，就会让这样的人才流失啊！”于是李世民向李渊上奏，继续将杜如晦留在秦王府为官。

李世民在征讨薛仁杲、刘武周、王世充、窦建德等各路豪杰时，杜如晦随从李世民参赞军事，是李世民身边的重要参谋。他为李世民运筹帷幄，判断军势，李世民根据杜如晦的判断准确出击，将各地反王一一剿灭。

攻下洛阳之后，李世民想要处死王世充的部下杜淹。杜淹是杜如晦的叔父，杜淹与杜如晦兄弟不和，而且杜淹还曾建议王世充杀了杜如晦的哥哥，并囚禁杜楚客。在处死杜淹前，杜楚客出来为他求情，说同族人不可以相互残杀，这样太过残忍。杜如晦向李世民求情，饶过杜淹。

武德四年（621），李世民被封为天策上将，他在秦王府建立文学馆，任杜如晦为从事中郎，并且为文学馆十八学士之首。李世民常常到文学馆与杜如晦讨论经史，不分昼夜。太子李建成非常忌惮房玄龄和杜如晦，他对齐王李元吉说：“秦王府中谋略出众的，只有房玄龄和杜如晦两人。”李建成上言李渊，将房玄龄与杜如晦逐出京师，到外地做官。

杜如晦虽然被外调，却在“玄武门之变”时，化装成道士，暗中潜回李世民府中，替他出主意。“玄武门之变”成功后，他的功劳与房玄龄相当，不久就被李世民拜为兵部尚书，进封蔡国公。

贞观初年，李世民即位不久，他与房玄龄共掌朝政，典章制度皆两人所定，他们品选官吏，好评如潮。杜如晦长于断，房玄龄善于谋，两人配合默契，同心辅佐太宗，治理国家，可谓李世民的左膀右臂。虽贞观之初经历了很严重的自然灾害和内忧外患，但很快呈现出一派繁荣的景象。后世论唐代良相，首推房、杜。

贞观四年（630），杜如晦生病，他上表请求李世民解除他的职务，唐太宗答应了他的请求，但他依旧享受着宰相的待遇，唐太宗对杜如晦的病情非常牵挂，不断派名医前去诊断。后来病重时，李世民亲自去他家中探望，摸着他的手不禁流下了眼泪。在杜如晦临死前，越级提拔他的儿子杜构为尚舍奉御。

即使皇帝如此看重杜如晦，他仍旧抗不过病魔的侵袭，死时年仅四十六岁。褚亮给杜如晦写的评语是“建平文雅，休有烈光。怀忠履义，身立名扬”。太宗听闻后痛哭流涕，罢朝三日，赠司空，徙封莱国公，谥曰成，并亲手为他书写碑文。

唐太宗与杜如晦的君臣情谊称得上是历史上的佳话。有一次，唐太宗吃瓜，品着甜美的味道，忽然想起杜如晦，怆然泪下，派人将吃了一半的瓜送到他的灵牌前，祭奠这位昔日的好搭档。每年杜如晦的忌日，太宗都派人到他家里慰问他的夫人儿子，一直保持他的公府官吏僚佐职位。

杜如晦二儿子杜荷是城阳公主的驸马，后来因太子李承乾谋反，他也被牵连其中，随后被处斩。长子杜构继承了杜如晦的爵位，当时任慈州刺史，受弟弟一案的连累也被贬到岭南，死于边野之中。这时候的唐太宗已经是人到晚年了，他或许因为太子李承乾的谋反而伤透了心神，再也顾及不到杜如晦这位功臣的后人了。

名相辈出

在唐武德年间，李渊任用裴寂、萧瑀、宇文士及、刘文静、封德彝等人为宰相。这些人除刘文静外，基本上都出身于官宦世家，在政治上有些保守。因此，李世民发动“玄武门之变”后被立为太子，随即对宰相班底进行改革。唐武德九年（626）六月初六，随即任命宇文士及为太子詹事，长孙无忌、杜如晦为左庶子，高士廉、房玄龄为右庶子。七月初，任命高士廉为侍中，房玄龄、宇文士及为中书令，萧瑀为左仆射，封德彝为右仆射，升任长孙无忌为吏部尚书、杜如晦为兵部尚书，裴矩仍为民部尚书，裴寂升为司空，而宰相杨恭仁则被罢相。

李世民大刀阔斧的用人政策使得贞观时期涌现出很多名垂千古的贤士，如房玄龄、魏徵、李靖、长孙无忌等人。这一时期是贤相辈出的时代，宰相作为辅佐帝王掌管国事最高也是最重要的官员，他们的优劣也影响着国家大事的决策。

唐贞观三年（629）左右，李世民正式任命房玄龄为左仆射，杜如晦为右仆射，魏徵为秘书监，参与政事。次年，又命温彦博为中书令，王珪为侍中，戴胄为户部尚书。杜如晦病逝后，李靖被升为尚书右仆射，同时以侯君集为兵部尚书。自此，李世民组建了新的宰相班底，这里面汇集了当时最杰出的人才，众人精明强干且勤于国事，为开创初唐新局面打下了良好的基础。

在李世民众多的贤相中，不得不提到长孙无忌。长孙无忌，字辅机，河南洛阳人，与李世民自幼相识，成为至交好友，在长孙无忌的妹妹嫁给李世民后，两人的关系更加亲密。长孙无忌追随李世民东征西讨，是天策府重要成员。长孙无忌的才能，李世民非常认可。唐贞观元年（627），长孙无忌被任命为吏部尚书，并封齐国公。之前李世民多次想任命长孙无忌为宰相，都被其拒绝，长孙皇后也多次对李世民说：“我蒙皇恩已经贵为皇后，全家尊贵无比，但并不愿兄弟身居要职。”长孙皇后还提醒李世民吸取汉朝吕氏、窦氏等外戚专权的教训。然而，李世民对长孙无忌非常信任，坚持拜其为尚书右仆射。这也体现了李世民用人不疑的原则以及对长孙无忌的信任。

面对李世民的信任和器重，长孙无忌没有恃宠而骄，反而在重大事务上尽力辅佐李世民，以避免李世民决策上的失误。唐贞观元年，东突厥内部动荡，多个部落反叛，实力大减。这时，朝廷中有大臣请求李世民趁机出兵攻打东突厥，唐朝与东突厥刚刚订立盟约，李世民显得有些犹豫。长孙无忌认为东突厥没有犯我边境，不应该背信弃义劳民伤财地攻打东突厥，长孙无忌还分析了唐朝与东突厥的形势，认为东突厥的衰落不可避免，使李世民放弃了出兵东突厥的打算。

在贞观后期，李世民很羡慕周代的诸侯分封制，不顾魏徵、李百药等人的反对，诏令以荆州都督荆王李元景为首的二十一名亲王为世袭刺史，以赵州刺史长孙无忌为首的十四名功臣为世袭刺史。侍御史马周和太子左庶子于志宁仍冒死劝谏，李世民却置之不理。此时，长孙无忌率领被封功臣再三请求说："臣等披荆斩棘以事陛下，现在天下太平，怎将众臣弃之外州，这与流放有何区别。"最终由于众臣的极力反对，李世民也就放弃这个决定。

长孙无忌在贞观年间是李世民最宠信的大臣，甚至连敢于纳谏的魏徵和房玄龄都逊色。唐贞观十七年（643），李世民将二十四位有特殊功勋的大臣图形画在凌烟阁，以表彰他们的功劳，长孙无忌排在第一位。

不仅如此，李世民病危之际，把长孙无忌和褚遂良二人作为托孤重臣，辅助太子李治，长孙无忌因此成为两代皇帝的宰相。

在唐贞观年间，另一位宰相王珪也深受李世民的器重。王珪是太原祁县人，他小时候父亲就去世了，家中非常贫困。王珪为人随遇而安，志向远大。王珪同魏徵最初都是李建成太子府的人，深受李建成礼遇，任中书舍人、太子中允。后来王珪因李建成和李世民发生矛盾，被李渊以不能尽心辅佐太子之罪流放外地。

李世民非常欣赏王珪，"玄武门之变"后，王珪被李世民召回，担任谏议大夫一职。此后王珪全心全意向李世民进谏善言，经常提出好建议，深受李世民信任，后任黄门侍郎、侍中。

有一次，李世民让王珪评论众臣，王珪从容应对："孜孜奉国，多谋善略，我不如房玄龄；能文兼武，出将入相，我不如李靖；敷奏说明，条理清晰，我不如温彦博；办事干练，案无滞留，我不如戴胄；忠诚无私，犯颜直谏，我不如魏徵。然而，激浊扬清，嫉恶好善，我却比他们有一日之长。"王珪将唐朝贞观时期众宰相的优势极其精准地一一列陈，彰显出王珪谦卑公正之处。李世民对此番话也是称赞不已，并且感慨地说："卿如果能常居谏官之位，朕则必将永无过失。"

太常少卿祖孝孙精通音律，李世民让他指导宫中的女乐师，然而一段时间后她们没有长进，李世民非常生气，多次责骂祖孝孙，认为他没有尽心尽力。王珪与温彦博知道后向李世民进谏道："祖孝孙精通乐律人所共知，祖孝孙是品行高尚的雅士，陛下却让其教授女乐师，并不断责骂，岂不是轻视士人？"

听到他们的劝谏，李世民勃然大怒，斥责王珪和温彦博二人："你们是朕的重臣，理应尽忠直谏，为何偏袒别人？"温彦博恐怕李世民治罪，就不敢多说什么，可王珪不为所动地说："我本是前太子李建成手下，论罪当死，陛下免除臣死罪，还让臣担当枢密之职，必将效忠于陛下。如今臣所进直言难道是为了私怨？现在陛下怀疑臣有私心，这是陛下有亏于臣，臣并没有亏欠陛下。"

李世民听完王珪所言深感惭愧，便不再多言。次日，李世民对房玄龄说："自古帝王，能纳谏的确很难。朕每天都向往前代圣贤，昨天却无故责备王珪等人，现在已是十分后悔。众臣不要因为此小误会而不敢进谏。"

王珪敢于直谏，惩恶扬善，因此，成为与房玄龄、魏徵等人齐名的唐朝宰相。除此之外，戴胄、温彦博、褚遂良、岑文本等人也先后担任贞观时期宰相之职，他们有的善于进谏、有的善于法令，人人皆是辅佐李世民的良才。贞观时期，良相云集、共同辅佐李世民治理国家的局面被传为美谈。

唐初十八学士

李世民作为一代明君，与李建成和李元吉相比较有三个优势：首先是为国家征战多年，建立了赫赫战功，其次是拥有一大批忠心耿耿、可以为他出生入死的猛将，最后是许多饱读诗书的谋士聚集在他的身边。

李世民很早就明白武能兴邦、文能治国的道理。他收罗的人才不但有尉迟恭、程知节、秦叔宝那样万夫不当之勇的武将，也有一大批才华超众、名满天下的文人，其中最有代表性的就是秦府文学馆中的“十八学士”。

621 年，李世民远征洛阳并活捉了王世充和窦建德凯旋，李渊觉得李世民的功劳大，封李世民为天策上将军。李世民在天策府设置了文学馆，聘请十八位贤才为文学馆学士，其中杜如晦位居第一，其余分别是记室房玄龄、虞世南，文学褚亮、姚思廉，主簿李玄道，参军蔡允恭、薛元敬、颜相时，咨议典签苏勖，天策府从事中郎于志宁，军咨祭酒苏世长，记室薛收，仓曹李守素，国子助教陆德明、孔颖达、盖文达、宋州总管府户曹许敬宗，共十八人，他们常讨论政事、典籍。624 年，这些人被称为文学馆“十八学士”。

唐太宗让享誉海内外的大画家阎立本为他们画像，称为《十八学士写真图》，又叫十八学士中的褚亮给每个人都写了赞语，收藏在国家书库中，以表示大唐礼贤重能，并给予十八学士极高的待遇。李世民空闲时就与他们或谈论国事，或吟诗谈史，或品茶下棋。当时被唐太宗选入文学馆者被称为“登瀛洲”，后人也称之为“十八学士登瀛洲”。

这些人对唐太宗治国理念以及勤勉施政都发挥了极其重要的作用。首先体现在政治上的贡献，在唐太宗和唐高宗这两朝中做宰相的就有房玄龄、杜如晦、于志宁和许敬宗。房玄龄和杜如晦就是其中的代表。

十八学士中的每个人都是学富五车、满腹经纶的才子，而唐太宗是一个志向远大的帝王，唐太宗运用十八学士的才能，为贞观之治增添了很多光彩。唐太宗朝在中国古代史学领域的地位和贡献也非常高，其中唐朝初年李世民令十八学士主持编修的史书就有八部，修史活动由房玄龄任总监修。十八学士中孔颖达、许敬宗参与了《隋书》的修撰，于志宁参与了《五代史志》的修撰，房玄龄、许敬宗参与了《晋书》的修撰。参与修史工作最多的学士要数许敬宗和姚思廉。

姚思廉（557—637），字简之，本来是吴兴（今浙江湖州）人，陈朝灭亡以后，他随父亲姚察到隋朝做官，就举家迁至北方，故新旧《唐书》中《姚思廉传》称其为京兆万年（今陕西省长安县）人。他的父亲姚察是一个有名的大学者，曾经做过陈朝的吏部尚书，入隋以后又被封为北绛公，学问名震两朝。大名士徐陵说，“姚学士品行学问前无古人”这是对他最好的评价。姚察自陈朝就开始修梁、陈两朝史，用一生的时间都未能修完，临终前他把没有完成的修史工作留给儿子姚思廉。

姚思廉秉承了父亲的学问和品行。隋朝灭亡前他是长安代王杨侑的侍读，李渊大军兵临城下攻克长安时，杨侑手下人逃得无影无踪，姚思廉没有走。李渊等人因此夸他是忠烈之士。唐朝建立后，李世民慕名而来，聘姚思廉为文学馆学士。

姚思廉读书做官都极为用心专一，唐太宗即位后，他总算得以才尽其用，管的就是修史草诏。他上书唐太宗并说明父亲的遗愿，唐太宗下诏准许他继续修撰《梁史》和《陈史》。

后来他终于完成了父亲的遗愿，撰成《梁书》五十卷、《陈书》三十卷，均被后人列入《二十四史》。637年，姚思廉在八十岁高龄时去世。唐太宗为他罢朝一天，赐给他一块昭陵的墓地。褚亮为他写的赞语是：“志苦精勤，纪言实录。临危殉义，余风励俗。”

唐朝实行通过科举制度选拔人才，但用什么样的经文为蓝本，以什么样的注释思想为指导，是关乎国家路线方针的重大问题。统一经文的工作是由颜师古完成的。他花了三年才校定了“五经”文字，并经过宰相房玄龄主持的集体答辩会评审鉴定，633 年正式颁布通行天下。而统一注释这个工作主要是由十八学士之一的孔颖达完成的。

孔颖达（574—648），字冲远，冀州衡水（今河北衡水）人，是孔子的第三十一世孙，唐朝著名经学家。他不仅精通五经，而且天文、地理、算术、历法都无所不通。

隋大业初，隋炀帝心血来潮，在洛阳召开了一次儒学学术讨论会，各地知名学者都云集洛阳，相互出题考问对方，最后孔颖达被公认为是排名第一的大学者，孔颖达的名声一时名闻天下。当时孔颖达只有三十岁，一些老儒觉得在隋炀帝面前丢尽了脸面，派刺客去杀他。礼部尚书杨玄感欣赏他，把他藏在自己家里，使其躲过了一劫。

隋末大乱的时候他被迫隐居在武牢，李世民东征窦建德和王世充时遇到了他，他才重新出山，被聘为秦府文学馆学士。唐太宗读《论语》《周易》之类的经书有了困惑时，常常请教孔颖达，在遇到礼仪制度问题时也交给他，由他来裁定。

贞观初年，唐太宗曾经让孔颖达做门下省的给事中，不久又把他调到国子监，先后任国子司业和国子祭酒，同时他还在太子东宫兼职，给太子李承乾讲课。

孔颖达最重要的任务是主持修定“五经”的注释，这项任务直到 638 年《五经正义》问世才完成。《五经正义》是继汉武帝罢黜百家、独尊儒术，对儒家学说的又一次统一，是儒学发展史上的重要里程碑。唐宋以后孔颖达的《五经正义》仍然被作为法定教材。648 年，孔颖达七十四岁时去世，唐太宗下诏陪葬昭陵。

十八学士中的陆德明也是著名的经学家，也对经学的统一做出了重要贡献。陆德明（550—630），本名元朗，苏州吴（今江苏省吴县）人，是一个学识和辩才都十分出众的人。隋炀帝曾令陆德明和另两位著名的经学家鲁达、孔褒相互问难，结果这两个人都败给陆德明。隋炀帝让陆德明到国子监教书，在陈朝灭亡前他也曾做过国子助教。

隋朝末年天下大乱时，陆德明闲居在洛阳。王世充占据洛阳后请他做儿子的老师，陆德明却以做王世充儿子的老师为耻，没有答应。李世民战胜王世充后，陆德明归唐。李世民聘他为文学馆学士。李渊特意令太子李承乾拜他为授业老师。他的职务是太学博士。陆德明精通儒、道、佛三家理论，当时太学中由名儒徐文远讲《孝经》，高僧惠乘讲《般若经》，名道刘进喜讲《老子》。唐高祖李渊令博学善辩的陆德明与这三人辩难，结果他们三个人都败给了陆德明。

他的著作以《经典释文》最为著名。《经典释文》的主要贡献是统一了《周易》《尚书》《毛诗》《周礼》《仪礼》《礼记》《春秋左传》《公羊传》《穀梁传》《孝经》《论语》《尔雅》十二种儒家经典及《老子》和《庄子》的音训，也就是解决了怎么读的问题。这本书完成于583年。但直到陆德明去世以后，唐太宗才见到此书，大为赞赏，于是这本书就开始流行起来。630年，这位精通儒、道、佛三学既博学又善辩的大家去世。褚亮给他写的赞语是："经术为贵，玄风可师。励学非远，通儒在兹。"

唐朝的书法艺术也非常兴盛。初唐四大书法家中的三位虞世南、欧阳询、褚遂良都是唐太宗朝的。十八学士之一的虞世南可代表当时的书法成就。

虞世南（558—638），字伯施，越州余姚（今浙江省慈溪市观海卫镇鸣鹤场）人。虞世南早年跟智永禅师（王羲之的后人）学书法。他的书法继承了王羲之的真传，又吸取各家之长，自成风格。

虞世南的书法用笔圆润，外柔内刚，自然潇洒。他的书风也被称为"君子藏器"，有人用"虞书庙堂贞观刻，千两黄金那购得"来赞誉他。唐太宗很喜欢他的书法，并经常模仿。有一次，他写了"戬"字左边的"晋"，留下右边的"戈"请虞世南补写。写好后唐太宗拿去给魏徵看，魏徵看到后说："只有'戈'字像虞世南的。"后来蔡襄、赵孟頫等书法名家都学习过他的书法，清朝乾隆皇帝也很喜欢虞世南的书法。

虞世南的优点并不只在书法方面，唐太宗曾经称赞他有五绝：德行、忠直、博学、辞藻和书翰。他的德行在陈、隋、唐三朝中都广受赞誉。

虞世南的外表非常瘦弱，有人形容衣服穿在虞世南身上都会让他不堪重负，内心却刚烈正直，议政论事，寸步不让。他的耿直在隋、唐两朝带给他迥然不同的命运。隋炀帝经常对虞世南说："我从来不喜欢有人劝谏。希望你知道这一点。"隋炀帝对他耿直的性格很厌烦，让他做了十年的七品官，一直未升迁。而他在唐太宗身边时，只要唐太宗有优点就及时鼓励，而有缺点也会及时劝谏。唐太宗非常高兴地对大臣们说："如果大臣都像虞世南这样就好了，治理天下还有何难？"

虞世南的博学也是有名的。一次唐太宗准备出行，有官员请示要带上哪些书。唐太宗说，有虞世南在就不用带书了，他就是我的"行秘书"。"行秘书"意思是说虞世南是一个活的图书馆。唐太宗有一次令虞世南在屏风上书写《列女传》，书本却一时找不到，虞世南就凭着记忆写成，等找到原本对照，发现居然一字不差。

虞世南最早出名是因为他的文才，《全唐诗》至今还保留着他的多首诗词。他的诗文优美而浑厚，深受唐太宗的欣赏。唐太宗曾经写了一首很满意的宫体诗，就请虞世南相和。没想到虞世南却给唐太宗泼了一盆冷水："您的诗韵律很整，但诗意不雅。我担心上行下效，不敢奉诏。"唐太宗虽然扫了兴，却还是赏给虞世南五十四帛。638年，八十一

虞世南书法作品

岁高龄的虞世南去世，唐太宗下诏陪葬在昭陵。虞世南死后，唐太宗有一次作了一首诗，不由得想起了虞世南，他感叹道："钟子期死后俞伯牙就不再弹琴，我的这首诗又能给谁看呢？"他叫来褚遂良，拿着他的诗稿到虞世南的坟墓前诵读焚烧，以示悼念。

十八学士中的褚亮（555—647），字希明，出生在杭州，是唐太宗另一位托孤之臣褚遂良的父亲。褚亮自幼聪明，文思敏捷，过目不忘，口才出众，善于交往。大学者徐陵在他十八岁时就非常欣赏他，还把他推荐给陈后主。陈后主爱好诗赋，就为褚亮开了一个专场的诗歌咏唱会，从此褚亮被众人所熟知。

隋灭陈后，褚亮就到隋朝做官，做到太常博士，后受到杨玄感造反的牵连被贬到西海郡（今青海省）。他与被贬的潘徽一同前往西海，可潘徽中途就病死了。褚亮为这位毫无关系的同路人操办了后事并题诗一首，没想到这首诗却广为流传。

薛举在陇西称帝后，请褚亮做黄门侍郎，处理机要事务。薛举失败后，久闻褚亮大名的李世民对他格外礼遇，被授予秦府十八学士的称号。

唐太宗即位后他只做到正四品的通直散骑常侍，是清闲的文散官，但唐太宗对他的文才非常看重。唐太宗命令阎立本在凌烟阁为十八学士画像，同时令褚亮为每一个学士写赞语。要给才高八斗的十八学士量身定做评语，寻常之人肯定难以担当。642 年，八十三岁的褚亮被封为侯，食邑七百户，然后退休回家。唐太宗以前出征喜欢把褚亮带在身边听他的高谈阔论。褚亮退休后，远征高句丽时唐太宗特意带上他的儿子褚遂良陪同。褚亮八十八岁时病逝，唐太宗为他罢朝一天，令其陪葬在昭陵。

十八学士虽然个个都才华横溢，品行、性格却各不相同，与唐太宗的关系及唐太宗用他们的方式也不一样。十八学士中还有于志宁、薛收等人与虞世南一样，学问和人品都被唐太宗看重。

于志宁（588—665），字仲谧，雍州高陵（今陕西高陵）人，隋末时他以文学闻名于世。唐高祖入关中时他前去拜见，被分到李世民帐下并授予官职，随李世民东征西讨。他的官职升迁得并不快，629年他才做到正四品的中书侍郎。一次，唐太宗宴请三品以上官员，他在席间没有见到于志宁，就问于志宁为什么没来。有人说：“于志宁不是三品，不够级别所以没有来。”唐太宗当即升于志宁为从三品的散骑常侍，并命他前来赴宴。

唐太宗非常欣赏于志宁的才学和人品，要求于志宁像当年周公辅佐周成王一样教化太子李承乾。于志宁为太子写了二十卷的《谏苑》规劝。唐太宗很满意于志宁的工作。641年，于志宁因母亲去世要辞官守孝三年，唐太宗叫岑文本去府上请他回来：“自古忠孝不能两全，我儿一定要你辅佐，你就忍痛回来吧！”于志宁于是回来复职。

可皇太子李承乾顽劣不化的性格难以改变，于志宁苦口婆心地劝说，不断上疏，弄得太子李承乾愤怒不已，找了两个刺客行刺他。他们潜入于志宁家中，见他住得非常简朴，竟不忍心行刺。

李承乾被废后，立李治为新太子，唐太宗仍旧叫于志宁辅佐李治。650年（永徽元年）唐高宗即位后，进封于志宁为燕国公。唐高宗很能听取于志宁的意见。651年（永徽二年），于志宁拜为尚书左仆射，做了高宗朝的正宰相，后来改任太子太傅，第三次担负辅佐新立太子李忠。李忠是长子，但母亲身份低微，他的册立是因为王皇后无子，为了保住王皇后地位才册立的。在立李忠为太子这件事情上，于志宁与长孙无忌保持一致。

653年（永徽四年）他请求退休，高宗让他卸掉宰相职位，仍做太子太傅。唐高宗废王皇后，立武则天为皇后时，长孙无忌、褚遂良坚决反对为一派；李勣、许敬宗赞成为一派；于志宁持中立骑墙观望。武则天最终被封为皇后，她的儿子李弘也被立为太子，于志宁又被任命为太子太傅，这是他辅佐的第四个太子。

到了武则天掌权开始秋后算账的时候，于志宁也在名单之中。659年（显庆四年），他被免官，贬为荣州（今四川省自贡市）刺史，全家有九人被牵连。664年（麟德元年），于志宁自知处于险境而请求退休，被批准了。第二年，七十八岁的于志宁在家中去世。

薛收（591—624），字伯褒，蒲州汾阴（今山西省万荣县西南）人。他的父亲薛道衡是隋朝的大名士。虽然薛收从小就过继给了叔叔薛孺，但是他继承了父亲的文才，十几岁就能做文章。薛道衡曾经很得隋文帝的赏识，但隋炀帝即位后，他被隋炀帝赐自尽身亡。这让薛收大为不满，决意不做隋朝的官。李渊在太原起兵后，他想办法接应李渊，但没有成功。

后来房玄龄把他引荐给李世民。李世民与他相谈甚欢，随后留在秦王府任职。在秦王府中，起草文告的活儿多由他担任，因为他在行军途中，骑在马上就能出口成章，而且文辞工整，如精心构思的一样，不需丝毫改动。

薛收不仅文笔出众，也颇具战略头脑。唐军围攻洛阳王世充时，窦建德来救援，李世民军中绝大多数人主张撤军，只有薛收分析得一针见血：王世充兵强马壮，缺少的是粮食，窦建德既有兵马又有粮草，如果让他们联合起来，我们就很难取胜了。他提出要围点打援：一方面对王世充采取围而不打，困死他；另一方面分兵占据险要关隘，阻击窦建德。李世民最后采纳了薛收的建议，一箭双雕地解决了王世充和窦建德。

李世民从洛阳得胜回京，被授予天策上将、尚书令，按照惯例还要礼节性地推让一番，李世民让薛收和虞世南各自写了一份上表上奏朝廷，结果薛收的上表被采纳了。还有一次，李世民陪李渊在园中游玩，钓到一条白鱼。为了讨父皇李渊高兴，李世民叫薛收写一篇献表，薛收毫不犹豫，大笔一挥而就。这两份表使薛收一时间声名大振。

后来薛收又一次跟随李世民出征刘黑闼，回来后他被封为汾阴县男。这一年李世民的秦王府设文学馆，他也被聘为学士，与房玄龄、杜如晦都是李世民的心腹之臣。但是这位才子英年早逝，624 年，三十三岁的薛收就病死了。他病重期间，李世民派了很多人去问候。当听到薛收的死讯时，李世民连忙赶到薛府，望着薛收痛哭流涕地与这位心腹爱臣作最后的告别，身边的人看得都很伤心，也都陪着掉泪。

李世民听说薛收的儿子还很小，家里也很穷，吩咐手下人给他的家属赠送了很多财物。后来阎立本为十八学士画像，李世民很后悔没有在薛收在世时早些画像。他对房玄龄说，如果薛收健在，我一定让他做中书令。薛收虽然没有享受到荣华富贵，但是他遇到唐太宗这样重情重义的明君，也可以含笑九泉了。

人品不如虞世南、于志宁辈的，唐太宗也用得很好。十八学士中名声最差的是许敬宗（592—672），字延族，杭州新城人。他被《新唐书》列入《奸臣传》。许敬宗毫无疑问是个大才子，从小文章就写得很好，但他的人品却极差。宇文化及杀了隋炀帝后，很多大臣都在宇文化及面前舞蹈（是鲜卑、突厥等民族臣下见君主的礼节）表示效忠和祝贺。许敬宗的父亲许善心和虞世南的兄长虞世基没有去祝贺，宇文化及就杀了他们。虞世南请求代兄虞世基一死，而许敬宗却在宇文化及面前舞蹈以求生，不管父亲的死活，这两个人形成了鲜明的对比。

在宇文化及那里捡得一条命的许敬宗随后投奔了李密。李密很快就失败了，他又归附了李唐。李世民知道他有才学，把他召为文学馆学士。

许敬宗对历朝历代的典故烂熟于心。唐太宗无论走到哪里，随口询问，别人不知道的他都能应对如流，渊源、人物、年代说得准确无误。唐太宗亲征高句丽时，中书令岑文本已经去世，就把许敬宗召来。许敬宗草拟的诏书文告唐太宗非常满意，以后此类事情就都交给他负责，还让他做东宫的右庶子辅佐太子李治。

长孙皇后丧事期间，许敬宗却如没事似的拿欧阳询奇丑的外貌取乐。许敬宗这个时候的玩笑是犯大忌的，他因此被贬为洪州司马，但不久又被召回主持修史，而且还被封为高阳县男。唐太宗去世时，群臣都伤心地祭奠，许敬宗又心不在焉且举止不恭，被御史弹劾，幸好唐高宗压下了这件事，不然又会被贬谪。

他把自己的两个女儿分别嫁给了冯盎的儿子和监门将军钱九陇。这两个人都是当时极为富有的人，为许敬宗带来了数十万财富。他给儿子娶媳妇的标准也是钱财，娶的是尉迟恭的曾孙女，因为尉迟家有钱。用儿女的婚姻换来的钱财使他过上了奢华的生活。

唐太宗深知许敬宗“才优行薄”。唐太宗在位时，许敬宗没有什么实权，直到唐太宗去世时他还只是五品的给事中，说明唐太宗用人是非常有尺度的。

在唐高宗朝，因为他坚决支持唐高宗李治立武则天为后，所以他的官位一路升迁，从正五品的中书舍人做到正三品的礼部尚书，不久又升为正二品的中书令，列为宰相，爵位也由原来的“县男”升为“郡公”。

672年（咸亨三年），八十一岁的许敬宗退休，同年去世。时人对许敬宗的评价是“忠孝两弃”“好色无度”“位以才升”。

十八学士中是才子而不是君子的不只许敬宗一人，苏世长也算不上君子。苏世长是关中人，出身于官宦世家，自幼受过良好的教育，同时也学到官场中的投机取巧。十几岁时，他给北周武帝上书言事。周武帝觉得这个孩子很不一般，就把他叫来问话，在武帝面前，他高谈阔论起《孝经》和《论语》，因此武帝对他大加赞赏，特许他可以到国家图书馆读书。他父亲去世时，他没有什么特别的表现。当着周武帝的面，他却感天动地地哭号，周武帝以为他特别孝顺，就让他继承了父亲的爵位。

隋朝建立后，他的这两招又重新用了两回，从而换得了长安令一职。隋炀帝死的时候，他痛哭得令无数路人为之动容。他认定哭君主是可以博得忠的好名声的。隋末大乱时，他和豆卢褒一同为王世充镇守襄阳。豆卢褒多次杀死唐高祖派去招降的使者。等后来洛阳平定后，豆卢褒被唐高祖处死，同时斥责苏世长为何不来归顺。苏世长却说：“逐鹿问鼎，一人得手，其他人才放弃。哪有得鹿之后，向同猎的人问罪的？”竟说得唐高祖很高兴，并为他松了绑，还授给他玉山屯监一职。

唐高祖自然是能识人的，也能猜出苏世长的内心。有一次，唐高祖问苏世长是奸佞的人还是正直的人，他说自己是愚直。唐高祖反问为什么背叛王世充来归唐，他说："天下统一后我才投唐。如果王世充还在，即使天意在唐，我还是要为王世充尽忠。"唐高祖说他是"名长意短，口正心邪"。唐高祖的"口正心邪"用在苏世长身上，没有比它更贴切的了。

李世民开文学馆时，他也被聘为学士，唐太宗认可他的才学和能力，但并没有重用他，只是在贞观初年派他出使突厥，他最终不辱使命，出色地完成了任务。这说明他还是有一定的做事才能的，同时也说明唐太宗知人善用。不幸的是这位才子在做巴州刺史时因翻船溺水而死。褚亮给他写的赞语是："军谘谐噱，超然辨悟。正色于庭，匪躬之故。"

其他的几位学士也各有特点，各有长处。蔡允恭是荆州江陵人，年轻时风度翩翩，才华横溢。隋文帝让他做起居舍人，隋炀帝即位时又叫他去教宫女们写诗作文。蔡允恭深以为耻，推辞不受。贞观初年，他做过管理东宫图籍的太子洗马，可不久就病逝家中。

李守素是山东名门之后，以谱学见长。两晋以来士族勋贵的门庭源流他都了如指掌，被人称为"肉谱"，意思是活谱牒。谈起很多的人物家世，号为"行秘书"的虞世南也自叹不如，非常钦佩地称他为"人物志"。很可惜这位谱学专家在贞观初就仙逝了。

李玄道也是山东名门望族之后。隋末大乱时他在李密帐下，王世充击败李密时，同僚都担心性命不保，害怕得连觉也睡不着，只有李玄道满不在乎地说："死生有命，担心有什么用。"唐初贞观时期，唐太宗派他去辅助幽州都督王君廓，并主持幽州日常政务。一次，王君廓到长安朝见，李玄道请他给外甥房玄龄捎一封用草书写的信。王君廓是武将，不识草书，以为信是揭发自己的，索性未到京城就举兵造反了，李玄道也受到牵连被流放。后来做过常州刺史，非常清廉，受到褒奖。629 年他退休，不久便去世了。

盖文达外表优雅大方，美髯飘飘，风度翩翩。他是大儒刘焯的得意弟子，是精通《春秋》“三传”的专家。别人非常赞誉他，认为他的学问是“冰生于水而寒于水”。贞观年间他做过国子司业。

苏勖的事迹史书上记载得很少，只知道他是李渊的驸马，贞观年间做魏王李泰的司马，曾经鼓动李泰开文学馆并招纳才俊，还修撰了一部《括地志》。

刘孝孙是候补学士，624年薛收去世后，他被增补为文学馆学士。他是荆州人，二十岁就很有名气了，与当时的词人虞世南、蔡君和等游山玩水，吟诗作赋。隋末他任职于王世充的弟弟王辩帐下。李世民攻取洛阳之后，王辩被绑赴长安，他跟着囚车痛哭，一直到远郊。入唐后他并没有做过高官，贞观中，他的官职是太子洗马，但不久就去世了。

凌烟阁二十四功臣

阎立本《步辇图》

643年，唐太宗为表彰功臣，命令大画家阎立本将长孙无忌、李孝恭、杜如晦、魏徵、房玄龄、高士廉、尉迟恭、李靖、萧瑀、段志玄、刘弘基、屈突通、殷开山、柴绍、长孙顺德、张亮、侯君集、张公谨、程知节、虞世南、刘政会、唐俭、李勣、秦叔宝这二十四名功臣的像画在凌烟阁，历史上称为《凌烟阁功臣图》，唐太宗亲自撰写赞语，由当时的书法家褚遂良书写。

唐太宗的评语、褚遂良的书法、阎立本的画堪称三绝，这对能够题名凌烟阁的人来说，不仅是个人的荣耀，更是为国家建功立业的标志。后来的唐代诗人贯休写有“他年名上凌烟阁，谁羡当时万户侯”的诗句，白居易的诗中也写下了“所恨凌烟阁，不得画功名”，说明后人对题名凌烟阁之人的敬佩和向往。

二十四功臣名单是以秦王府旧属为主的。其中名单中的长孙无忌、杜如晦、房玄龄、高士廉、尉迟恭、段志玄、屈突通、殷开山、张亮、侯君集、张公谨、程知节、虞世南、唐俭、秦叔宝等人都是秦王府旧属。段志玄、唐俭、殷开山、刘弘基、长孙顺德、柴绍是太原元谋功臣，自起兵后就一直跟随李世民征战，也是秦王府旧属。李靖、李勣也曾效力于秦府，也可算是秦王府旧属。李孝恭是皇亲（李渊的侄子），但是他与李靖一起平定江南半壁江山，以军功入选。刘政会自太原起兵时就是策划者之一。萧瑀因在李世民与李建成争夺皇位时坚决支持李世民而入选。魏徵入选则主要是因为贞观以后对李世民的辅佐之功。

位列二十四功臣之首的是长孙无忌（594—659）。长孙无忌，字辅机，河南洛阳人，出身于皇族（祖先是魏献文帝的哥哥），本来姓拓跋氏，后来改姓长孙氏，自北魏以来世代都为高官显贵。他的父亲是隋朝十二卫大将军之一的右骁卫大将军长孙晟。

长孙无忌相貌丑陋，是典型的北方胡人。唐初的大书法家欧阳询曾作诗嘲笑长孙无忌：“缩头连背暖，漫裆畏肚寒。只缘心浑浑，所以面团团。”其实欧阳询长得也很丑，所以长孙无忌也作诗回敬他：“耸膊成山字，埋肩不出头。谁家麟阁上，画此一猕猴。”但是长孙无忌这位胡人通晓文史，长于谋略而不善武力，早已没有了祖先的特点。长孙无忌对贞观时代的文化事业贡献很大，但主要的还是政治上的巨大影响力以至于后来被任命为托孤重臣。

长孙无忌与李世民从小一起长大。后来李渊和李世民父子从太原起兵，他马上来到李世民身边，随李世民南征北战并出谋划策，是李世民集团的核心人物。“玄武门之变”时，李世民身边的房玄龄和杜如晦都被李建成支走不在府中，是长孙无忌谋划并参与了“玄武门之变”，功劳可想而知。李世民即位后封长孙无忌为左武侯大将军。到贞观元年李世民对诸将进行论功行赏时，长孙无忌与房玄龄、杜如晦都被列为第一等功臣，食邑一千三百户，封为齐国公，先是做吏部尚书，随即改为尚书右仆射。

长孙无忌是长孙皇后的兄长，跟唐太宗又是从小玩到大的好朋友，与唐太宗的关系自然与别的大臣不一样。但长孙无忌没有得意忘形，他请妹妹长孙皇后再三代为陈请，请求辞去右仆射的职务，唐太宗只好准许。公元 633 年（贞观七年），又任命长孙无忌为司空，长孙无忌坚决推辞，这次唐太宗没有答应。长孙无忌尽管有才却主动避嫌，唐太宗以才用人，十分难得。

645 年（贞观十九年），唐太宗亲自统兵远征高句丽，把长安的政务交给了太子，并由长孙无忌与房玄龄一同主持朝政。649 年（贞观二十三年），唐太宗病危时，叫来长孙无忌和褚遂良，命这二人托孤辅政。

唐高宗李治即位后，任命长孙无忌做知尚书及门下两省的长官。但长孙无忌辞掉知尚书省事一职务，只以太尉身份行使宰相权力。因为得到了长孙无忌的全力支持，所以唐高宗李治才被立为太子，他即位后对长孙无忌非常尊重，他的意见都会采纳。652 年，因为长安出现旱情，长孙无忌自己引咎辞职，唐高宗不断下手诏要求他重新出山，654 年又亲自来到长孙无忌的家中拜访。

但是武则天的出现，让长孙无忌与唐高宗李治之间的良好关系走到了尽头。655 年（永徽六年），二人的矛盾终于激化了。这一年，唐高宗李治要立武则天为皇后，长孙无忌坚决反对。

经过长孙无忌几年的排除异己，此时的朝堂上形成了以长孙无忌为核心的小集团，这个集团的成员还有王皇后的舅舅柳奭以及韩瑗、于志宁等大臣。

唐高宗李治希望舅舅长孙无忌能够支持他立武则天为皇后，给长孙无忌送去很多金银财宝。没想到长孙无忌收下礼物后，态度却没有改变。长孙无忌为了抵制册立武则天，把唐高宗的长子燕王李忠过继给王皇后，并拥立他做太子。武则天见长孙无忌软硬不吃，就开始用政治手段解决此事。

当时的宰相共有七人：太尉长孙无忌、司空李勣、左仆射于志宁、右仆射褚遂良、侍中韩瑗、中书令崔敦礼和来济。于志宁和崔敦礼处于中立，长孙无忌集团有四人反对。只有李勣支持唐高宗和武则天，他对高宗说："这是陛下的家事，不必请教外人。"随后武则天利用见利忘义的许敬宗、笑里藏刀的李义府和诡计多端的王德俭这些人废除了王皇后，并顺利登上了皇后的宝座，长孙无忌、褚遂良、韩瑗和来济这些朝廷重臣都被流放了。许敬宗和李义府因为扳倒了长孙无忌，很快进入了宰相班子。

这四位宰相被贬的理由不同，结果却是都死于贬所。许敬宗找个理由揭发长孙无忌谋反，唐高宗不问原因就将长孙无忌免去了官职，流放黔州（今重庆彭水），随后又派大理正袁公瑜亲自到黔州，逼令长孙无忌自杀身亡。这位被唐太宗誉为"善避嫌疑，应对敏速"的老政治家最后竟然败在一位三十出头的女人手里。唐王朝的命运因长孙无忌的失败而产生了深远影响。

在二十四位功臣中，程知节（589—665）在民间的名声很大，远胜第一功臣长孙无忌。他武功极高且骁勇善战，使用一杆长槊。李密在瓦岗军中有一支八千人的精锐卫队，号称"可当百万"，由四名骠骑将领统率，程知节就是其中一个。他的武功与秦叔宝、单雄信这些当世的英雄不分伯仲。在李密与王世充的一次战斗中，程知节奉命与裴行俨一同攻击敌人，裴行俨也非常勇猛，却不幸坠落马下受伤。程知节挥舞长槊连杀数人，击退敌人后抱着重伤的裴行俨骑马返回，但是战马负载过重很快就被王世充部下追上，程知节被敌军一槊刺穿身体，他丝毫不惧，将刺进身体的长槊折断，转身斩杀了刺向自己的人，吓得敌兵不敢再追了。随后他带着裴行俨安全返回大营。

李密败给王世充后，程知节跟随众人投靠王世充。王世充待他很好并封为将军，但程知节觉得王世充不是成大事的人，就鼓动秦叔宝等一批人投奔了李世民。

在李世民的帐下，他与秦叔宝、尉迟恭、翟长孙分别统领李世民的精锐部队"玄甲军"，打仗时冲锋陷阵，所向披靡。破宋金刚，擒窦建德，降王世充，都有他的功劳，后来他被封为宿国公。他的儿子程处亮娶了唐太宗的女儿清河公主，与唐太宗结成了儿女亲家。

作为李世民的重要心腹，他也成为李建成剪除的对象。624 年，李建成在李渊那里使坏，把他调出了京城。程知节临走时对李世民说："大王被剪除了手臂，恐怕身体也将不能长久。""玄武门之变"时他与秦叔宝都在外地而没有参加。贞观时期，他一直在军中任职，做过左领军大将军、左屯卫大将军、检校北门屯兵镇军大将军等。655 年，升任左卫大将军。他没有卷入武则天立后的政治风波中。

程知节没有像小说中写的那样，活了一百多岁，665 年，程知节七十六岁时就病逝了，陪葬在昭陵。

能够题名凌烟阁的，都是为唐朝做出极大贡献的人，但也有人因残酷的政治斗争而成为谋反者。这里面说的是侯君集（？—643），豳州三水（今陕西旬邑北桥镇侯家村）人。侯君集早期不学无术，而以勇武著称。后跟随李世民南征北战，战功立了不少。"玄武门之变"中他亲自参与了战斗，立下了大功，因此他的食邑比秦叔宝和程知节这两位未参加"玄武门之变"的将领还要多三百户，后来做了正三品的右卫大将军。

唐太宗对侯君集非常宠信，曾经命李靖教他兵法。不久侯君集向唐太宗告李靖的状："李靖一到关键的地方就不教我，可以看出来他是想造反。"唐太宗找来李靖，李靖反驳他说："这恰恰说明想造反的是侯君集。我教他的足以安定边疆，他却别有用心地想把我的本事都学完。"李靖的预言是对的，侯君集后来果然谋反了。但李靖教给侯君集的本事使他建立了一生中最大的两桩功绩。

一次是讨伐吐谷浑，他给李靖出了个出其不意、长驱奔袭的计策，随后侯君集统领南路大军深入二千余里，直达黄河源头，连获大胜。另一次是征高昌（今新疆吐鲁番地区）。高昌王麹文泰自以为距离中原非常遥远，中间还隔着沙漠，唐朝鞭长莫及，他切断了丝绸之路，不听朝命。640 年，侯君集挂帅出征，率大军进入高昌。正遇麹文泰因病死去，将领们都想要马上进攻，侯君集却不同意，等到攻克了都城周围的小城，才下令攻城。唐军的攻城异常凶悍，一时间，飞石如雨点般砸遍全城，工程兵转眼间填平护城沟，撞车把城门护墙撞得残破不堪。这就是唐军攻城显示出的强大和威势。前来援助的西突厥人马见状拔腿西逃了一千多里，新上任的高昌王麹智盛开门投降，侯君集凯旋而归。

这场战役是侯君集一生的巅峰之作，但他本性的弱点又使这次功绩成为他人生的转折点。战役后他私自截留了很多宝物，军中的将士也竞相模仿，他根本不敢声张。回京后被举告而下狱，由于中书侍郎岑文本向唐太宗求情才获免。

这次因战功却被下狱，侯君集耿耿于怀。太子李承乾得知侯君集有怨气，就找侯君集的女婿贺兰楚石多次把侯君集请到东宫，商议对策。李承乾并未想真的谋反，只想保住太子之位，侯君集却别有用心地挑拨李承乾造反。

后来他的女婿贺兰楚石主动告发，侯君集被捕。毕竟是功臣，唐太宗决定亲自问案。他还对大臣们说："侯君集为国家立过大功，你们会同意保住他的性命吗？"大臣们都不同意。临死前唐太宗前去与侯君集诀别，流着眼泪说："我为你再也不上凌烟阁了！"

还有以谋反罪被杀的功臣张亮（？—646），郑州荥阳（今河南郑州）人。张亮是一个外表看起来忠厚，内心却很狡诈的人。隋末时他投奔了李密，未得到重用，随后他因举告了军中的谋反者，才被封为骠骑将军。作为李勣的手下，他跟随李勣归唐。

平定洛阳王世充后，他成为秦府的车骑将军并逐步成为李世民的心腹。"玄武门之变"前，他带着一千多人和充足的经费赶回洛阳广召豪杰。为即将到来的决战做准备。李元吉向唐高祖告发张亮图谋不轨，因此被抓，但他什么都没有说，加之李世民积极营救，最后又被放回了洛阳。他尽管没有参与"玄武门之变"，也算是立下了大功，事后他被封为长平郡公，后来加封为鄅国公、郧国公。

唐太宗即位后他多次到地方任军职（都督），他的行政能力很好，其做官的风格表面上风平浪静，暗中却把属下个个查得一清二楚，所以他的政绩一直不错。

张亮最后走向谋反的道路，是因为他娶了一个妖冶骄横的后妻李氏。李氏行为放荡，却极富手段，使得张亮抛弃了糟糠之妻，主动投入她的怀抱。但李氏还与另一个小白脸私通，并收养在张府，张亮却视而不见。

640 年，唐太宗念及他的功劳，提他做了工部尚书，三年后又让他进了宰相班子，官居刑部尚书。张亮喜欢豢养方士，还认了五百个干儿子，这让人怀疑他另有所图。

后来他被人告发。唐太宗派人调查，张亮豢养的方士们都指证张亮谋反。唐太宗对张亮养了五百个义子的事却不能容忍。他对大臣们说，张亮这不是想谋反又是什么呢？大臣们几乎异口同声地说张亮应当处死。唐太宗愤怒之下，处死了张亮。

二十四功臣中的高士廉（575—647），名俭，渤海蓨县（今河北省景县）人，是长孙无忌的舅舅，出身于望族渤海高氏。高士廉通晓文史，举止雍容，风度高雅。他的妹夫长孙晟死后，他把妹妹和外甥长孙无忌和外甥女（即后来的长孙皇后）都接回自己家，把他们抚养到成家立业。

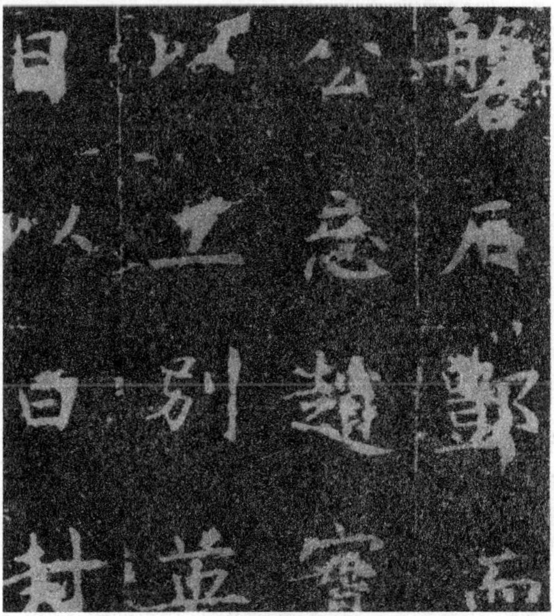
高士廉茔兆记

隋末大乱时，他帮助交趾（今越南地区）太守丘和稳定了交趾的局势。622 年，李靖南下，他与丘和上表归唐。他凭借与唐太宗的亲戚关系自然成为秦王府核心人物。“玄武门之变”时他也参与了，并武装在押的囚犯作为李世民的后援。

唐太宗即位后高士廉进

了宰相班子，任侍中。他对谱学非常精通，唐太宗令他和韦挺、岑文本、令狐德棻等人修定《氏族志》，修成后被升为同中书门下三品。638年，他升任尚书右仆射，642年又被授予从一品的开府仪同三司。647年在家中去世。当时唐太宗正在生病，房玄龄劝他不要去吊唁，唐太宗认为自己与高士廉既是君臣又是亲戚，执意前往。长孙无忌伏地流泪相劝，唐太宗才回了宫，但还是登上宫城门楼目送灵柩。

张公谨（594—632），字弘慎，魏州繁水人，也是“玄武门之变”的参与者。他最初是王世充的人，618年跟着洧州刺史崔枢归唐。投奔李唐的人大多很有名望，而张公谨只是一个州的长史，没有什么名气，李勣和尉迟恭却极力向李世民推荐他，于是他进入了秦王府。

李世民与李建成争斗时，曾把张公谨叫来问计，他所说的很符合李世民的心意，从此成为李世民的近臣。“玄武门之变”他亲自参与了战斗，一人独当城门，把来援的太子党拒之门外。他以功授左武侯将军，封定远郡公（后升为邹国公），赐实封一千户。可惜年仅三十九岁就病逝了。

屈突通（557—628），长安人，隋唐时期名将，李渊太原起兵后进军长安，屈突通率军数万屯守河东（今山西永济西南），准备阻止李渊军入关。后来兵败，他被抓到长安。唐高祖夸奖他是“隋室忠臣”，封他为兵部尚书和蒋国公的官爵，被分配到李世民的行军元帅府做长史，从此成为李世民集团的核心成员。

他跟随李世民参加了平定薛举和王世充之战。李世民率军去阻击窦建德时，放心地让善于用兵的屈突通辅佐齐王李元吉围困洛阳。平定王世充他立下了首功，之后以陕东大行台右仆射的身份镇守洛阳。洛阳是李世民的大本营，陕东大行台右仆射的职责是替李世民管理陕东的半壁江山，足以证明李世民对他的信任。几年后他调回京城任工部尚书。“玄武门之变”前他再受李世民派遣，奔赴洛阳主持李世民的后方工作。李世民即位后他仍然为李世民守洛阳。628年，屈突通七十二岁时去世。

唐俭（579—656），字茂约，并州晋阳（今山西太原）人，出身于显宦世家，他的父亲唐鉴与李渊一起做过宫廷禁卫，是非常要好的朋友。后来李渊在太原起兵，他跟随李世民征战。在讨刘武周时兵败被俘，不料却因祸得福，在敌营中得知独孤怀恩谋反，让刘世让回去给唐高祖报信，救了唐高祖一命。唐高祖把独孤怀恩的家产都赏给他，让他做礼部尚书，并封为莒国公。

在唐太宗朝他是户部尚书。高宗即位后他升为特进，退休居家，656 年去世，享年七十八岁，陪葬在昭陵。

段志玄（598—642），名雄，齐州邹平（今山东济南）人，他的父亲段偃师在太原是个管司法的小官。李渊太原起兵时他招募了一千余人交给李世民。进军关中的路上他冲锋陷阵，屡立大功，并生擒屈突通。后来随李世民征战多年，是李世民的心腹。

李世民与李建成兄弟相争时，李建成重金收买他，被他拒绝了。他也参与了“玄武门之变”。唐太宗即位后任命他为左骁卫大将军，封樊国公，食邑九百户，后来做过右卫大将军。642 年病逝，死后陪葬昭陵。

殷开山（？—622），雍州鄠县（今陕西省户县）人，唐朝开国功臣，本名峤，李渊父子太原起兵时他是山西太谷县县令，同李渊一同起兵。入关后一直在李世民军中，为李世民扫平渭北立了大功。平王世充之后他因战功封为郧国公，但不幸死于征讨刘黑闼途中。

刘政会（？—635），滑州胙城（今河南省延津县胙城乡）人，隋末做太原府司马，是李渊的老部下，太原起兵时与刘文静一起铲除了隋炀帝的眼线王威、高君雅。唐朝建立后，历任刑部尚书、光禄卿，封邢国公。635 年去世。

柴绍（588—638），字嗣昌，晋州临汾（今山西临汾）人，是李渊的女婿，李渊太原起兵时他和李建成、李元吉赶赴太原参加起兵。李渊任命他为马军总管。起兵以后他一直跟随李世民征战，参加了平薛举、宋金刚、王世充、窦建德等战斗，以功封霍国公，赐实封千二百户，授予右骁卫大将军。唐太宗即位后他先后任右卫大将军、右骁卫大将军、镇军大将军，封谯国公，638 年去世。

长孙顺德（？—631）河南洛阳人，是长孙皇后的叔叔。长孙顺德最初在隋朝担任右勋卫。隋炀帝征讨高句丽，长孙顺德不愿意参加，在途中逃走，到太原投奔了李渊。他参与太原起兵，进入关中后，受命与刘文静一起防御屈突通，在打败屈突通的战斗中立了大功，后任左骁卫大将军，封薛国公。

他性格放纵，经常收受贿赂。唐太宗念及他的功绩，不愿惩罚他，在殿堂上当众赐给他几十匹绢，想让他知道羞愧。此后他几经沉浮，老年后沉溺于亲情，以致他的爱女因病死去后，他悲痛欲绝，很快就去世了。唐太宗为他罢朝一天，并派人去凭吊。

刘弘基（582—650），雍州池阳（今陕西泾阳）人，太原起兵也立有大功。在进军关中的过程中，他的部下斩杀了宋老生，随后挥师南渡渭河，率先进抵并攻克了长安城。

李唐建立后他被拜为右骁卫大将军，一直跟随李世民东征西讨。参加过平薛举父子和征刘武周的战斗。623年，他又跟随李建成征讨刘黑闼。626年，论功臣等第时他食邑九百户，不久告老还乡。唐太宗征高句丽时，第三次起用他，任命为前军大总管。650年去世，享年六十九岁，陪葬昭陵。临死前刘弘基留下遗嘱，分给每个儿子奴婢十五人、良田五顷，剩余财产都施舍给乡亲们。他的一句话流传至今："子孙如果是贤能之人，过多的财产也没用；如果不贤能，有这些也就够用了。"

李勣（594 – 669），原名叫徐世勣，因为字懋功，因此传说称他为徐茂公。归唐后李渊给他赐姓李，改名李世勣。高宗永徽中，为了避李世民的讳，又去掉了"世"字，就叫李勣。他名字确实有点儿复杂。

真实的李勣虽然没有传说中的那么神奇，但也是诸功臣中首屈一指的人物。他打仗深思熟虑，用兵如神，在唐朝将领中像这样的帅才除了李世民以外大概只有李靖和他两个了。

李勣出身于地主之家，家里仆人成群，粮食堆积如山，但是李勣似乎不愿意过那种安逸富足的生活。他十七岁就投奔了落草为寇的翟让，当时翟让容易满足现状，守着瓦岗寨不愿意去别的地方，李勣建议翟让到荥阳郡一带抢劫官船商旅。翟让听从李勣的建议，不仅日进斗金，而且队伍也不断壮大。

李勣后来又拉李密入伙瓦岗寨，当时李密只是一个逃犯，他和王伯当一同劝翟让收纳李密，后又支持翟让把头领的位子让给李密。此后在洛水战斗中他大败王世充，被李密封为东海郡公。李勣还建议李密夺取隋朝重要的粮仓——黎阳仓，招募饥民。这一建议使瓦岗军不断壮大，在十日内就招募了二十万人。

李密后来被王世充打败，不得不率众归唐，但李密留下的大片辖地都由李勣坚守。李勣降唐时对长史郭恪说："这些土地人马都是魏公李密的。我不能自己献地邀功。"他把所占州县的户口造册派人送交李密，让李密自己献给唐高祖。使者到长安，只有给李密的信而没有给唐高祖的表。唐高祖不明白原委，使者说明后，唐高祖大夸他是"纯臣"，授李勣为黎州总管，封莱国公。赐姓李氏，还赐良田赐宅院。李勣由徐姓赐为李姓，成了李唐皇姓，也可见唐高祖对李勣的赏识和信任。

当时的形势很不利，北有窦建德，西有王世充，李唐的主力未到。李勣归唐，也是风险很大的。唐高祖不仅施以高官厚爵，而且令他统领河南、山东的军队。不久实力强大的窦建德进攻李勣，李勣无力抵挡。逃出来以后，窦建德把他的父亲作为人质，李勣无奈假意投降。他策动窦建德部下造反，失败后独自逃到长安。621 年，他又随李世民东征洛阳，活捉了窦建德并迫使王世充投降。回到长安后，在论功行赏时李世民被封为上将，李勣被封为下将。册封仪式上他和李世民都穿着金甲，乘着高车。其他的将领都没有李勣这样的荣誉。

624 年，李勣受命与赵郡王李孝恭共同平定江南辅公祏的叛乱。626 年，李勣任并州行军总管，突厥来犯被他击败。唐太宗即位后，拜他为并州大都督府长史。而远在长安的晋王李治是并州大都督，实际上是李勣独当一面。他为唐朝把守北大门，一干就是十六年。629 年，他和李靖分别任通漠道行军总管和定襄道大总管，深入大漠击败了突厥，彻底扭转了唐朝与突厥在军事上的被动局面。

641 年，他以三千轻骑打败了惹事的薛延陀八万骑兵，俘虏五万余人。随后他奉调进京，任兵部尚书。唐太宗极为欣赏李勣的才干，对他恩宠有加。有一次，李勣生病需要胡须灰作药引，唐太宗马上就剪下自己的胡须为他配药。李勣感激涕零，唐太宗却说："只是为国家考虑，不用谢我。"

唐太宗深知自己去世后李勣一定是个举足轻重的人物，643 年李治成为皇太子后，唐太宗特意请李勣做太子詹事兼左卫率，主管东宫所有文武事务，官品晋升为正二品的特进，同时任同中书门下三品，进入宰相班子。唐太宗把辅政李治的大任交给长孙无忌和褚遂良，但他一定要安排一个制约长孙无忌的力量。满朝文武中能与长孙无忌相抗衡的只有李勣，用来制约长孙无忌的人非李勣莫属。

唐高宗李治即位后，李勣仍为同中书门下，参与朝中的机密大事议定，不久后李治令他以开府仪同三司身份参与执政，此举是为了避让长孙无忌。653 年李勣又升为正一品司空。

唐高宗在立武则天为后的事情上一意孤行，李勣表明了自己的态度："此乃陛下的家事，不须请教外人。"唐高宗有了李勣的支持就不怕长孙无忌等人反对，随后废除了王皇后，立武则天为皇后。

他肯定不是民间传说中的"神人"，不会预见武则天日后会改朝换代，他支持唐高宗是唐太宗当年给他的使命，否则长孙无忌就无法约束。这与许敬宗、李义府之流的小人行径是完全不同的。尽管他们一起把武则天送上皇后宝座，但李勣做的是"纯臣"，许敬宗、李义府二人是奸臣。

唐高宗夫妇对他心怀感激，恩宠有加。658 年，他随驾去洛阳，途中生了病，唐高宗亲自前去问候。李勣骑马摔伤了脚，唐高宗又去探望，并把自己的马赐给他。

668 年，唐高宗再征高句丽，七十五岁高龄的李勣再次指挥大军攻克高句丽首都平壤，俘虏高句丽国王大胜而归。这份丰功伟绩连隋炀帝和唐太宗都未做到。669 年，他以七十六岁年龄寿终正寝，唐高宗为他罢朝七日，陪葬在昭陵。下葬那天，唐高宗派皇太子护送灵车，并登高楼遥望灵车痛哭。

门神——秦叔宝和尉迟恭

李世民帐下最勇猛的将领，人们一般都会说出几个人：程知节、罗成、秦叔宝和尉迟恭，而其中秦叔宝和尉迟恭的勇猛在民间也广为流传，这是因为他们二人还有一个特殊的身份——门神。民间张贴的门神画上，秦叔宝佩带宝剑和弓，尉迟恭佩带宝剑和箭，两人一个持锏，一个握枪，一个白脸，一个黑脸，威风凛凛，杀气逼人。

以秦叔宝和尉迟恭二将为门神的习俗，大概在元明时期已经形成，而他们能够成为百姓心中的门神，《西游记》《隋唐演义》等章回小说的传播起到了决定性的作用。

秦叔宝和尉迟恭归入李世民帐下都是唐朝建立后的事情了，只是主动投唐的是秦叔宝，被动降唐的是尉迟恭。

秦叔宝（？—638），是齐州历城（今山东济南）人。史书中关于他出身于什么样的家庭、入伍以前做什么事等记载得非常少，以致都找不到他的出生年代。但可以肯定的是，秦叔宝加入瓦岗军以前是隋朝的正规军人，当兵时是在隋朝名将来护儿帐下，深得来护儿的赏识。来护儿为隋炀帝的宠臣，曾经任左、右翊卫大将军等职，在军中的地位极高，曾经挂帅出征高句丽，所以说秦叔宝的部队是隋朝的主力部队。秦叔宝勇猛过人，他的那杆长枪对于一般人来说，即使是拿起来也很困难。据说他跟随李世民攻打洛阳王世充时曾骑马来到城下，随手将枪插在地上后回到阵中。王世充的几十个士兵一起拔，竟然都没有拔动。后来这杆枪成了获胜典礼上的展示品。可见来护儿赏识他不是没有道理的。

隋末大乱的时候，秦叔宝在隋将张须陀军中效力。他的成名战役是614年十一月，跟随张须陀镇压拥有十余万人的卢明月部，而张须陀手下才一万人。

两军相持多日，张须陀渐渐粮草不足，难以支撑。张须陀料定等他们撤退时卢明月一定会倾巢追击，这时候卢明月的大营就会非常空虚。他询问诸将谁敢劫营，诸将都不敢应答，只有秦叔宝和罗士信请战。他们二人率一千兵马埋伏在卢明月大营附近的芦苇中，等卢明月全军出动时乘虚攻击了卢明月的大营，并放火焚烧。等卢明月慌忙回军救援时，张须陀又回师夹击，卢明月全军瞬间就瓦解了。

616 年十月，他随张须陀征讨李密。不料张须陀战败身死，秦叔宝率余部投奔了裴仁基。后来裴仁基降于李密，秦叔宝也跟随其加入了李密的瓦岗军。李密素闻秦叔宝大名，对他格外亲切。李密选了骁勇的八千勇士组成“内军”，并经常说：“可当百万之众。”这八千人由秦叔宝和程知节统领。秦叔宝的职位是内军骠骑，相当于李密警卫部队的长官。而王伯当、李勣、单雄信等人都是大将军，统辖自己的一路大军。

秦叔宝投到李密麾下一年以后就立下了大功。618 年七月，李密与宇文化及在黎阳进行了一场大战，李密中箭受伤，摔落马下，左右护卫早已不见踪影，眼看李密就要被擒，秦叔宝拍马赶到，独自护卫着李密逃回大营。放下李密后，秦叔宝再战，最终击败了宇文化及。

但是李密对秦叔宝的救命之恩还没来得及回报，李密就被王世充打败并投靠了唐朝。秦叔宝又转投到王世充军中，王世充很看重秦叔宝，还任命他为龙骧大将军。但是秦叔宝与程知节等人瞧不起王世充狡诈多疑的品行。619 年二月，趁着王世充军队与唐军两军对垒，他与程知节、吴黑闼、牛进达等数十人投向李世民。此时他在王世充军中效力的时间不长，只有半年。

秦叔宝投奔唐朝后归入李世民帐下，619 年十一月，秦叔宝随李世民参加了反击刘武周的战役。当时河东的战事对于唐军十分不利。刘武周大将尉迟恭不断取胜，并俘虏了唐将于筠、独孤怀恩、唐俭等人，得胜回营。李世民率领殷开山、秦叔宝在美良川（今山西省夏县北）伏击尉迟恭。这场伏击战大败了尉迟恭，还斩杀敌军二千余人。这是刘武周南下进攻太原以来，唐朝第一次大胜，这次大胜迅速扭转了唐军不利的战局。秦叔宝在这次战役中表现得十分出色，战后唐高祖特意派人赐给秦叔宝一个金瓶，以示奖励。

美良川之战是秦叔宝和尉迟恭这两位旷世大英雄的第一次遭遇。尉迟恭（585—658），朔州平鲁下木角人，与刘武周是同乡，早年以打铁为生。祖先是西域于阗人。刘武周称帝自立以前，尉迟恭已经凭借自己的英勇善战，被授予朝散大夫（正四品的武散官，没有职事也没实权）。

619 年，刘武周为了扩大地盘，派他和宋金刚进攻太原，他们一路势如破竹，攻城略地，很快拿下李元吉镇守的太原，又从太原打到黄河岸边的龙门（今山西河津），唐军或战败或投降或逃跑，吓得李渊曾有过放弃黄河以东，固守关中的念头。美良川之战的胜利，使得李世民终于遏制了尉迟恭等人的进攻。620 年四月，李世民突然发动反攻，使得尉迟恭被包围在介休。随后李世民派李道宗和宇文士及去劝降尉迟恭，最终尉迟恭归附了李世民。

得知尉迟恭归降，李世民欣喜不已。李世民深深懂得，要想打下天下，拥有尉迟恭这样的猛将是“必需的”，而他与尉迟恭之间也会有英雄相惜的感觉。不久后发生了一件事，归降的刘武周的大将寻相等人又反叛了。李世民手下的将领怀疑尉迟恭也会反叛，把他囚禁起来。屈突通、殷开山还劝说李世民要杀了他。李世民却不这么看，并急忙下令释放了尉迟恭，还赏赐了很多钱财给他压惊，并对他说：“大丈夫以意气相许，我不会听别人的谗言伤害忠良。如果你要走，这些东西就代表我们曾经一起共事的情谊。”尉迟恭听了这番话，对李世民的感激之情就不必言表了。

尉迟恭从此在以后的征战中，总是跟随在李世民左右，屡立大功。打垮了刘武周，李世民又率领部下东征洛阳。有一次，李世民带着尉迟恭和五百骑兵去侦察地形，正好遭遇王世充的数万人马，敌军猛将单雄信拍马直取李世民，尉迟恭见状跃马大呼，一枪就把单雄信刺于马下，保护李世民冲出重重包围。李世民对尉迟恭说：“回报得这样快啊！”并重赏了尉迟恭。

尉迟恭与李世民一样喜欢冲入敌阵，冲出重围，在刀枪箭雨中游刃有余，擅夺取敌人长槊并反刺对方，自己则毫发无损。他投到李世民帐下，两个人成了一对冲锋陷阵的好搭档。李世民曾经对尉迟恭说：“我操弓箭，你执长槊，哪怕遇到百万之众，又能把我们怎么样！”

李世民非常喜爱秦叔宝和尉迟恭这样的猛将。他有一千多骑兵组成的“玄甲”兵，全身黑衣黑甲，分别由秦叔宝、程知节、尉迟恭、翟长孙这四员猛将统领。这支部队在关键的时候总是发挥奇效，无坚不摧，令敌人闻风丧胆。一次屈突通和窦轨侦察地形，被王世充军队包围，李世民亲率玄甲兵救援，最后斩杀、俘虏敌军六千余人。

李建成和李世民为了太子之位不断争斗，尉迟恭作为秦王府的代表性人物，也是被收买的重点对象。东宫的人曾拉着一车财宝要与尉迟恭结交，尉迟恭却表示自己要以身报答秦王李世民之恩。李元吉和李建成收买不了他，就派人行刺。刺客数次光临他家，但因摸不清虚实，没有贸然行动。李元吉见状跑到李渊那里诬告尉迟恭谋反，并将其下狱准备施以死刑，是李世民极力营救，尉迟恭才被释放。

在争夺皇位的“玄武门之变”中，尉迟恭又立下了头功，他不仅射杀李元吉，还驱散了东宫和齐王府的人马，之后又控制住了唐高祖，使李世民最终掌控全局。对于随后继位登上皇帝宝座的唐太宗来说，尉迟恭是有定社稷的大功的。所以论功行赏时，尉迟恭和长孙无忌被排在第一位，各赐绢万匹。

唐太宗即位后尉迟恭被授以泾州道（今甘肃省泾县）行军总管，一直在外镇守，防御突厥，守关中西北门户。尉迟恭也尽职尽责，多次击败突厥。后来又任襄州（今湖北襄阳）都督、同州（今陕西大荔）刺史等职。

而秦叔宝被任命为左卫大将军，与程知节、尉迟恭等都是正三品的十六卫大将军。史籍资料中对秦叔宝的晚年记载不多，说明他晚年基本上没有参与过什么重要的活动了。这大概与秦叔宝晚年多病有关。他曾对人说：“我从小就出生入死，经历了大小三百余战，流的血都超过了几斛，怎么会没有病呢？”638年，这位叱咤风云的英雄在病痛中死去，陪葬在昭陵。唐太宗特令人在他墓中立上石人、石马来表彰他的卓越战功。643 年，唐太宗将秦叔宝列为开国二十四功臣，并令人将他的画像陈列在凌烟阁。

尉迟恭性格憨厚直率，甚至经常在朝堂之上与其他人争得面红耳赤，所以他与其他几位执政大臣的关系处得不太好。

632 年九月，唐太宗宴请群臣。这本来是君臣同乐的高兴事，却被尉迟恭搅了。尉迟恭没有坐在第一位的位置上而大怒，对排在他前面的人怒吼："你有什么功劳，竟然坐在我前面？"坐在他旁边的李道宗起身相劝，尉迟恭勃然大怒，挥拳打向李道宗，差点儿就把李道宗的眼睛打瞎了。这样一来，宴会被他搅散了。这件事也影响了尉迟恭以后的生活。

事后唐太宗语重心长地对尉迟恭说："治理国家不能讲情分，只能讲赏罚，这样的错你千万不要再犯了，免得后悔莫及啊！"唐太宗的这番话既有忧虑也有警诫。尉迟恭对唐太宗忠心耿耿，也参透了唐太宗的一席话。643 年，他上表请求退休。唐太宗批准了，让他五天来朝见一次，并对朝政发表意见。这一年尉迟恭只有五十九岁，还"身强体壮"。而在唐朝，七十岁才可退休，尉迟恭的退休显然是为了唐太宗，他不想给唐太宗添麻烦。

645 年唐太宗要除掉大唐最后的威胁——高句丽，想亲征高句丽，尉迟恭建议唐太宗不要亲自前往，只需要派一良将即可。唐太宗没有采纳他的意见，但带上了尉迟恭一同出征。从高句丽前线回来后，尉迟恭依然在家闲居。

过着退休生活的尉迟恭非常安逸，他脱下铠甲穿起长袍，闭门谢客，天天在家炼丹，服食云母粉；他修建亭台水榭，把自己的宅园修成了蓬莱仙境。他陶醉于清闲雅乐，过了十六年神仙般的生活，在七十四岁高龄时去世。这位大唐的大功臣去世后，唐高宗罢朝两天，亲自主持丧事，令京城五品以上的官员到尉迟府上哭祭，还把他隆重地陪葬在唐太宗的昭陵。他的爵位由儿子尉迟宝琳继承。

CHAPTER

第九章 开创“贞观之治” 9

李世民以民为本，依法治国，勤俭节约，广开言路，不拘一格吸纳人才；他还不断地反思，吸取前朝灭亡的经验教训；他铁面无私，依法办事，形成了贞观时期的基本特色，成为封建治世中最好的榜样。

节用爱民，常思民疾苦

隋炀帝三征高句丽、大兴工程，导致隋末农民起义，这些都是唐太宗亲自体验过的。他做了皇帝之后非常清楚，如果统治者只顾自己享受，过着骄奢淫逸的生活，不管人民的死活，人民就会反抗。因此唐太宗要求下级官吏要节用爱民，要减轻老百姓的负担。他自己也以身作则，反对奢侈。

有一次，唐太宗身体不适患了疾病，宫殿里很潮湿不宜居住，有的大臣建议他建一座小阁楼养病。唐太宗一听，脑海里浮现出汉文帝的形象：汉文帝为了不花费一百斤金子而没有修建一座露台。于是唐太宗对他们说："汉文帝的功德比我大多了，而耗费的钱财远远少于我。我花费钱财去修阁楼是不合情理的事情。"群臣再三请求，唐太宗还是没有答应修阁楼。

一次，房玄龄对唐太宗说道："我朝现在的军事装备非常充足，兵力也很强大，周围的国家不敢与我们为敌，实在可喜可贺。陛下的英明神武，才有今天的成就。"

唐太宗却说："修整兵器固然重要，但更希望你们留心治理国家的策略，务必竭尽全力，以确保安居乐业，这才是我坚不可摧的武器。若论兵器，隋炀帝的兵器难道不够强大吗？却恰恰导致他的灭亡，这是因为他不修仁义，才招致百姓怨声载道。你们应该用德行仁义辅助我。"

贞观二年（628），长安一带出现了漫天飞舞的蝗虫，庄稼毁坏严重，几乎要绝收了。一天，唐太宗前往禁苑，看到蝗虫在苑中乱飞，就顺手捉住了几只，咒骂蝗虫说："人民靠庄稼养活生命，而你们却吃庄稼，我宁愿你们吃我的内脏！"抬手要把蝗虫吃下去，左右侍从官员劝阻说："这是污秽之物，吃下去会生病。"唐太宗说："我为人民受苦，不怕生病。"于是把蝗虫吞下。

据史书记载，由于唐太宗勇吞蝗虫，长安一带那年的蝗虫灾害没有对农作物造成太大的影响。

关中这一年里又发生了严重旱灾，导致庄稼颗粒无收。有很多百姓被迫卖掉儿女。唐太宗委派御史大夫杜淹下去检查，杜淹了解后得知，这个情况是属实的，他也据实反映，上报唐太宗。唐太宗知道后异常震惊，取出国库的金银来赎回那些被卖掉的孩子，送还给他们的父母。他接着下诏，免征两年的赋税。诏书刚刚下发，关中就来了一场及时雨，缓解了旱情，老百姓的生活也慢慢恢复过来。

贞观五年（631）二月，主管部门奏请皇太子举行冠礼，这个月办理是最为吉祥的，希望尽快准备。唐太宗说："此时正好是春耕时分，举行仪式不可影响耕作，应该把太子加冠礼的仪式改在十月举行。"

少傅萧瑀说："风水大师讲，二月是吉时，十月不好。"

唐太宗反驳说："吉凶全在个人。假如决定行动是依靠阴阳道理，而不顾礼义，哪来的吉祥？遵循正道而行，自然就会碰上好运气。凡事都必须致力于根本。国家以人民为根本，人民以穿衣吃饭为根本，凡经营衣食，只有不失农时，才能确保丰衣足食，所以一定不能占用农事的时间。农时很重要，片刻不可耽误。一定不要在二月里举行这个仪式。"

隋末唐初，连年战争使得农业生产遭到很大破坏。尽管唐高祖李渊实行了租庸调制，唐太宗李世民积极采取措施，使农业生产获得了一定的恢复和发展，社会秩序也很安定，但是人民生活还是十分困难。在这样的情况下，唐太宗的儿子魏王李泰却大兴土木，建造豪华的官邸。老百姓敢怒而不敢言，可私下里全都是哀怨。

面对这种情况，中书侍郎岑文本看不下去了，他上书唐太宗说："我们都知道，老百姓的休养生息就像种树一样。树木生长的时间越长，根基就越深，枝叶也就越茂盛。刚刚栽上的小树即使多施肥、多浇水，但是它的树根还是浅的。如果有谁去摇晃一下，它就会枯萎死亡。现在，经过隋末的战乱年代刚刚过上安宁日子的百姓，就如同新栽的树木一样，要是注意休养就会逐渐复原起来。假如还是赋税不减、徭役不断，那百姓就会穷困不堪。长此以往，老百姓就会充满怨气甚至造反。所以，魏王这么做无疑是增大了老百姓反抗的可能，对国家显然是有百害而无一利的。我们应当休养生息，来保持国家的长治久安。”

唐太宗非常赞成岑文本的主张，赏赐了他三百段帛。

贞观十一年(637),洛阳黄河发大水,洛阳宫被水淹了,老百姓更是无家可归，遭受了非常大的损失。唐太宗知道以后就把用于修缮洛阳宫的木料，全部分给倒塌房屋的城中百姓，还腾出明德宫和飞山宫的玄圃院，以供无处栖身的人们居住，百姓们都感激涕零。

以简为德，正人先正己

贞观元年（627），唐太宗刚刚登基，打算建造一座新的宫殿，手下人连建筑材料都准备妥当了。但是，唐太宗看了北朝的《刘聪传》后改变了主意。刘聪打算给皇后在后庭修个宫殿，廷尉陈元达劝谏。刘聪听后龙颜大怒，要斩陈元达。皇后急忙请求停刑，言辞十分感人。刘聪听过之后，怒气才渐渐平息，后来刘聪还为此事而感到惭愧。

讲完这个故事，唐太宗说：“自古帝王凡是要兴建工程，必须顺应民心。大禹治水时，开山造渠，浚通九江，尽管劳动繁重，却无人埋怨，这是因为老百姓知道他的目的在于造福大家。秦始皇营造阿房宫和修陵墓，却引起全天下人的怨恨和反抗，因为他做的是满足私欲的事情，不得民心。由此可见，如果帝王追求奢华，放纵且没有节制，危机就会到来。从今以后王公以下的人，住宅、车服、婚娶、丧葬等，不该使用的一律禁止。”据说随后二十年间，唐朝的社会风气朴实无华，老百姓都不追求奢华而选用普通的衣料，国家和百姓也逐渐富裕起来。

一次，太子的奶妈请求长孙皇后奏明唐太宗，给太子府多置办些生活用具。长孙皇后不同意，她说：“太子应当为老百姓多做一点儿实事。要为别人想想，不要一味地贪图享受。”

贞观十一年（637），唐太宗派他的几个儿子到地方上任职，临行前为他们送行，还勉励他们说：“原本想送你们珍宝古玩，但害怕你们会玩物丧志、骄奢淫逸。所以，希望你们在地方上好好地造福百姓，一定要记住我的嘱托。”

贞观十二年（638），唐太宗的女儿南平公主准备下嫁给王敬直（礼部尚书王珪的儿子）。王珪对唐太宗说：“近些年来风俗败坏，日渐浅薄，公主下嫁，竟然废弃了拜见公婆的礼节。现在皇上理应遵循礼法，那么我首先要接受公主的拜见。这并非是我摆什么皇亲国戚的威风，如果公主都能以身作则，那么大小官员、老百姓一定会跟随一起遵守礼法，只有这样，皇上所倡导的礼仪才能通行于天下，社会才会稳定。”

唐太宗听了，笑着对王珪说：“你说得很有道理。我找的这个亲家总是替我着想。”

于是王珪和妻子同坐高位，而南平公主亲自跪拜，行子女之仪，礼毕之后方退下。自此以后，公主下嫁后都要对公婆行礼。

由于李世民对自己以及亲人要求严格，朝廷上下，崇尚节俭的风气渐渐流行起来，民间的古朴之风也日渐成为时尚。尽管唐初的贞观时期并不是中国经济最繁荣的年代，但民间节俭淳朴、其乐融融的景象为历代所罕见。

以史为鉴，务实不务虚

627 年，李世民登上皇位，在很短的时间内解决了内部（内乱）和外部（突厥侵扰）的隐患后，他开始潜心于国家的政治、经济和文化的建设。

为了统一当时人们的思想和价值观，建立促进社会稳定的精神支柱，李世民开展整顿社会风气的活动，并大力提倡儒家思想。李世民看到儒家思想所倡导的价值观，潜移默化地影响了很多中国人，成为衡量人们伦理道德和言行举止的标准，李世民在全国范围内建立了很多纪念孔子的庙堂，用重金和官职吸引精通儒学的名士，让他们来长安讲学。贞观四年（630），在颜师古、孔颖达等人主持修订下，对儒家“五经”做出了统一的注解，汇编成一百八十卷的《五经正义》。从此以后，这套《五经正义》作为标准版本，成为读书人进入唐朝正统社会的唯一途径。

唐太宗李世民最大的兴趣是分析历代帝王治国之策以及亡国原因，也非常善于总结这些帝王的经验教训，刚刚灭亡的隋朝历史是他们讨论的重点。有一天，李世民问房玄龄、萧瑀：“你们对隋文帝这个皇帝如何评价？”萧瑀答道：“隋文帝非常俭朴，勤于朝政，上朝时总是忙到很晚，甚至与大臣边吃边谈。在位二十三年国家经济非常繁荣，仓库里堆满了几十年都吃不完的粮食，尽管他不是忠义仁厚之人，可也是一个励精图治的皇帝。”

唐太宗李世民笑着回答道：“你们只知其一，不知其二。隋文帝虽然辛辛苦苦工作，但他为人苛求且多疑。他事无巨细总是自己来处理，大臣因此不敢多出主意，所以他即使再勤政，处理的事情也有很多是错误的。比如他废掉杨勇的太子之位，改立杨广，便是致命的错误。后来他罢免高颎，使奸邪之徒得势，也是大错。他执政的后期，所犯的错误日积月累，不断增多。”

说到这儿，唐太宗停顿了片刻，看了看静静地听他说话的大臣们，又接着说："很多大臣为了官运亨通，遇事不发表正确的意见，只看皇帝的脸色行事，或者互相推诿，长此以往，隋文帝虽然辛苦了自己，但事情办得没什么起色，有的时候可能还适得其反，国家自然也就慢慢衰亡了。做皇帝根本不需要事必躬亲，而应当发挥官员的作用。选择有才干的人管理国家，让他们发挥其所长，各司其职，并做到赏罚分明。只要各级官吏尽心竭力地履行职责，何愁天下治理不好？"房玄龄、萧瑀点头称是。

还有一天，李世民问魏徵："隋炀帝其人素有文采，他明明知道圣明君主是舜、禹，无道昏君是夏桀、殷纣王，可他为什么非要效仿夏桀、殷纣王，落得个国破身亡的悲惨下场呢？"

魏徵回答说："作为帝王，最重要的是虚心纳谏，而隋炀帝总是自以为是、目空一切，大臣们怕性命和地位难保，也不敢惹皇帝生气，所以就挑皇帝爱听的话来说，并借此升官发财。长此以往，皇帝听不到国家的真实情况，隋朝也就很快亡国了。皇帝要兼听则明，这样国家才能长治久安。"李世民听了感到非常有道理，下令："从今以后，你们要及时提出我所下命令中的不妥之处，切不可盲目地曲意阿从。"

自此，朝廷进谏之风非常盛行。李世民从中办理了很多大快民心的事，朝廷的吏治也愈加清明。

桀（？—公元前1600年），姒姓，夏后氏，名癸，夏朝最后一位君王。

一次，唐太宗李世民和大臣们谈起了周朝保持稳定和秦朝迅速灭亡的原因，唐太宗说："殷纣王因残暴而招致周武王讨伐，周朝取得天下后能够长期守住帝业的原因是广施仁政；秦朝以武力灭六国。但夺得江山以后，秦始皇没有能够使民心归顺，依旧横征暴敛、生灵涂炭，所以秦很快就亡国了。由此看来，夺天下要靠武力，但守江山要靠施仁政，赢民心。”

这些想法在唐太宗之后的行为中也可以看到。

唐太宗极为擅长骑马射箭，自太原起兵反隋开始，弓箭就没有离开过他。他的弓箭比普通人使用的长一倍，射程很远。他深通箭术之道，用起来得心应手，且他能左右开弓、百发百中，令敌人闻风丧胆。唐太宗曾赋诗一首来形容他运箭自如的神态：“上弦明月半，激箭流星远。落雁带书惊，啼猿映枝转。”

一次，唐太宗召见几位制作弓箭的名师，把自己收藏多年的珍贵弓箭拿给他们欣赏，满以为这些名师会惊异和夸赞，可他们却说这些弓箭的质地很一般，木材也不是上乘之选，纹理粗细不均，导致用力拉弓时，弓的各个部分就会受力不匀，射出去的箭就会或多或少偏离方向。

唐太宗听了恍然大悟，我征战沙场多年，使用弓箭无数，竟没有料到一个小小的弓箭还有这么多的学问，真是惭愧。他马上联想起登上皇位不久，并不了解很多事情，处理国事的能力也极其有限，因此，必须要搞清楚实际的国情，这是要做的头等大事，千万不要沉浸在过往的功绩中，这会误国误民啊！

随后，唐太宗诏令朝中五品以上的官员，必须每天轮流在中书内省值夜班，以便于唐太宗和他们随时长谈，了解下面百姓的疾苦，讨论国家大事的得失，询问边境防守。有时他还把大臣们上书言事的条子挂在卧室的墙壁上反复观看。他对大臣裴寂说：“我希望你们也要对国事用心，不要辜负了我的期望。”

唐太宗李世民以历史经验教训约束自己，坚持勤俭和务实治国，为天下人树立了榜样。

实事求是，有法必依

不只是皇帝，连普通人也很喜欢被人吹捧，但唐太宗是个例外。他非常鄙视浮夸、奉承，并习惯实事求事地考虑和分析具体问题，这体现了唐太宗务实的作风。

虞世南（秘书少监）为唐太宗编写了一本《圣德论》，书中将他同古代的圣人相提并论，还对唐太宗极尽吹捧，大肆逢迎。唐太宗看后亲自回了一封信，信中说："要全面地评价一个人，我做皇帝的时间很短，未曾有过丰功伟绩，怎么敢与圣人相比？假如我将来和现在大相径庭，不能善终，那你的这本书会被后人笑话啊！"以后虞世南就不敢再提这件事了。

唐太宗有一次在花园中游玩，看到一棵枝叶繁茂的大树，树叶很浓密，站在树下感到很清凉，因此非常高兴，他摸着树干说道："这真是一棵难得的好树啊！"

宇文士及恰巧在身边，便趁机拍马屁。他低头哈腰地来到唐太宗身旁，也用手摸了摸大树，随着唐太宗称赞道："臣一生去过不少地方，却未见过这样奇伟不凡的大树，今天沾陛下的光就看见了。这树，如此健壮、茂盛、灵气逼人、不同凡响，非一般的村野之树能比啊！此树是因陛下才生长得如此好，由此可见，陛下能使万民臣服也能使万物臣服啊！臣三生有幸跟了陛下，才能有这样的福气看见此树。"

唐太宗听了宇文士及的话，不禁眉头紧皱，他声色俱厉地说："魏徵经常劝我要远离小人和奸臣，可我却不知谁是奸臣和小人。今天听了你这番话，我才发现魏徵说的人原来就是长着你这副嘴脸的人。"随后他就拂袖而去。宇文士及听了也愣住了，很长时间都没有缓过神来。

贞观七年（633），唐太宗出巡考察民情。到了蒲州境内后，蒲州刺史赵元楷想借此机会取悦唐太宗。他是隋朝降臣，深谙此道。赵元楷把唐太宗下榻的地方装饰得非常华丽，并要求老百姓穿上好衣服，在大路旁接驾。

唐太宗知道后，很不高兴，就责备赵元楷说："我此次考察，发现百姓的生活并不好。巡查已经给老百姓平添了很多负担，你却还铺张浪费，可知道隋炀帝就是因为这样才会亡国的？希望你一定要吸取教训，这些坏毛病若再不改正，后果就会很严重啊！”

赵元楷听了唐太宗的话闷闷不乐，又惭愧又害怕，几天都茶饭不思，最后竟然郁闷地死去了。

唐太宗主张执法从宽不从严，下面办事的官员也深表赞同，就常常效法唐太宗，被民众广为称赞。

有一年，青州地区发现有人密谋造反。州、县两级衙役逮捕了很多谋反的人，塞满了监狱。唐太宗命令崔仁师（殿中侍御史）前去调查处理这个案件。他到了那里，给犯人去掉了械具，再让他们吃饱饭，还洗了澡。崔仁师在仔细地审核案情之后，只关押了主犯十几人，其余都被释放回家了。

崔仁师回京后，孙伏伽（大理少卿）对他说：“他们都是一同聚众犯罪，一起被抓进来，你释放了那些人会引起被押主犯的不满。他们眼看着同伙自由了，而他们还被关押，肯定会眼红。要是因为这样拒不服罪的话我们就难办了。”崔仁师回答他说：“案件发生后要按照目前的法律规定办理，聚众犯罪就该抓主犯。而且惩治犯人要以宽大为本，不要错杀大批无辜的人。”孙伏伽听了之后很惭愧。

唐太宗得到崔仁师的报告，又派人去逐个讯问、审核，被判死刑的主犯们都说：“崔仁师以宽大为本，不滥用刑罚，非常善待我们，我们没有什么异议，只求尽快处决。”唐太宗知道后，对崔仁师的处理结果非常满意，也为有人执行宽大为本的政策而感到欣慰。

贞观元年（627），兵部郎中戴胄被唐太宗提升为大理少卿，主管案件的审理。他公正、清廉，并平等地对待当事人，一切都按照法律规定办事。

有一次，官员柳雄（徐州司户参军）被发现谎报在隋朝的任职资历，以求尽快得到升迁，有人把这件事上报给了唐太宗。唐太宗原本就深恶痛绝这些欺下瞒上的人，听说了柳雄这件事后，勃然大怒当即就要将柳雄处死。戴胄马上出来阻止唐太宗说：“根据大唐律法，此人不应处以死刑，只需要处以流放。”

唐太宗觉得是戴胄袒护柳雄，大怒道："你只想自己留下美名，却想让我在别人面前抬不起头而失信于众人吗？"

戴胄回答说："我没有想留下什么美名。陛下最痛恨别人撒谎，所以要将柳雄处斩，您想趁着这个机会杀一儆百，在众大臣面前树立不容撒谎的威严，肃整朝中的不良风气。陛下的出发点是好的，但臣的职责所在是要依法办事。这也是您经常劝诫臣的，国家兴盛一定要依赖于法制。现在柳雄已经承认了错误，同时依据国家法律给他以规定的惩处，这样做足以维护法律的尊严，还有什么不好呢？"

唐太宗听了戴胄的话以后，慢慢消了怒气，他诚恳地对戴胄说："你能严格按照法律办事，我非常放心。"得到唐太宗的支持后，戴胄对自己的要求更加严格。

不拘一格，广纳天下英才

李世民爱才、惜才，特别注重提拔特殊人才，他并不在乎人才的出身和地位，这和李渊形成了鲜明对比。除了长孙无忌、高士廉、杜如晦等一些人才出身士族地主，他还从庶族地主中选拔了房玄龄、魏徵、王珪、马周、张亮等人才，这些人都成了李世民的股肱之臣。

李世民"览奏识马周"的故事成为人们的一段美谈。

唐贞观三年（629）发生了很严重的旱灾，很多农民面临着绝收的困境。李世民忧心忡忡，他把大臣召集起来商议对策，并且下诏所有文臣武将都要指出朝廷政令得失，并提出具体建议。一时间朝廷上下纷纷进言，提出了很多有用的意见，但最令李世民满意的还是常何的建议。

常何是中郎将，一介武夫，在奏疏中却提出了二十多条建议，不仅切合实际，更简单易行，如采用可极大地提高朝廷的办事效率。奏疏中指出："国家兴亡取决于百姓的苦乐。百姓乐则国家兴，百姓苦则国家亡。"建议减免劳役和税赋，压缩开支，选派廉政官吏，革除弊政陋俗，兴修水利等很多利国利民的建议。

李世民看着常何洋洋洒洒、有根有据、切中时弊、确实可行的二十多条建议，感觉不像是出自于他之手，便召来常何询问奏疏的出处。常何据实禀告，奏疏为门客马周所写，他也觉得马周是一个奇才。

李世民听后立即请马周前来觐见。马周（601—648），字宾王，博州茌平（今山东省茌平县）人，自幼父母双亡，孤苦伶仃，家徒四壁，但马周天资聪慧，勤读博学，二十岁时就已经满腹经纶。后来，马周从家乡来到长安，可在长安无依无靠，只好硬着头皮去投奔中郎将常何，做了他的一名门客，希望能有机会做出一番惊天动地的事业。当常何为上疏而愁眉不展时，马周主动为其代笔，没想到这一无心之举竟受到了李世民的重视，更成为马周人生的转折点。

李世民派人去传马周时，他正在家中休息，得知皇帝召见，立即穿衣前往。但在穿衣服的短短时间内，李世民竟派了三批使者来请。马周感叹自己遇到了明君，非常感动。

随后马周入殿面见李世民，李世民与之谈起为政之道。马周将从古至今的为政得失谈得非常细致，李世民十分惊叹，有些相见恨晚的感觉。马周的才华李世民十分欣赏，立即让其任职于门下省，不久就升任为监察御史。李世民赐予常何三百匹锦帛，作为他举荐人才的功劳。

马周（公元601—648年2月7日），博州茌平（今山东省茌平县茌平镇马庄）人，唐初宰相。

马周从布衣升任监察御史，这证明李世民对于人才的选拔可谓是不拘一格。马周来自基层，非常熟悉民间情况，他的建议解决了很多与民生相关的问题。例如，长安城内每天有人沿街道大喊，来通知开坊门的时间，他建议改为击鼓；还有他建议人们出城门时走右道，进城门时走左道，使长安城有了交通规则。不久马周又擢升为中书舍人。李世民对马周的评价极高："马周观察事物敏锐、迅速，品性忠诚、正直。他的才能使得国家政局稳定、百姓安居乐业。"

一百多年以后，唐朝诗人李贺写诗一首来纪念这件事：

零落栖迟一杯酒，主人奉觞客长寿。
主父西游困不归，家人折断门前柳。
吾闻马周昔作新丰客，天荒地老无人识。
空将笺上两行书，直犯龙颜请恩泽。
我有迷魂招不得，雄鸡一声天下白。
少年心事当拿云，谁念幽寒坐呜呃。

李世民不拘一格选拔人才的事例还有很多，比如说启用名将薛仁贵的故事。薛仁贵（614—683），绛州龙门修村（今山西河津修村）人，属于河东薛氏（南北朝时期名将薛安都的后代）。唐贞观十九年（645），李世民亲自率大军征讨高句丽，薛仁贵报名参军，在张士贵帐下效力。

同年三月，唐军将领刘君邛在与敌军交战时被围，薛仁贵单枪匹马挺身而出，解救了刘君邛，并斩杀一位敌军将领，薛仁贵在唐军中崭露头角。

四月，唐军在取得几次小胜后到达安市城，高句丽大将高延寿、高惠真统领二十五万大军，阻止唐军的进攻。李世民命令唐军兵分几路，对敌军展开围攻，在此战中，薛仁贵身穿白色战衣，手持方天画戟，腰挎双弓，与敌军拼死厮杀，表现异常英勇。此时远处观战的李世民注意到了薛仁贵，他十分欣赏作战勇猛的薛仁贵，后来亲自召见薛仁贵，赐好马二匹、绢四十匹，并提拔为游击将军、云泉府果毅。等大军撤退时，李世民再次召见薛仁贵，感慨地说："以前随朕南征北战的将领都已年迈，恐难当重任。现在朕不因征讨辽东而高兴，却因得到你这一员虎将而高兴。"之后，李世民升任薛仁贵为右领军郎将。

唐高宗李治即位后，薛仁贵成为唐朝最著名的将领，他平定辽东，征服高句丽，大败西突厥和回纥，不断为唐朝立下大功。

无论是士族还是庶族，无论是草莽还是寒士，李世民都能够取长补短，人尽其才。正是因为如此不拘一格地选拔人才，才使得贞观年间人才济济，并开创了一代盛世。

贞观盛世的到来

在唐太宗的带领下，到了贞观时期，全国君臣上下齐心协力，经济很快取得了长足的发展。据史书记载，贞观年间"官吏大多都是廉洁自律、奉公守法的。那些王宫贵族、豪门世族，都不敢胡作非为。出门旅游或做生意的人，也不会碰上小偷强盗，国家的牢房常常是空的，野外放牧的牛马不用看管，夜晚家家户户的门也不用上锁。特别难得的是，行旅之人自京师到岭南，自山东到沧海，路途上吃饭不用花钱，进入村落，很多人家还把陌生的行旅之人当作客人给予丰厚的招待，甚至赠送钱财物资。这种情况自古至今都未曾有过"。

这就是史书上描绘的"贞观之治"。贞观时期真是朗朗乾坤、清平世界，人民过着安居乐业、富足美好的生活，可以说是前所未有。这是一幅非常动人的社会场景。

贞观时期的唐朝是当时世界上最为强盛的帝国，而首都长安是人口最多、面积最大的世界性大都会，各国商旅来往不断。那时的唐朝是其他各国人的"阳光地带"，各国的杰才俊士都往唐朝跑。外交使节们也纷纷赞叹唐朝的盛世以及唐朝高度发展的文化，而万里迢迢来到唐朝的各国人，均以成为大唐人为荣。

不仅首都长安，全国各地都有很多侨民居住，尤其是“海上丝绸之路”上的商业城市，仅广州一城就有二十万人以上的西洋侨民。贞观时期的唐王朝是中国历史上完全开放的王朝，远远超过汉朝的开放（仅限于贸易和传教）程度。唐朝政府还设立“流所”，功能相当于现在的使馆，也极大地吸收了外来文化和物质文明。

唐朝除了外国移民众多以外，外国留学生来中国学习先进文化也很多，仅日本的公费留学生就有七批，每批都有几百人。民间的自费留学生人数更多。这些日本留学生回国后，在日本举行了“大化改新”，也就是中国化运动，上自文字典章制度，下至服饰风俗，全部仿效贞观王朝，使处于落后状态的日本民族跃进了将近一千年，快速跃进先进民族的行列。

中国官场的贪污无孔不入，以致国人都认为，只要是有官的地方就缺不了贪污。贞观时期是中国历史上基本没有贪污的时期，这是唐太宗最值得称赞的政绩。这是因为在唐太宗统治下的中国，皇帝率先垂范，官员一心为公，吏佐各安本分，滥用职权和贪污渎职的现象都极为少见。更加可贵的是唐太宗并没有用残酷的刑罚来警告贪污，主要是以身示范以及制定一套科学的政治体制来预防贪污。在精明自律的唐太宗面前，官吏贪污的动机很小，而一旦贪污，这些贪官污吏也很难找到藏身之地。

中国的封建体制是权力高度集中的，地方服从中央，中央又听命于皇帝。这种体制限制了国民的创造性，也缺乏主动性和灵活性，并且极易酿成暴政。

在此之前的隋文帝已经设立了三省六部制，但贞观王朝的三省职权划分非常科学，它初步体现了现代化的政治特征，也就是分权原则。中书省负责发布命令，门下省负责审查命令，尚书省负责执行命令。一个政令的形成，先由各位宰相在中书省的政事堂举行会议，在审议之后形成决议，然后报由皇帝批准，再由中书省以皇帝的名义发布诏书。诏书发布前还要送到门下省审查，门下省认为不合理的，可以拒绝“副署”。诏书缺少副署，依法是不能颁布的。只有门下省“副署”后的诏书才成为国家的正式法令，再交由尚书省执行。

最为难能可贵的是，唐太宗规定自己的诏书也必须由门下省“副署”后才能生效，从而有效地制止了唐太宗的不慎重决定。中国历史上出了八百五十三个帝王，只有唐太宗一个人拥有如此杰出的智慧和胸襟。

中国封建王朝历来都是“重农抑商”，商业在经济中所占的比重相当低，商人的地位也非常低，因此造成中国的封建经济一直难以有效发展。

贞观王朝是历史上少有的没有歧视商业的封建王朝，非但不歧视，还提供便利条件，这进一步体现了唐太宗的高瞻远瞩。在大唐王朝政府的倡导下，商业发展迅速，新兴的商业城市不断兴起。当时世界性的商业城市中，有一半以上集中在中国。除了沿海的交州、广州、明州、福州外，还有内陆的洪州（今江西南昌）、扬州、益州（成都）和西北的沙州（今甘肃敦煌）、凉州（今甘肃武威）。而首都长安和东都洛阳则是世界性的大都会。

自汉武帝开辟“丝绸之路”以来，它一直是联系东西方物质文明的纽带，唐朝在西域设立了四个军事重镇（安西四镇），这为丝绸之路的商旅提供了安全保障。丝稠之路上的商旅络绎不绝，品种繁多的货物在东西方往来传递，使丝稠之路变成了黄金走廊。

作为一位开明的皇帝，法律制定出来后，唐太宗以身作则，带头守法，维护法律的统一和稳定。贞观时期的执法铁面无私，但量刑时唐太宗又反复思考，慎之又慎。他说：“人死了不能再活，执法务必宽大简约。”由于唐太宗的苦心经营，贞观年间社会治安很好，犯法的人非常少，而被判死刑的人更少。据记载，贞观三年，全国判死刑的才二十九人，这几乎达到了封建社会法制的最高标准——“设置刑法”却可以不用刑罚。

以民为本的思想、虚怀纳谏的胸襟、唯才是任的准则、依法办事的气度构成了“贞观之治”的基本特色，成为封建治世中最好的榜样。

CHAPTER

第十章 尊崇儒学，实行开放政策 10

李世民不但弘扬儒学，统一经学，还兴办学校，发展学校教育，完备科举制度，扩大进士科，对人才的培养、选拔、使用制度进行一系列改革。这也为各个阶层的人才进入官场创造了条件，特别是那些寒门、庶族等子弟，能够通过科举取得官位、俸禄，并参与政治，这对改善唐朝政权中的人员成分，巩固和发展封建专制主义中央集权都起到了积极作用。

偃武修文，以文治守成帝业

唐朝的文化辉煌灿烂，身兼创业与守成身份的唐太宗，在其中占据了重要的地位。李世民不仅在武功方面是“天纵神武，雄才大略”的英雄，在文治方面也不愧为娴熟儒术、洞察文史、风雅大度、纬俗经邦的理论家，甚至还是一个学涉文史、晓识子经、文思横溢、酷爱书法的帝王。当了皇帝以后，他总结历史经验，在以武功创立帝业的基础上，十分注重以文治守成帝业。因此，在贞观朝二十三年中，他推出了各项发展文化教育、弘扬传统文化的政策，并尽力实施，自己也身体力行。

“以古为镜，可以见兴替。”这是唐太宗做了十七年皇帝的经验之谈，也是他熟读文史的思想结晶。将门出身的唐太宗，在他的青年时代，适逢各路豪杰逐鹿中原的时代，此时他没有时间，也不注重读书，只是在当了皇帝以后才注重读书。贞观九年（635）唐太宗对大臣们说，他吃过晚饭就会进入书房，而一捧起书卷，浑身的劳累都可以忘得干干净净，读到非常高兴的时候，还会挥毫赋诗。

远在唐高祖武德四年（621）六月，秦王李世民平定王世充以后，全国的几大割据势力都被消灭，他就开始注意研读经籍，积极向文人学习，还开设了文学馆以待四方之士。以杜如晦（行台司勋郎中）为首的十八人文学馆为学士，他经常日夜不停地与他们讨论经义，可以看出他为了学习非常用心。

武德九年（626）八月，李世民即皇帝位。同年九月，给有功之臣分封，他让大家发表意见，并允许争辩，最后由唐太宗决定。结果在分封时有很多文臣被封为第一等的功勋，在这之中，也能看出文臣所起的作用。与此同时，唐太宗还非常重视发挥熟悉经史的文官的作用。

自北魏以来，开国君主大多为武将出身，朝廷内武官的地位也很高。唐太宗以军事起家，贞观初年时，也是武官多而文官少。王珪向唐太宗进言说，以前帝王当政的时候，任用当政的大臣都是学识渊博的饱学之士，所以人们都非常懂得礼教，治理国家也会天下太平，但现在重武轻儒，导致民风大坏。唐太宗非常同意他的观点。自此百官中有学业优秀并且识政体的人，大多数都升了官。这成为贞观时期中的一种良好风气。

整理书籍是发展文化的基础，更是“以古为镜”所必备的。中国历史悠久，文化典籍门类繁杂，浩如烟海，再加上历代的社会变迁，使得分类各不相同。自西汉以来，官吏把其中的名篇编成六艺、七略，到了唐代，开始分为四类，分别称为经、史、子、集，并以甲、乙、丙、丁为次序。唐高祖武德四年（621）三月，改修文馆为弘文馆。同年九月，唐太宗又把经、史、子、集四部书共二十余万卷，收藏在弘文馆，还经常与虞世南、褚亮、姚思廉、欧阳询、蔡允恭、萧德言等文学之士讨论。

创业与守成，各有它们特定的要求。精明的君主，决不能墨守成规，而必须审时度势，采用相应的措施，包括所依靠的人才也要适当变化。据史书记载，唐太宗从太原起兵，到平定各方割据势力，和他在一起的，多是西北骁勇的武将；当“天下既定”之后，他就精选弘文馆学士，与他们朝夕相伴，讨论国事了。他清楚地知道，要守成帝业，就不能舍弃儒生。治理国家，人才是必需的，而对人才的培养也是必不可少的。唐太宗就是这样做的，他对学校教育非常重视，对国子监及其生徒也都给予了许多特殊关注。

国子监，这是“国学”的名字，最早在晋朝设立，北齐改名为国子寺，隋又改国子寺为国子监，唐代沿袭了隋的名称。

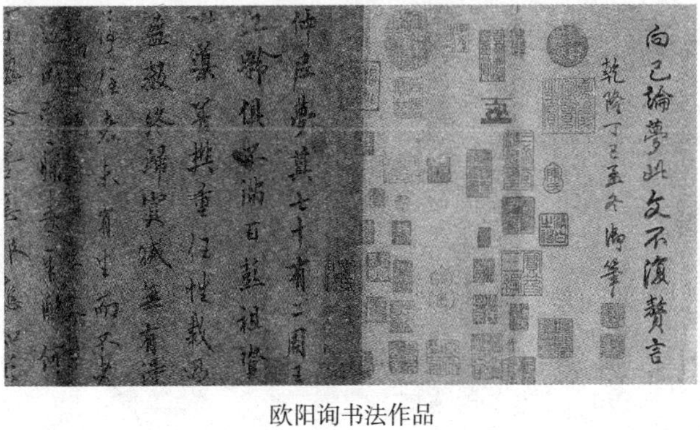
欧阳询书法作品

国子监

唐代的国子监分别设立国子学、太学、四门学、律学、算学、书学，各学并立博士。贞观十四年（640），唐太宗亲自来到国子监，观察“释奠”孔子的情况以后，他还让国子监祭酒（从三品官）孔颖达为大家讲解《孝经》。

唐太宗还对教育制度进行改革。首先，他非常重视各类教师的选拔。例如著名经学大师孔颖达，贞观六年（632），被召为国子司业，贞观十二年（638）被拜为国子监祭酒，前后在国子监教授长达十多年。还有经学家马嘉运，贞观十一年（公元637）被征召为太学博士，贞观十九年（公元645）迁国子博士。名儒王恭，原来在乡间教授弟子，声名远扬，贞观初被任命为太学博士。经学家司马才章，精通五经，由房玄龄推荐为国子监助教。像这样的例子还有很多。

其次就是在长安城内增加校舍，并尽量扩大招生名额，校舍增加了一千二百间，学生增加了二千二百六十人。而为了在地方上奖励读书，贞观六年（632）七月，唐太宗昭告天下，举行“乡饮酒”的礼仪。

最后是强调统一教材的选编与试用。唐太宗命孔颖达与各大儒编撰《五经正义》作为国子监学生的通用教材，鼓励学生讨论儒家经典。

唐代国子监是全国的最高学府，下设的国子学、太学、四门学、律学、书学、算学等六种，前三种学校接纳三品、五品、七品以上的官僚子弟入学，后三种录取的则是八品以下的官宦子弟。可见，国子监是为国家培养人才最集中的机构。

另外，唐太宗在刚即位时，就在门下省设置了弘文馆；贞观十三年（639），在太子东宫设置了崇文馆，也兼有教授学生的功能，并专门让皇亲国戚及宰相等高级官僚的子弟入馆学习。京都、都督府、州、县等所设立的地方学校，主要分州学和县学两级。学生几乎都来自士庶地主家庭，学习成绩优良的人，可以由地方官保送去参加常举考试。经过州考试合格后，才被送到中央参加常举考试，称为“乡贡”。“乡贡”合格后，就可以获得做官的候补资格。总之，贞观时期学校非常盛行，可以说是前所未有的。

为了实现以文治守成帝业的目标，不仅需要办好教育，从中央到地方的各式各类学校中培养人才，还必须通过科举考试制度选拔人才。常设的考试科目有秀才、进士、明经、明法、明书、明算等六科。明法、明书、明算是关于法律、书法、算学的专门科目，录取人数有限，而且难以进入政界。而真正谈得上是常设科目并作为官员补充的，是明经与进士两科，特别是进士科，是最热门的。贞观晚年，唐太宗扩大了进士科，提高了进士做官的品级，这对于唐前、中期的科举制度的兴盛起了非常大的推动作用。考生大多来源于学馆以及各个州、县的“乡贡”士人，每年有八九百人应试，最多的时候超过了一千五百人。

唐太宗发展学校教育，完备科举制，扩大进士科，对人才的培养、选拔、使用制度进行改革。这也为各个阶层的人才进入官场提供了条件，特别是那些寒门、庶族的子弟，能够通过科举取得官位、俸禄，并参与政治，这对改善唐朝政权中的人员成分，巩固和发展封建专制主义中央集权都起到了积极作用。

外来文化的传播

唐太宗制定了非常开明的民族政策，他很重视与各国、各民族发展关系，特别是丝绸之路的重新开通，使得对外联络通畅，社会稳定。这也为外来文化在中国的传播和发展创造了有利条件。更为重要的是，唐太宗对于外来文化不是采取排斥的态度，而是实行兼收并蓄的政策，使得当时中国社会以博大的胸怀接纳各种文化，与中国传统文化相互融合，终于形成了如此丰富多彩、光辉灿烂的大唐文化。唐代比中国其他朝代都更加开放。这种社会风气早在唐初时就已经形成。尽管中外文化交流的最高峰不在贞观时期，但这个时期毫无疑问是开先河的。

贞观时期外来文化的传播也取得了不小的成就。这个时期的外来宗教，除了盛行佛教以外，还有火祆教、景教、摩尼教、伊斯兰教等。火祆教也被称为拜火教，在中亚、波斯等地非常流行。随着唐太宗把唐朝的疆土延伸到西域，丝绸之路的畅通无阻使得西域的胡人、波斯人大量涌入内地，火祆教于是在长安、洛阳等大都市中流行起来。贞观五年（631），唐太宗还命人在长安建了一座火祆寺。后来在洛阳、武威、敦煌等地都设有火祆寺。唐政府还设有萨宝府，管理火祆教。唐代长安城中祆祠共有五处，其中布政坊祆祠是武德四年（621）建的，时间最早。

景教是基督教中的一派，于贞观年间从叙利亚传入中国。长安的普宁坊和东都的修善坊，都建有大秦寺，即景教教堂。据西安碑林收藏的著名的《大秦景教流行碑》记载，景教是聂斯托利教徒阿罗本在贞观九年（635）传到长安的，后来发展迅猛，以至流传到了全国很多地区。

景教的流传，曾经得到过唐太宗的支持。贞观十二年（638）七月，唐太宗下诏允许阿罗本在京师建寺度僧，这无疑为景教的广泛传播起了促进作用。

摩尼教为波斯人摩尼创立，又被称为明教。伊斯兰教是大食（阿拉伯）的国教，为世界三大宗教之一。到广州传教的叫依本·汉萨。他在贞观六年（632）始来到长安，受到唐太宗的重视，并在长安建造大清真寺，随后唐太宗还准许他在江宁、广州建清真寺。目前在广州依然耸立的怀圣寺（又名光塔寺），据说就是唐朝贞观时期创建的，这座塔高一百六十五尺，是伊斯兰教最古老的遗迹。

佛教也是外来宗教。唐太宗即位之初，曾公开表示过对佛教并不感兴趣。但唐太宗却没有废除佛教的意思，特别是玄奘法师求佛经归来，唐太宗对佛教的态度也有所改变。佛教经过隋代以及唐初，已经形成了一股非常强大的社会力量。在民间信仰的基础之上，佛教一直缓慢而平稳地发展着。

随着佛教在中国的传播和发展，佛教文化也逐渐发展起来，同时对人们的思想、心理以及社会生活和风俗等也产生了不容忽视的影响。唐代敦煌的莫高窟艺术，是宣传佛教思想的艺术，它的来源是外国的佛经。这些外来的宗教文化都在贞观时期得到了非常广泛的传播。

唐代的很多音乐、舞蹈都来自于异域，唐太宗时期被确定的十部乐曲来看，绝大部分都是从异域传入的。有的外国学者认为牵线木偶也是从突厥斯坦带到长安的。自从唐太宗打通丝绸之路后，大批的外来音乐人涌入内地，有来自安国的横笛演奏家，康国、曹国的琵琶名手，石国的胡腾舞高手以及龟兹乐手等，他们在长安都受到普遍的欢迎。而他们的到来不仅带来了高超的技艺，更重要的是把当地的乐舞作品传入中国，这极大地丰富了唐朝的艺术文化。当然这一时期，许多的乐舞表演者主要是通过朝贡的形式流入内地的，比如贞观五年（631），朝鲜地区的新罗向唐朝进贡了两名绝色的女乐人，唐太宗怜悯她们远离家乡和亲人，于是把她们送了回去。由于这是唐太宗“好德”的表现，所以史官把它郑重地记下来，其实更多的乐人都被唐政府留了下来。

贞观时期，社会生活的各个方面都受到了外来文化的影响。比如衣冠服饰，大量地吸收了少数民族和外国衣冠服饰的特点，涌现了许多花样翻新的服饰。这些服饰，大多都是“胡服”。鲁迅曾指出，唐代大有胡气，衣胡服便是一个重要方面。唐贞观时期的男子上戴幞头，身穿窄袖长袍，脚蹬乌皮靴，这是由西域各民族“窄袖长身袍”与幞头结合起来的一种新装，也是贞观时期最为流行的男式“胡服”。

莫高窟内景

唐贞观时期妇女的服饰变化非常大，丰富多彩，既有继承汉代以来的服装，也有借鉴了西域各族及外国衣冠服饰后重新创造的服饰。唐初妇女有一种新装：窄袖至腕，有圆领、交领，裙腰高束，长裙拖地，脚穿弓履或高头履。

唐初妇女不仅在衣裙上极具特点，而且在发髻和面饰上也争奇斗艳，她们追求时尚、奇特。发髻大部分是高髻，发髻高耸头顶，如“椎髻”“半翻髻”“飞髻”。髻上插有鲜花或簪步摇、翠翘等。妇女的面饰也花样繁多，往往先剃去眉毛，然后用黛色画出自己的眉毛样式，再抹脂粉，非常艳丽豪华。

唐代贞观时期不管是妇女的服饰还是面饰，都表达了她们对美好生活的追求，并且这种追求是与唐初经济的持续发展相一致的。经济逐步繁荣，也为妇女的各种追求创造了条件。这也与唐初社会是开放性的社会有关。

唐贞观时期还兴起了一种马球活动。据考证，马球是源于波斯，由西域传入中原地区的。唐太宗李世民听说西域胡人善于打马球，派人去学习。后来这些人在长安打马球时，请唐太宗前去观看，马球这种活动才逐渐被唐人所喜爱，并很快成为一种非常时尚的运动。1971 年，我国考古工作者发掘了唐章怀太子李贤的墓葬。李贤是唐太宗的孙子，唐高宗李治的儿子，为武则天所生。在他的墓中，有很多组壁画，其中一幅《马球图》是我国目前发现的有关唐代马球运动中最形象的资料。这幅壁画，极其生动地描绘了当时打马球的场面。此外，全国各地相继出土了大量的壁画以及很多有关马球方面的实物，这说明从唐初开始，社会各个阶层如军人、百姓、西域人、外国人、贵族、妇女等，都非常喜好马球，并且马球运动已经风靡全国，历经了整个唐代而没有衰落。

贞观时期的建筑、生活用品以及饮食文化等方面，也都存在着异域特色。由此可知，呈现在我们面前的唐初贞观时期的社会，是一个极其生动活泼与精彩纷呈的开放性社会。

外来物的引进

随着唐太宗在西北地区的不断胜利，许多西域或国外的植物新品种陆续传到中国，当然其中有很多是通过各国、各族派遣的使者进贡而来的。它们有的被栽种在皇家禁苑，也有的则被寻常百姓栽种，并成为常见的东西。

贞观二十一年（647），康国进献黄桃，这种黄桃大如鹅卵，因为它的颜色是金色的，所以也被称为金桃。这种金桃当时栽种在禁苑之中。

贞观十五年（641），天竺（古印度）国进献郁金香，但史书上没有记载是进贡的郁金香花朵还是整枝郁金香。到了贞观二十一年（647），伽毗国也进献郁金香，史书记载："它的叶子与麦门冬（一种草药）非常像，在九月份花开，开的花像芙蓉，它的颜色是紫色和绿色的，在十步以内就可以闻到香味。"这次显然进献的是整枝郁金香，并且从史籍中记载种植的方法看，它已经在中国栽种成功了。诗人卢照邻还有诗来形容："双燕双飞绕画梁，罗帷翠被郁金香。"这也说明人们已经开始用郁金香制作的香精来喷洒帷帐和被褥了。

贞观二十一年（647），伽失毕国（今克什米尔）贡献泥楼钵罗花，它的叶子类似于荷叶，所开的花既有碧绿的也有蕊黄的颜色，花的芳香可以散到数十步以外。这种花就是印度睡莲，也被称为印度青莲。这一年，罽宾国（今克什米尔西北）贡献俱物头花，与之前的印度睡莲相似，很可能是一种品种变异的白睡莲。以上这两种植物肯定是生长在中国地区，否则就无法观赏了，但这两种植物却没有在中国扎下根。

贞观十五年（641）和二十一年（647），印度两次向唐朝贡献菩提树，又被称作毕钵罗，它的叶子与白杨相似。传说释迦牟尼在菩提树下顿悟成佛，所以菩提树被佛教徒视为圣树，智慧之树。在唐朝贞观以后，佛寺中种植菩提树就慢慢多起来了。

贞观时期外来的蔬菜种类也非常多，大多数是贞观二十一年（647）贡献的，通过泥婆罗国（今尼泊尔）传入中国。有波稜菜，就是现在的菠菜，史籍记载说："好像是红蓝花，可实际上与蒺藜相似，用火煮熟之后再食用，是一种非常好的食物。"这种蔬菜最早源于波斯（今伊朗），道教方士把它叫作波斯草，说它可以解除服食丹石后带来的不适感，因而在唐代，菠菜还带有一种神秘的色彩。

还有一种蔬菜叫酢菜，味道非常鲜美；苦菜的形状好像是苣菜，它的叶子很宽，味道虽然有一点儿苦，但经常食用对人体非常有好处；胡芹的味道也非常香；浑提葱的形状很像葱，却很白；辛嗅药的形状像兰花，在冬天的时候还是绿色的，在收获之后可以把它晾成末，味道好像花椒，它的根可以治疗气疾。这种植物既是一种调味品，又是一种药材。这些植物大多数都产于尼泊尔，被当地国王获得后当作珍奇的外来物进献给了唐朝。

贞观时期还引进了一些珍稀的外来动物。贞观四年（630）引进了罗马犬。这种犬是由高昌国王麴文泰进献给唐太宗的，雌雄各一只。这种犬六寸高，一尺多长，非常聪慧，能牵马。有的学者认为这是古代马耳他种犬，也就是叭儿狗。中国从此才有了拂林（东罗马帝国）狗。

贞观十六年（642），西域的小国罽宾国派使者进献褥特鼠，它的喙尖，尾巴是红色的。还能吃蛇，如果被蛇咬了之后，让它向伤口撒尿，很快就会痊愈。据研究这种动物是印度或爪哇出产的一种猫鼬，它是印度家庭饲养的一种小动物。

贞观二十一年（647），波斯国贡献了一种兽，名叫活褥蛇，身长八九寸，能抓老鼠。这种动物就是白鼬。古希腊人和罗马人几千年前就驯养了它，用来捕捉老鼠和野兔，通常作为贵妇人的宠物。

中国地区不产狮子，在贞观时期，曾好几次得到了朝贡的狮子。贞观九年（635），康国（今乌兹别克斯坦撒马尔罕一带）向唐太宗贡献了一头狮子。唐太宗特意命虞世南撰写了一篇《狮子赋》，赞美狮子威武与勇猛。

贞观四年（630），林邑国（今越南中南部）贡献火珠，像鸡蛋那么大，透明得像水一样。这枚火珠如果在正午时对着太阳，可以发出热量。这枚火珠实际上就是一枚水晶球，凸透镜可以聚集太阳能而点燃火，所以古人把它称为火珠。此外，这一时期流入中国的还有赤玻璃、绿金精、玛瑙、宝石、犀角、象牙、珍珠等大量外来珍奇物品。

这个时期传入中国内地的物品种类繁多，而具有实用价值的，其中一种叫明光甲。这种甲是一种铁片盔甲，铁片经过抛光处理后变得非常有光泽，所以取名叫明光甲。明光甲本是百济国（朝鲜半岛西南部）出产的特有产品，曾数次向唐朝进贡明光甲。唐太宗征伐高句丽时，曾一次缴获“明光甲五千套”。于是这种盔甲就流行起来，并成为唐朝军队常备的装备之一。

还有一种优质钢被波斯人研制出来，叫作“大马士革钢”。据记载用这种钢制造的兵器，锋利得可以切金玉。这些比较珍贵的钢没有用来装备军队，大概是由于数量少，比较罕见的缘故。

在贞观时期，生产技术方面也有所引进。我国古代人很早就掌握了制糖的技术，但由于生产技术和原料等方面的原因，糖的质量并不好。据史书记载，西蕃胡国出石蜜，在中国卖得特别贵，唐太宗派遣使者到摩揭陀国学习，在扬州生产，产出的味道比西域出的稍微差一些。这种新的制造工艺叫“沙糖”，使我国的食糖由原来的块状变成了颗粒状，质量也有所提高。不过这种糖很可能是一种优质的“红糖”，而不是经过提纯的雪白晶体的沙糖，因为砂糖在宋代才研制成功。

在唐朝以前中国饮用的酒大多为粮食酿成，很少饮用水果酿造的酒，至于葡萄酒更是几乎没有，大多数都是外国进贡而来。张骞通西域时，将葡萄种子引入内地，但这种葡萄并不适合酿酒，因此很少有人知道葡萄酒。自从唐太宗平定高昌后，把新的葡萄品种“马乳”引种过来，同时葡萄酒的酿造工艺也随着传了进来。这种适于酿酒的“马乳”葡萄引进后，最初是在皇家禁苑里栽种，一共有两座葡萄园。葡萄酒的酿造工艺传入后，唐太宗还对它进行了改进，并将酿好的葡萄酒赏赐给群臣。这以后，在太原地区也发展了大片的葡萄园，酿造葡萄酒还成为太原的一种特殊手工业，每年都要向朝廷进贡大量美味的葡萄酒。自从葡萄酒酿造工艺传入中原以后，葡萄与葡萄酒逐渐成为唐代诗人们吟诵的题材之一。

此外，还有不少药物、毛织品、香料、毛皮、颜料、器物等实用物品，都通过朝贡或其他途径传入中国。这些物品的引进和传入，不但丰富了人们的精神与物质生活，更增加了我国动植物的种类，其意义非同一般。在大批各国、各族使者和商人涌入唐朝时，他们也将中国文化和特产传入本国，加上唐朝使者、僧侣、商人的活动，使得中国文化迅速向外扩散。中外文化的互相交流和影响，极大地促进了唐代文化的发展。这一切又都是唐代开放的结果，这种开放风气创造的社会条件，造就了辉煌灿烂的唐文化。

玄奘印度取经

位于西安市内的玄奘法师像

唐玄奘（602—664），他的俗家名字叫陈祎，洛州缑氏（今河南洛阳偃师）人，唐代高僧，又被称为三藏法师，是汉传佛教史上最伟大的译经师之一，中国佛教法相唯识宗创始人。他不仅是宗教家，还是位旅行家和翻译家。“唐僧取经”的故事在中国、日本、朝鲜、东南亚国家甚至在印度都是家喻户晓、妇孺皆知的，唐代的小说《独异志》、宋代的《大唐三藏取经诗话》、元代的杂剧《唐三藏西天取经》以及明朝的小说《西游记》，都是以玄奘西行取经的故事为题材。这反映了各个朝代的人民对玄奘的景仰和歌颂，他有着坚韧不拔的毅力，吃苦耐劳的精神，以及严谨而刻苦的治学态度而广为人们称赞。

玄奘是汉代太守陈寔的后人，曾祖陈钦是北魏上党（今山西省长治县）太守，祖父陈康是北齐的国子监博士，父亲陈慧曾任江陵县令。陈慧有四个儿子，玄奘排行最小，自幼聪明过人，八岁时与父亲学习《孝经》等儒家典籍，养成了良好的品德。

父亲去世后，玄奘的二哥最先出家，法名长捷，住在洛阳净土寺。玄奘在十一岁那年，经常与他一起学习《法华经》《维摩经》等佛教经典，此后被佛教的高深大义所吸引。隋大业八年（612），玄奘刚刚十三岁，他受大理寺卿郑善果的奖励，破格在东都洛阳净土寺出家。玄奘出家后，他首先向景法师学习《涅槃经》，后来又跟随严法师学习《摄大乘论》，一共学了六年的时间。

因为洛阳地区战乱不断，玄奘就与兄长捷由洛阳经长安到四川，住到了成都的空慧寺，向道基、宝暹法师学习《摄大乘论》《毗昙》等，并向云法师学《迦延》。唐武德五年（622），玄奘二十岁时在成都受具足戒，随后玄奘游历各地，拜访名师，讲经学法。

在四五年的时间里，通过众多名师的指教，玄奘对“大小乘经论”“南北地论”“摄论学说”等都有了非常深的见解，已经在四川地区非常有名气了。但他并没有满足，武德七年（624）到相州（今河南省安阳市中西部）学习，相州是当时摄论学的中心。玄奘先是与慧休学《杂心论》，又到了赵州（今河北省赵县境内）和道深学《成实论》，最后又返回长安听道岳讲解《俱舍论》。在长安他遇到了来自中印度的波罗颇迦罗蜜多罗并向其咨询佛法。玄奘听他说戒贤在那烂陀寺讲《瑜伽师地论》，就非常向往，从此下定决心，一定要西行求法。

当时在北方流行的《涅槃经》《成实经》《毗昙》，与南方编译的《摄论》《俱舍论》等佛经构成南北佛学的主流。玄奘经过学习，感觉到南北两家的佛学理解不一，注疏也不同，重要的理论问题分歧也很大，二者根本无法融合。特别是当时摄论、地论两家关于法相的说法差异很大，去西方的印度求法正好可以解决自己的疑惑。

玄奘唐贞观三年（629）出发，当时有个秦州（今甘肃省天水县）僧人孝达，在长安学习《涅槃经》，要返回秦州，玄奘与他一起向西前行。到了秦州后住了一夜，他又与人结伴经过兰州抵达了凉州（今甘肃省武威县）。玄奘在这里应邀讲解《涅槃经》《摄大乘论》和《般若经》，一时间令他名扬西域。

有个名叫慧威的和尚，他非常同情和理解玄奘，就派弟子慧琳、道整护送他西行，因为天气炎热，他们昼伏夜行到了瓜州（今甘肃省安西县东）。玄奘在瓜州买到了一匹马，但苦于没有人引路，这时候道整已经回到了敦煌，慧琳已经回到了凉州。只有一个叫石槃陀的胡人，被玄奘收为弟子，玄奘让他护送前行，但他是一个胆小怕事的人，中途就变卦了，自己回到了瓜州。从此以后，玄奘独自一人进入一望无际的莫贺延碛大沙漠。玄奘走了一百多里以后，发觉迷路了。这时他心里非常着急，然而祸不单行，正当他火急火燎准备从马背上解下皮囊喝水的时候，一失手把整个皮囊都打翻了。这是玄奘唯一的水源，玄奘只有原路返回了。但玄奘在往东折返了十多里以后，又掉转马头，继续坚定地往西走去。这时他下定了决心：宁愿向西而死，决不往东而生！于是他四天五夜的时间里滴水未进，一点儿饭都没有吃，又饿又渴，让他死去活来，但他没有丝毫退缩，终于历经艰辛，到达了伊吾国境，又经过了几天的跋涉，到了高昌国（今新疆维吾尔自治区吐鲁番县）。

高昌国王麹文泰派人去城外迎接玄奘，而他本人在王府门外亲自迎玄奘进入后院，还给玄奘安排了一间非常豪华的房屋，又命王妃和几十个侍女都前来参拜。麹文泰又命一位年龄超过八十岁的老法师劝玄奘不要走，但玄奘没有同意，他说："我来到此地是为西行求法，今天受到你的阻碍，大王只可以留下我的尸骨，但我求法的意志和决心，大王是留不住的。”以后便绝食三天以示抗议。麹文泰被玄奘西行求法的决心深深感动，只好放他西行。国王麹文泰与玄奘在麹文泰的母亲面前结拜为兄弟。麹文泰还要求玄奘从印度返回路过高昌国时要留下来住三年，同时接受他的供养。他还要求玄奘现在就在高昌讲解《仁王经》一个月，玄奘全部答应了。玄奘开讲的时候，太妃、国王、大臣等三百余人都去听讲，国王麹文泰亲执香炉并低跪为蹬，天天如此。讲完一个月的《仁王经》以后，麹文泰又让玄奘度了四个沙弥，当作他的侍从。玄奘终于离开了让他备受敬重的高昌国。

玄奘从高昌国向西继续前行，在经过阿耆尼国以后，又绕道银山抵达屈支国（也称龟兹），但此时已经大雪封山了，玄奘只得在此停留了六十多天。天气好转之后，他又穿过了沙漠到达跋禄迦国，西行一百五十千米才到了葱岭的凌山。一路上山高陡峭，白雪皑皑，真可谓是冰天雪地，气候寒冷，晚上行走在冰雪上，冻死了很多同行者。

当进入喀喇昆仑山后，眼前呈现的是一片无边无际的热海，即使没有风，海浪也能涌起几丈高。沿着热海向西北又走了二百五十多千米，才抵达了依素叶城。可汗与高昌国王麹文泰是亲戚，他派大臣护送玄奘继续西去，到达了铁门（今阿富汗巴达克山）。这是西突厥的关塞，两侧的山峰非常陡峭，走出了铁门就来到了吐火罗国（今阿富汗）。玄奘在小王舍城对释迦牟尼遗迹进行了礼拜。此时一个叫慧性的吐火罗籍少年学者愿意做玄奘的学生，他们在此休整了一个月，随后他们继续西行。经过高耸入云的喜马拉雅山后，慧性又被吐火罗国王召回了，玄奘只得再次孤身一人行走。走了三百多千米越过黑岭后，玄奘到达了北印度的第一个国家犍陀罗国（今巴基斯坦的白沙瓦）。这里东临近印度河，沿岸佛都古迹星罗棋布，玄奘每到一个寺庙都前去参拜。

游学生涯也不是一帆风顺的，佛祖的脚下照样危机四伏。有一次，玄奘在印度北部巡游，当他们来到一大片森林中时，突遇一群强盗抢劫，玄奘一行被赶进一个几乎干涸的池塘里，强盗准备立刻将他们杀掉。这个池塘里长满了荒草，一个随从小沙弥发现池塘的南岸有个小洞口，玄奘与小沙弥就偷偷地从洞口钻了出去，迅速跑到一千米以外，看见一僧人正在耕地，就对他讲了刚才遭遇劫难的情况。这位僧人听说后立即返回村庄，召集村民，拿了很多武器来到森林中，把盗贼赶跑了。

玄奘游历了迦湿弥罗国等北印度国家，随后他又沿恒河向东来到羯若鞠阇国的国都曲女城，这里的寺院有一百多座，他在这里刻苦学习了三个月。随后又来到释迦牟尼的说法之地室罗伏悉底国。距离这里五六千米的逝多林是佛教历史上有名的祇树给孤独园，再向东就是释迦牟尼的出生地蓝毗尼园。

尽管玄奘到达这些地方时，只剩下了颓垣断壁、荆棘荒草，他却都进行了拜谒。玄奘又向东越过二百五十千米的大森林，来到了释迦牟尼圆寂的地方。在渡过恒河之后，又来到了摩揭陀国的首都王舍城，这里为释迦牟尼说法之地。经过了短暂的休息，几天以后玄奘来到了底罗伽寺所在地菩提伽野，当年佛祖曾在这里修行六年，并最终在菩提树下成道。

玄奘沿着恒河顺流而下五十余千米，又遇到了危险。一群信奉印度教魔鬼女神的强盗，抓住了玄奘以后，要用玄奘的血肉来祭神，因为他们每年秋天的时候，都要找到“质状端美”的人杀死祭神。他们抓住了玄奘后，见这个和尚形貌淑美，很符合他们的标准。玄奘再三求告，玄奘的随行人员甚至愿意替他死，强盗却不答应。他们在祭坛上已经准备开刀了，玄奘这时反而镇定自若，丝毫没有一点儿害怕的意思。他对强盗说，给我一点儿时间，让我安心去死。此后他礼拜了十方佛，集中意念坐定，心无杂念，同行者见玄奘受难都放声大哭。

突然间，狂风卷起了沙尘，把树都给折断了，河流也涌起了巨浪，把大船都给倾覆了，盗贼们大惊失色，他们惊奇地问：“这个和尚是从哪里来的，叫什么名字？”同伴说，这就是从东土大唐来的玄奘，杀了他就会罪无可赦，你看狂风突降，那是天神在发怒，还不快快忏悔。贼人听了非常害怕，纷纷磕头忏悔。玄奘接受了他们的谢罪，还给他们讲解了杀生之罪。强盗们纷纷把刀扔入河里，把抢劫的衣物都返还给他，有的还受戒当了沙弥。这时，大风才停止。

此后玄奘又辗转游历了三十多个国家，沿途向名僧学习佛教经论。对玄奘影响最大的是那烂陀寺，他在这里拜一百多岁的老住持戒贤为师，向他学习唯识教义。那烂陀寺是印度佛教界的最高学府，这里大小乘佛教并举，但以大乘为主。印度一流的佛教学者都曾在这里从事过教学和佛教的研究。除了印度本国的学生，还有中国、日本、朝鲜等其他国家的留学生。

玄奘在那烂陀寺留学的时候，这里可以容纳一万名学生和一千五百名教师，其中精通二十部经论的人共一千多，精通三十部经论的人共五百多，而精通五十部的人，被称为“三藏法师”，连同玄奘在内，一共只有十名。但玄奘并没有满足，他在那烂陀寺学习五年以后，又游历了数十个国家，虚心向名师请教，从他们身上学到了很多，最后又回到那烂陀寺，给老师戒贤汇报学习情况，得到了戒贤的赞赏。戒贤还让他讲解《摄大乘论》等经书。

唐贞观十六年（642），戒日王在曲女城举行了五年一度的无遮大会，请玄奘作为论主，玄奘等待了十八天，结果没有人敢出来与他辩难，他因此不战而胜。此后玄奘名声鹊起，威震整个印度，被当时大乘行者誉为摩诃耶那提婆，即“大乘天”，被小乘佛教徒誉为木义提婆，即“解脱天”。随后玄奘参加了历时七十五天的施舍大会后，启程回国了。玄奘回国前戒日王用尽各种办法挽留他，迦摩缕波国的鸠摩罗王甚至要为他建造一百座寺院，但是仍然没有动摇玄奘回国的决心。

玄奘于唐贞观十九年（645）回到长安，受到了官民的热烈欢迎。玄奘在朱雀街陈列他从印度带来的六百五十七部佛经，这些经书一共用了二十四马才驮回长安。玄奘还带回很多极其珍贵的佛像，摩揭陀国的金佛像一尊，于鹫峰山说《法华经》等大乘经的金佛像一尊等。后来把这些佛像送到了弘福寺储存。

随后唐太宗在东都洛阳会见玄奘，求贤若渴的唐太宗此时已经看出玄奘本人才华横溢，又有极强的辅政能力，再加上他在佛教领域所特有的影响力，如果能够让玄奘参与朝政，一定会产生非常好的效果，于是唐太宗力劝奘还俗辅政。

玄奘辞谢道:“沙门玄奘自幼就进入佛门，潜心于佛道，而对治国安邦并不了解。如果现在还俗从政，就是学非所用了，好比顺流前进的船只，却要让船离开水面来到陆地，这样不但发挥不了作用，还会很快腐朽啊！玄奘愿意用毕生的力量来弘扬佛法，报答国家的大恩！”唐太宗见玄奘说得婉转恳切，就停止了劝说。唐太宗又让玄奘跟随他一同攻打高句丽，也被拒绝了。

玄奘要求组织译场，翻译佛经，唐太宗就安排他去弘福寺，玄奘欣然同意。玄奘还奉唐太宗的命令，由他口述，弟子辩机执笔撰写《大唐西域记》十二卷，记载他的亲身经历、所见所闻以及沿途一百三十八个国家的地理位置，风土人情等。这本书是研究西域及印巴次大陆的重要著作，后来被译成印、英、法、日等国文字。

玄奘这个名字在印度几乎是家喻户晓的，只要是上过中学的印度人，几乎都知道这位中国高僧。尽管印度的历史悠久，与中国一样，也是四大文明古国，但是印度人并没有把他们的历史记录下来。马克思曾经感叹地说，古代印度曾经创造了辉煌的文明，但印度社会根本没有历史，至少是没有为人所知的历史。

如果没有《大唐西域记》里的精确描述，印度的中世纪历史就只能让后人来猜想了。英国历史学家史密斯也说，“我们无论如何夸大玄奘的重要性都不为过。中世纪的印度历史一片漆黑，只有玄奘是唯一的亮光”。印度人对玄奘非常推崇。首先，他们承认如果没有玄奘，印度的历史就没有人书写了。他们感激玄奘，是由于玄奘的缘故，今天的印度人才知道他们的过去是什么样子。

唐永徽三年（652），玄奘在长安城内的慈恩寺西院建造了五层的高塔，就是今天的大雁塔，它是全国著名的古代建筑，也可以看作是古都西安的象征。它是玄奘法师从事译经和藏经的地方。因仿照印度雁塔样式修建，所以取名雁塔。后来又在长安荐福寺内修建了一座小雁塔，为了区分，人们就把慈恩寺塔叫作大雁塔，荐福寺的塔叫作小雁塔，一直留传到现在。

大雁塔建在一座方约四十五平方米，高约五米的台基上。塔共七层，底层边长二十五米，塔高六十四米。塔身是用砖砌成的，磨砖对缝坚固异常。塔内有楼梯，可以盘旋而上至顶层。每层四面各有一个拱券门洞，可以凭栏远眺，长安城的风貌尽收眼底。塔的底层四面都有石门，门楣上也有精美的线刻佛像，据说是唐代大画家阎立本的手笔。塔南门两侧的砖龛内嵌有《大唐三藏圣教序》和《述三藏圣教序记》两块石碑，石碑上的内容由唐初四大书法家之一的褚遂良书写。唐末以后战乱不断，寺院的殿宇都被焚毁了，只有大雁塔巍然独存。

大雁塔夜景

麟德元年（664），玄奘开始编译《大宝积经》，没多久就在玉华宫圆寂了。安葬玄奘大师的那一天，有一百多万人为他送葬，有三万多人露宿在墓旁。

玄奘一生共译佛教经论七十五部一千三百三十五卷，因为他既精通梵文，又精通汉语，所以他翻译的经典既不失去原意，又通顺流畅，非常方便中国人阅读。

众商云集的国际化大都市长安

唐都长安像一颗明珠镶嵌在关中平原上。它位于渭水之滨，东临黄河，南靠秦岭，北依北山，是四周都有要塞的胜地。这里物产丰富，土地肥沃，水源充足。

长安历经西周、秦、西汉、隋等至唐已有多达十个朝代在这里建都，前后各个朝代的营建已有一千多年。唐朝的长安城是隋朝时代的大兴城。唐建立以后，才改名为长安城。后来唐沿用隋大兴城旧制，在龙首原南麓，以龙首原为起点，向南扩展，而各个坊、市、街道等方面的布局，基本沿袭了隋时大兴城的风格，只是稍加扩建和增改。但唐代的长安城在政治、经济、文化等方面都比隋时有很大的发展，成为当时世界上规模最大的城市和中国古代最大的都城，同时还是最繁华的城市。它不仅是当时全国的政治、经济和文化中心，也是世界经济、文化和商业贸易中心。

唐长安城是按照汉民族传统规划思想和建筑风格建设起来的城市，分为外郭城、皇城和宫城三部分，它东西长九千七百二十一米，南北宽八千六百五十一米，全城周长三万七千米，总面积约八十四平方千米，是隋唐陪都洛阳城的二倍，是汉长安城的二倍多，明清北京城的一倍多，比同时期的拜占庭帝国都城君士坦丁堡还要大七倍；与公元800年所建的巴格达城相比要大六倍多，古罗马城也只是它的五分之一。在此后几百年间，它一直是人类建造的最大都城，是当之无愧的“世界第一城”。

外郭城为普通居民和官僚的住宅区，商业区也设在这里。外郭城从东、西、南三面护卫着皇城和宫城。皇城又称“子城”，是唐朝中央机构的所在地，台、省、寺、卫的衙署全部设在这里，这里构成了唐代的行政中心。宫城是皇帝以及皇族居住的地方，也是皇帝处理朝政的办公场所，分为太极宫、东宫、掖廷宫。宫廷南面设有五个门，正中为承天门，向南穿过皇城的朱雀门，与外郭城的明德门相对。向北出玄武门进入禁苑，著名的“玄武门之变”就发生在这里。

太极宫是唐太宗处理朝政的地方，作为唐朝的政治中心虽然只有三十多年，但它的影响极其深远，“贞观之治”就是在这里“导演”的。宫中建有大殿十六座和众多的楼阁亭榭。正殿是太极殿，是举行“中朝”的地方，唐太宗通常在这里会见群臣。唐初的著名宰相房玄龄、杜如晦、魏徵等文臣，以及著名将领如李靖、李勣、尉迟恭、程知节等武将，也都曾在这里活动过。官吏办公的场所如门下省、中书省、舍人院、弘文馆、史馆等，都设在太极殿围墙外的东西两侧，随时准备皇帝咨询以及撰写诏令和文书。太极殿北边的两仪殿是举行“内朝”的地方，唐太宗与少数大臣在这里共商国事。两仪殿的北面与两侧还有甘露殿、武德殿、承庆殿、紫云阁等建筑。太极宫南面的正门——承天门是举行“外朝”的地方，比如像举行国家大典、大赦、元旦、冬至、大朝会、阅兵以及受俘等仪式。

大明宫原名为永安宫，于贞观八年（634）修建，是唐太宗让太上皇李渊在这里避暑用的。第二年改名为大明宫，后成为唐太宗之子唐高宗李治居住和办公的地方，大明宫有三大殿，即含元殿、宣政殿、紫宸殿。含元殿是大明宫的前殿，建在龙首原上，是当时长安城中最宏伟的建筑，壮丽而辉煌。站在殿前可以俯瞰整个长安城，气魄雄伟壮观。

在规划整齐的长安城内，百业兴旺，最多时人口超过一百万，显示出古代汉族民居建筑规划设计的高超水平。常住人口包括各坊的居民百姓、王公贵族、百官士兵、佛道僧尼、奴仆杂役以及外国使节、留学生、留学僧人、国内外商人等。长安城内的商业区，位于皇城东西两市，是商品荟萃之地。西市有衣肆、坟典肆、药材肆、波斯邸、秋辔行、绢行、秤行、麸行、帛行、张家楼、窦家店、寄附铺等，商业活动比东市要繁盛得多。外国商人也大多集中在西市。阿拉伯、波斯等国家来到长安的外商，带来珍宝、皮毛、牲口、犀角、象牙、香料、药品、海米、白檀、吉贝、香油、织物、玻璃、翡翠、玳瑁、珊瑚等。他们需要的乃是中国的金、银、弓、刀、丝绢、铜器、瓷器、茶、纸等。

长安是全天下人才集中的地方，并且人才的层次非常高，学识渊博，影响广泛。例如，活跃在唐初的文学馆十八学士，这些人一旦入选就会被称为“登瀛州”。这些高素质的人才云集都城长安，为长安文化增添了绚丽的色彩。因而唐代的长安在天文学、算学、医学、地理学、史学、文学艺术等方面都取得了辉煌成就。教育机构国子监也设在长安，其下设六学：国子学、太学、四门学、律学、书学、算学。由于唐太宗的重视，国学增加四百余间学舍，国子监、太学、四门、广文也增加了很多新生员。其书、算学也招收了博士、学生，以准备在需要的时候时刻展现他们的技艺。唐太宗又几次来到国学府，让祭酒、司业、博士讲经论道。于是全天下的儒生，背着书跑到这里的人，大概有几千人。吐蕃、高昌、高句丽、新罗以及日本等各地的酋长，都把自己的孩子送到这里就学。儒学的兴盛从古至今都未曾有过。长安已经成为全国的教育中心，这里不仅培养了很多中国的学生，也培养了大批外国留学生。特别是各国留学生，久居长安，经常学习儒家典籍，耳濡目染，慢慢又将唐朝的文化带到各国。

长安已成为国际大都会。欧洲、中亚各国人、西域的胡人旅居长安的非常多。这些人最初来长安的缘由，有的是出使，有的是留学，有的是僧侣传教，有的是各国王族子弟前来担任侍卫，但更多的是经商谋利，这也给这座古老的世界大都市带来了精彩纷呈的异域文化。唐朝对这些人的限制也非常宽松，准许他们开业经商，购置土地房产，甚至娶唐人女子为妻。有很多胡人十分喜爱唐人的文化，长年在长安居住，有的一住几代，长期定居，娶妻生子，甚至做官，最后完全汉化，实际上已成为唐人，已经看不出一点儿胡人的痕迹了。

CHAPTER

第十一章 11

兵征突厥

突厥是我国北方地区继匈奴之后的又一个强悍的游牧民族。据考证，他们带有塞种和匈奴的血统。自唐王朝建立以后，唐高祖李渊向突厥称臣纳贡。但随着唐朝统一天下，实力不断壮大，突厥与唐朝的关系也逐渐恶化，突厥的铁骑屡屡入侵唐朝边境，他们到处烧杀抢掠，唐王朝与突厥决定生死的大战一触即发。

依附于突厥的梁师都部覆灭

在南北朝时期，东突厥逐渐强大起来，他们是历代中原王朝所面临的最强大的敌人。到隋炀帝大业年间，东突厥在始毕可汗的治理下，处于全盛时期，东到契丹、室韦，西至吐谷浑、高昌等诸国，都臣服于东突厥。他们拥兵百余万，其强大的势力自古至今都没有过，因此他们也很轻视中原人。

到了隋炀帝末年，中原烽烟四起，群雄逐鹿，而东突厥的铁骑屡屡入侵。他们到处焚烧宫殿城池，不断抢掠财帛。而四方的割据势力也纷纷投靠东突厥，如薛举、刘武周、梁师都、李轨、窦建德、王世充、高开道等人，他们都向东突厥称臣，并接受可汗赐予的称号。就连唐高祖李渊晋阳起兵时，也不得不依附于东突厥，向其称臣，为其纳贡。

唐帝国建立以后，颉利可汗即位，依旧多次率军南侵，深入唐朝的腹地，使得大唐王朝一天也不得安宁。而最让李世民觉得耻辱的一次，就是武德九年的“渭水之盟”。

那时李世民刚登基，政局未稳定，颉利可汗亲率铁骑十万进抵长安。李世民无奈之下，向突厥进贡了府库中的大量金帛，才与颉利可汗签订了合约，换取了短暂的和平。

这样的奇耻大辱从此深深刻在李世民的记忆之中，他在等待着对突厥一雪前耻、彻底根除外患时刻的到来。谁知这一天很快来了，在与颉利可汗签订合约后的第二年，也就是贞观元年（627），曾经拥兵百万的东突厥渐渐地走向了衰落。

这是由于颉利可汗宠信佞臣，致使政局动荡，原本臣服于东突厥的薛延陀、回纥、拔野古等北方诸部相继叛离；而更重要的原因是东突厥境内遭遇了空前严重的自然灾害，这一年下起了数尺深的大雪，牛羊牲畜都被冻死了。这样的天灾人祸以及内忧外患，给东突厥造成了巨大的困境，东突厥很快就露出了亡国的征兆。

除此之外，东突厥内部的王室又发生分裂，形势更加雪上加霜。始毕可汗去世以后，由他的弟弟颉利可汗即位，但始毕可汗的儿子突利可汗也继承了父亲的一部分地盘和武装。他的辖区在幽州北面。

贞观元年（627），严重的雪灾导致东突厥各部族难以生计，于是，突利可汗下辖的奚、契丹等部纷纷叛离突厥并归降唐朝，突利可汗因阻止不利，引起颉利可汗的极大不满，他怒斥其统御无方。双方的裂痕就此产生。随后颉利可汗在讨伐北方叛乱诸部的战争中失利，于是征调突利可汗率部北上平叛，没想到突利可汗又遭到惨败，仅以少数轻骑逃回。颉利可汗勃然大怒，将突利可汗囚禁起来，并施以鞭挞的重刑。二人的关系更加恶化，叔侄之间开始分崩离析。

突利可汗先是怨恨，继而有了反叛之意。而颉利可汗对突利可汗也彻底不相信了，在随后的日子里，他经常向突利可汗征兵，试图削弱他的力量。

突利可汗意识到决不能坐以待毙。危急之中，突利可汗想到了当年在豳州五陇阪，与他"约为兄弟"的大唐天子李世民。下定决心后，突利可汗马上采取措施，贞观二年四月，突利可汗向唐太宗李世民呈上密表，要求归降。颉利可汗不久后就得到消息，不禁勃然大怒，立马发兵进攻突利可汗。

突利可汗急忙遣使向唐朝求援，唐太宗召集众臣询问对策，满朝文武都认为应该立即采取行动，讨伐东突厥的时机已经成熟。时任兵部尚书的杜如晦更是强烈主张，应趁突厥内乱而将其一举荡平，否则将后悔莫及。

然而，唐太宗思前想后，最终还是没有大举出兵，只是派遣大将秦武通率兵接应突利可汗，因为他觉得以唐朝目前的实力，还不足以对东突厥发动大规模的战争。这时唐朝边境还有一个隐患，那就是十几年来一直盘踞在唐朝的北部边境不遗余力地充当着东突厥打手的梁师都。

在隋末的逐鹿群雄中，各个割据势力相继被唐王朝剿灭，但还留下了一位硕果仅存的老前辈——梁师都。

梁师都（？—628），汉人，隋末夏州朔方（今陕西省横山县西、靖边县东北）人。他出生于本郡的豪族大家。后来在仕隋朝时官至鹰扬郎将。617 年（隋炀帝大业十三年），他举兵杀死郡丞唐世宗，自称为大丞相，随后又联兵突厥共同反隋，占据雕阴（今陕西省北部绥德县）、弘化（今甘肃省庆阳县）、延安（今陕西省延安市）等郡，并自称皇帝，国号梁，建元“永隆”。随后又被突厥始毕可汗封为大度毗伽可汗、解事天子。颉利、突利率十余万骑兵突至渭水桥向唐太宗发难，就是出自梁师都的主意。

到了贞观二年（628），梁师都遇到了困境。唐太宗见梁师都的靠山突厥人内乱，于是派遣柴绍、薛万钧攻打依附于突厥的梁师都。

在发动军事进攻的同时，唐太宗采用反间计，派遣间谍行贿梁师都的手下，离间他们的君臣关系。随后柴绍率军长驱直入，距朔方三十里路的时候，发现了突厥援兵。

殿中少监薛万钧和他的弟弟薛万彻慨然请战，随后二人率五百精骑绕过一个小丘陵，出其不意地出现在突厥军面前。

突厥兵看起来还是非常剽悍，但国内动荡的时局，造成他们的战斗力已大为减弱。突如其来的唐军引起了突厥兵的一阵慌乱。薛万钧马快，左手持枪，右手拎刀，迅速杀到突厥将领跟前，一枪把他挑于马下。紧接着又一刀砍翻了突厥的将旗，突厥兵马上乱作一团，薛万钧的五百骑在突厥阵中横冲直撞。随后柴绍率领的主力部队也赶到了，本无心恋战的突厥兵见状，四散溃逃。唐军紧跟其后一阵冲杀，突厥人马快，在留下几百具尸首后，就见不到人影了。

击退了突厥兵，柴绍大军乘势进逼梁师都的老巢——朔方城。当时的朔方城，梁师都已经经营了十几年，城高壕深，易守难攻。安营扎寨之后，柴绍召开了军事会议商讨对策，有人说要做好长期的战斗准备，也有人建议，要先肃清梁师都的外围，之后再进攻朔方城。主帅柴绍半天没有说话，薛万钧却胸有成竹地说：“城中已经没有士气了，鼓都敲得不响，这是即将破亡的征兆，我看多则一个月，少则十天，我军就可以占据朔方城！”

薛万钧的预测非常准。梁师都的堂兄弟梁洛仁见唐朝大军压境，突厥也难以支援，随即联络了城中的几位大将，趁夜突袭梁师都的后宫，把他杀死，随即接管朔方城，宣布降唐。

柴绍大军不费一兵一卒就开进了朔方城，这个在突厥的卵翼下苟延残喘了十余年的割据政权终于覆灭了。接下来，唐太宗李世民就可以全力以赴地对付东突厥了。

李靖长途奔袭，拿下突厥王庭

就在唐太宗准备全力以赴攻击东突厥时，又有一个好消息传来，贞观二年（628）冬，纷纷叛离东突厥的北方各部准备推举薛延陀的首领乙失夷男为可汗。乙失夷男尽管非常渴望，在表面上却一再推辞，不敢答应。因为这件事非同小可，一旦乙失夷男自立为可汗，就意味着从此与颉利可汗势不两立，成为他的首要敌人，所以乙失夷男思虑很久，也不敢贸然行事。

而让乙失夷男根本不敢想象的是，就在他整天做着“可汗梦”的日子时，唐太宗知晓了此事，他马上派乔师望为唐朝特使，千里迢迢给乙失夷男送来了一道册封诏书。

唐太宗不但册封他为“真珠毗伽可汗”，还赐给他象征着权力和威严的“鼓纛”（巨鼓和大旗）。见有大唐王朝的支持，乙失夷男非常激动，随即遣使到唐朝朝贡，同时立刻登上了可汗之位，宣布成立薛延陀汗国，在郁都军山（今蒙古杭爱山）下，搭建了自己的王庭。

从此，薛延陀的势力迅速壮大，东至靺鞨，西至西突厥，南接沙碛，北至俱伦水，回纥、拔野古、阿跌、同罗、仆骨、霫等诸部落都臣服于乙失夷男。

贞观三年（629）秋，乙失夷男又派遣他的弟弟统特勒入唐朝贡，唐太宗赐给他宝刀和宝鞭，唐朝与薛延陀的关系此时进入了蜜月期。

唐太宗明显是采取“远交近攻”的策略。他主动册封乙失夷男为可汗，承认薛延陀的独立，并与他建立了同盟关系，东突厥就会陷入腹背受敌的困境。

颉利可汗极为恐慌，硬着头皮向唐朝称臣，并且主动要求迎娶唐朝公主，可这不过是突厥人惯用的权宜之计。当形势有所缓和，国力有所恢复时，突厥人又会卷土重来。对此，双方都心知肚明。

此时，代州（今山西省代县）都督张公谨上表力请朝廷即刻出兵，并列举了东突厥必然灭亡的很多理由：颉利可汗为人凶暴，诛杀贤良，亲近奸佞；薛延陀等部族已经纷纷叛离东突厥，他们的实力大损；突利可汗、将军阿史那·社尔等人都被颉利问罪，他们内部君臣不和；东突厥境内连年遭遇霜冻，冻死牲畜无数，缺乏食品；颉利可汗不信任突厥人，军中掌权的是外族胡人，而外族胡人反复无常，如果大军压境，必生内变；汉人为了躲避战乱而流亡突厥的人数众多，如今突厥内乱，他们据险自保，如果唐军进攻，他们必然纷纷起兵响应。

唐太宗此刻也充分意识到，征服东突厥的时机已经非常成熟了，就在这一年的八月任命兵部尚书李靖为北伐军统帅，负责组建远征军。

到了十一月，远征军已经集结完毕，各个兵团的将领大多数都是当世的名将。随后李世民命令大军兵分六路：李靖为行军总管、张公谨为副总管，在定襄方向攻击；并州都督李勣、右武卫将军丘行恭在通汉方向攻击；左武卫大将军柴绍在金河方向攻击；幽州都督卫李孝节在恒安方向出击；灵州大都督薛万彻在畅武方向出击；任城王李道宗在大同方向攻击。六路大军一共十多万人，都由行军总管李靖调度，从六个方向大举进攻东突厥。担任正面攻击的主力部队是李靖兵团与李勣兵团。

十一月二十八日，任城王李道宗初战告捷，在灵州（今宁夏回族自治区灵武市）击败东突厥的军队。十二月二日，突利可汗逃离东突厥汗国，抵达长安朝见大唐天子李世民。

李世民不无自豪地对旁边的大臣说："昔日太上皇由于百姓的缘故，向突厥称臣，朕非常痛心。现在突厥的小可汗向我叩拜，一雪前耻了。"同月下旬，东突厥的重要将领、颉利可汗的心腹大将阿史那·弥郁射也率部来降。

贞观四年（630）正月，唐朝北部边境上地冻天寒，一支军队迎着漫天飞雪从马邑（今山西省朔州市）出发，急行向北推进。为首的是李靖。这一年李靖年满六十岁，已经是老将了，依然身手矫健。紧跟李靖的是他亲自挑选出的三千精锐骑兵。李靖此次行动的任务是突袭颉利可汗的王庭——定襄（今内蒙古自治区和林格尔县）。

随后突袭部队快速进抵恶阳岭（今内蒙古自治区和林格尔县南），把突厥守军全歼。稍事休整片刻，李靖命令部队在大雪纷飞、月黑风高的隆冬深夜里开拔，直奔定襄。

此时，颉利可汗早已获悉唐朝出兵的消息，可他并没有太担心，因为边境线上都是重兵布防，唐军北上攻击突厥将异常艰辛，况且正是严冬，唐军的后勤补给将遭遇重重困难，因此颉利可汗判断，唐朝各路大军很可能要等到春天气候回暖时，才会发动大规模的攻势。

不料颉利可汗耳边突然响起震耳欲聋的喊杀声，手下人向他报告，李靖率大军杀过来了。

颉利可汗想，如果不是唐朝倾国而来，李靖根本不敢孤军来战。因此颉利可汗不管唐军到底来了多少人马，此刻他已无心恋战。颉利带着部众连夜逃出王庭，一路上犹如惊弓之鸟，继续向北逃窜。

唐军出奇制胜，一举攻占了定襄。中国战争史上又多了一个长途奔袭、以少胜多的经典战例。大唐名将李靖在他的辉煌军事生涯中又书写了浓墨重彩的一笔。

捷报随后迅速传到长安，唐太宗大喜过望，他终于报了前几年的"渭水之耻"。几个月后，李靖班师回朝时，李世民曾当面称赞他说："以前李陵率领步卒五千人进攻匈奴，失败后被迫投降了匈奴，这个举动尚能在史书上留名；今天卿以三千轻骑深入突厥的王庭，一举攻克了定襄，威震塞外草原，这是从古至今没有过的功劳啊，足以雪昔日的渭水之耻了！”

中唐诗人卢纶有一首脍炙人口的《塞下曲》，就是定襄之战的生动写照：

月黑雁飞高，单于夜遁逃。

欲将轻骑逐，大雪满弓刀。

李靖再次奇袭突厥

颉利可汗王庭定襄的陷落对于东突厥来说是致命的打击，从此突厥军民的士气和人心尽失。

李靖抓住机会，又派间谍离间颉利的君臣关系。于是在这一年正月九日，颉利的心腹大臣康苏密投奔了唐朝。与康苏密一起返回长安的，还有流亡塞北多年的隋朝萧皇后以及她的孙子杨政道。

颉利绝对没有料到唐军会对定襄发动突袭，可让他更加没有料到的是——李勣的大军又在他的逃亡路上等候着他。

李勣是按照李靖事先的战略部署执行的，在李靖奔袭定襄的同时，另一支唐军主力李勣大军也从云中（今山西省大同市）出发，绕道进抵白道（今内蒙古自治区呼和浩特市北），这是颉利逃往阴山山区的必经之路，李勣在那里设下了埋伏。

二月八日，当颉利一路逃窜，来到白道时，唐朝设下的伏兵突然从四面八方杀出，而李靖的追兵随后也赶到了，唐军对颉利形成了前后夹击的合围之势。

突厥军队惊慌不断，士气全无。但是突厥人还是善于逃跑的，残部护送着颉利可汗杀出一条血路，颉利一口气跑到了阴山以北的碛口（今内蒙古自治区四子王旗西北），没有力气再往前跑，见追兵已远，就暂时在此设立牙帐。颉利可汗收集剩下的残兵败将，只有几万人马了。

相比较突厥全盛时期的百万大军，此刻的颉利可汗已经处于山穷水尽的境地，不得已他派自己的心腹大将执失思力向唐太宗请罪，请求归附唐朝，并表示愿意入朝为官。其实，他内心还是犹豫不决，也想暂时赢得时间，等到草青马肥之时，卷土重来。

唐太宗此时也明白，这不过是颉利的缓兵之计，如果不乘胜追击，将东突厥一举击溃，颉利就会远逃漠北，他日可能会死灰复燃、卷土重来。

于是唐太宗一面命唐俭（鸿胪卿）前去与颉利谈判，稳住他，一面密令李靖继续进兵，不给颉利有丝毫喘息之机。

李靖与李勣在白道会师之后，立即召开军事会议，商讨下一步的作战方案。

很快他们就得出了一致结论，颉利尽管兵败，但残部人数还有很多，仍有数万之众。如果他们穿越大漠，与漠北的铁勒九姓会合，唐军将会因为路途遥远而无法深入追击。现在唐朝特使唐俭正在碛口与颉利谈判，突厥人的警戒不会很严格。如果我们出动精锐骑兵一万人，让他们携带二十天的口粮，从白道出发，再次奇袭颉利牙帐，颉利必然一战可擒。

只有副帅张公谨表示反对。他说："皇上已经特意下诏，接受了突厥人的投降，在这个时候发动攻击，特使唐俭就会面临极大的危险。"

李靖斩钉截铁地回复他："战场上的形势从来都是瞬息万变的，一旦有了时机就要抓住。当年韩信大破齐国，就是趁刘邦派郦食其出使齐国时，抓住了战机。如果能够一战击破突厥，像唐俭这样的人并不值得可惜！"在李靖看来，牺牲了唐俭的人头来换取对突厥战争的最终胜利，是非常值得的！

又是深夜，李靖率部先行，李勣紧跟其后。大军进入阴山，先遇到了东突厥的殿后部队一千多人，唐军没有费吹灰之力就将这些人全部擒获。李靖命这些人当他们的向导，大军向纵深继续挺进。

此时，颉利可汗见到唐使臣唐俭，完全放松了戒备。他暗自窃喜：暂时向唐朝诈降称臣，就会有养精蓄锐、休养生息的机会，等到来年秋高马肥之时，再南下报仇。

很快，唐军前锋苏定方率领的二百轻骑，在大雾的掩护下悄悄逼近了突厥大营。一直等到唐军距离颉利大帐只有七里地的时候，突厥哨兵才发出警报。

颉利来不及组织起有效的抵抗，只好再一次逃亡，骑上早已准备好的快马，带着骑兵一万余人继续向漠北逃亡。

李靖大军斩杀了一万多人，剩下的十几万男女老幼全部投降。唐军还擒获了各种牲畜数十万头。隋朝的义成公主也死于乱兵之中。义成公主在隋文帝的时候就嫁到了突厥，按照草原民族“父死子继，兄终弟及”的风俗，义成公主曾先后成为启民可汗、始毕可汗、处罗可汗、颉利可汗四任可汗的妻子，在东突厥生活了三十一年，她对隋朝的感情深厚，始终认为李唐是“篡逆”，因此做了很多对唐朝不利的事情，她的死也是在所难免的。义成公主的儿子阿史那・叠罗施也被唐军俘虏。

在慌乱的突厥大军中，特使唐俭趁乱逃出，捡回了一条命。

李勣故伎重施，在李靖进攻突厥大营之际，他迅速北进，截断了颉利向北逃窜的退路。颉利麾下的几大酋长见大势已去，纷纷率部向李勣投降，颉利此刻已经到了濒临灭亡的边缘，绝望中颉利想起了他的叔父苏尼失。

苏尼失是启民可汗的弟弟，也是管辖着数万之众的部落首领，牙帐位于灵州（今宁夏回族自治区宁武市）西北。在颉利国势日衰、众叛亲离的这几年，苏尼失却非常忠于他。当突利可汗逃亡唐朝后，颉利就把突利可汗的位子给了苏尼失，作为对他的奖赏。想到这儿，颉利迅速掉转马头，带着少数亲兵往灵州方向奔去。

东突厥的消亡

颉利狼狈投奔苏尼失之后，他就像是一个输得精光的赌徒，可内心中依旧残存着翻本的希望。这是因为苏尼失麾下仍有五万帐的部众，绝对可以组建一支不少于五万人的作战部队。此外，他的另一位心腹将领阿史那·思摩也有四万铁骑。

颉利手中还有将近十万大军，凭着这些人马，他完全有可能东山再起。但是让颉利始料不及的是，东突厥大军中，最后一支劲旅阿史那·思摩也率部投降了唐朝。听到这个消息，颉利目瞪口呆。

颉利已经树倒猢狲散了，又怀疑苏尼失会出卖自己。此刻颉利觉得，整个东突厥已经没有他信任的人了。与其在这里束手就擒，还不如远走高飞，投奔吐谷浑。就在颉利准备再度逃亡时，唐大同道行军总管李道宗的军队已经逼近苏尼失的大营。李道宗还派人警告苏尼失，让他马上抓捕颉利，向唐朝投降。疑心重重的颉利马上嗅出了危险的气息，他立刻不辞而别，只带着几个亲信连夜出逃，想从人迹罕至的荒山野岭中，抄小路直奔吐谷浑。收到李道宗的抓捕命令后，苏尼失非常担忧。尽管他不愿意背叛颉利，可眼下的东突厥已经大厦将倾，快要灭亡了，他自己独木难支。假如不按照李道宗说的办，他也只能陪着颉利一块儿殉葬。如果颉利从苏尼失的眼皮底下跑了，唐军一定会认为是他故意放跑颉利的，这份罪过他可承担不起。考虑再三，苏尼失痛下决心，火速派人追击颉利，结果把颉利抓了回来。

贞观四年（630）三月十五日，唐大同道副总管张宝相率部抵达苏尼失大营，苏尼失把五花大绑的颉利交给了唐军，随后率手下的五万帐全部降唐。至此，唐朝平灭东突厥的战争终于画上了一个圆满的句号。

东突厥亡国后，散落在各地的残余势力一部分归降薛延陀，一部分投奔了西突厥，还有十万余人归附唐朝。唐太宗李世民广泛听取群臣的意见，最后采纳了中书令温彦博“全其部落，顺其土俗，授以生业，教之礼义”的意见，把突厥的十万投降人员安置在东到幽州、西至灵州的各个州县内，希望用中华礼仪之邦的文明力量，逐步将其同化。原东突厥的疆域，颉利境内被分置为六个州，设了定襄都督府与云中都督府；突利境内也分置了顺、祐、化、长四个州。

颉利被抓到长安后，李世民先是把他一家老小软禁在太仆寺。颉利每天郁郁寡欢，与家人痛哭流涕。唐太宗想安排他出任虢州刺史，因为虢州“多獐鹿”，可以让他每天纵情打猎游玩。但颉利不愿意离开长安，唐太宗只好授予他右卫大将军之职，并赐以田宅。

对于这样一个屡屡犯境的亡国之君来说，唐太宗给他的待遇可以说是仁至义尽了。又过了四年，贞观八年（634），颉利在悔恨和哀伤中死去。李世民命令他的族人，用突厥君主的礼仪给他下葬，还封他为“归义王”，谥号“荒”。

对于在之前归降的突利可汗及众多突厥降将，李世民更显示了他的非凡气度和博大胸襟。他说：“凡有功于我者，必不能忘；有恶于我者，终亦不记！”于是突利先是被封为北平郡王、右卫大将军，后来又出任顺州都督；苏尼失获封怀德郡王；阿史那·思摩封怀化郡王、右武侯大将军，后出任北开州都督，统领颉利旧部。其他突厥降将共有一百多人官居五品以上，和朝廷的高阶官员相比，数量占了差不多一半；东突厥的贵族政要来到长安定居生活的有将近一万家。

唐太宗获赠天可汗

此次出征，唐朝取得了全胜，不但斩杀突厥骑兵数万人，还收降了突厥部众数十万，基本消灭了东突厥的主力。从此北起阴山、南到大漠的广袤土地，全部归入唐朝的掌控之中。

唐太宗经过四年的忍辱负重和养精蓄锐，终于一举消灭了东突厥的主力，雪耻了当年李渊的“称臣之辱”和自己的“渭水之耻”，也结束了自北朝以来数百年间，草原部落对中原王朝构成的强大威胁。

当李靖大破东突厥大军的捷报传到长安，李世民感到非常喜悦和自豪，随即下诏大赦天下。已经退位做“太上皇”的李渊听说了这个消息，他眼含热泪说：“汉高祖被匈奴围困在白登山，不能报仇，现在我的儿子能消灭突厥，我的江山托付给了能人，还有什么可担心的呢？”于是他命人召唐太宗和十多位重臣一起到凌烟阁摆宴庆祝。宴会上，异常开心的李渊亲自弹奏琵琶，唐太宗也随着音乐翩翩起舞，大臣们也频频举杯为太上皇祝寿，君臣们尽情欢乐，直到深夜才散去。

这一战争的胜利，也使得唐朝的声威远播。贞观四年（630）的三月，唐朝迎来了历史性的一刻。各族、各国纷纷遣使到长安朝贡，他们服饰不同，面貌各异，云集长安。唐太宗命当时著名画家阎立本画了一幅《职贡图》，这幅作品生动地反映了各国、各族使者云集长安的热闹、隆重场面。随后他们一起在太极宫前，向唐太宗李世民敬献了一个中原王朝史无前例的尊号——天可汗。

唐太宗高兴地说：“我是大唐的天子，又有了可汗的称号啊！”这一刻，朝中的文武大臣和四夷首领都一起山呼万岁。自此，唐太宗李世民对四夷君长下发诏书时，一律自称“天可汗”。

“天可汗”不仅是尊严与权力的象征，更是一种国际政治体系。这个体系从此被天下确立，意味着唐太宗李世民不仅是中原王朝的大唐皇帝，更成为远方草原部落一起遵从的万王之王。

唐太宗以大唐天子的身份“下行可汗事”，其成员国除了保存原有的制度

阎立本作《职贡图》

以外，还可以接受唐朝的任命，出任大唐官员。这个天可汗制度，可以看作中国历史上第一个拥有国际性质的组织和制度。四方的部落自愿结成联盟，一起推选大唐天子为联盟首脑。但如果没有唐太宗李世民的文治武功以及强大的国力作为依托，那么他就绝不可能成为号令四方的天下共主，而唐朝也绝不可能在 7 世纪初，就创造出这样令人震撼的丰功伟绩。

CHAPTER

第十二章 平定西域，保障丝路通畅 12

我国西域地区自汉武帝以来就归属中国了，这里有举世闻名的“丝绸之路”，但在东汉以后，我国经历了南北朝数百年的分裂动荡时期，这时候的中原王朝已经自顾不暇，对西域地区已失去了控制。李世民在灭了东突厥之后，重新打通丝绸之路就成了当务之急，因此河西走廊的吐谷浑就成了首先要铲除的对象。

初战吐谷浑

“河西走廊”是唐朝与西域诸国之间一条地形狭长但非常重要的交通要道。从长安往西北方向出发，必须经过河西走廊，才可出玉门关，最终到达西域地区，而穿过西域，向西或者向北就可直抵中亚、西亚诸国，而再向西就可抵达欧洲大陆。

这条横贯欧亚大陆的重要交通线和贸易通道，就是著名的“丝绸之路”。而吐谷浑汗国就扼守着丝绸之路河西走廊这一段的咽喉，如果吐谷浑与唐朝保持良好关系，就能确保河西走廊这一段的安全与畅通。

不过自从唐太宗上台执政以后，双方的关系就不好。尽管唐太宗努力要与吐谷浑搞好关系，吐谷浑却屡屡入侵河西走廊，对唐朝边境与丝绸之路的安全构成了严重威胁。

吐谷浑，是中国西北古代民族名，最早是鲜卑族慕容部的一支，西晋末年从东北的辽宁义县迁到枹罕（今甘肃临夏）。后来慢慢扩展，统治了今青海、甘南和四川西北地区的羌、氐部落。到了6世纪中叶，这个部落的国王慕容夸吕自立为可汗，建都伏俟城（今青海湖西岸布哈河河口）。

隋朝时吐谷浑慕容伏允可汗曾被隋炀帝杨广击败，逃往党项。隋大业末年，趁中原战乱的时候，慕容伏允可汗收复失地，重新建国。他的长子慕容顺曾入隋为人质，唐朝建立之后，高祖李渊以送还慕容顺为条件，与吐谷浑约定共同对付河西李轨。平灭李轨后，李渊如约将慕容顺遣送回国。

贞观初年，慕容伏允可汗年龄大了，就将朝政大权托付给宰相天柱王，对他言听计从。天柱王是一个好战分子，喜欢到处扩张领土。受他的影响，吐谷浑对唐朝采取了阳奉阴违的做法，表面上经常派使者朝贡，背地里却经常侵犯唐朝的西北边境，曾先后数次抢掠了兰州、鄯州（今青海省乐都县）、廓州（今青海省化隆县西）等地。

唐贞观八年（634）五月，吐谷浑再次故技重演，他们一边“遣使入贡”，一边又“大掠鄯州而去”。唐太宗李世民大为震怒，派使者训斥慕容伏允，并命他亲自到长安朝见谢罪。慕容伏允谎称自己有病，拒绝入朝；同时又替他的儿子尊王请婚，要求唐太宗指派唐朝公主和亲。

吐谷浑对唐朝的这种做法看上去好像是自相矛盾，难以理解，但他们这么做的真实目的是多抢一些财物，可又不想与唐朝彻底决裂，以免与唐朝兵戈相见。

唐太宗对吐谷浑的求婚做出了肯定的答复，那就是要娶唐朝公主可以，但尊王必须亲自到长安迎娶公主。慕容伏允没有同意，结果他不但没有让儿子入朝，而且再度纵兵抢劫，甚至就连出使吐谷浑的唐朝使臣赵德楷也被扣押了。

唐太宗连续派遣十批使者与吐谷浑交涉，让他们送还赵德楷，但慕容伏允依旧置之不理。唐太宗又亲自对吐谷浑的使者晓以利害，但慕容伏允始终冥顽不灵。作为“天可汗”的唐太宗李世民已经忍无可忍了，能尽量采用政治斡旋的手段解决争端是最好的，但唐太宗思虑良久，还是决定武力征服。

唐太宗开始考虑如何对吐谷浑用兵，这时鄯州刺史李玄运给他上了一道奏疏说：“吐谷浑有非常优良的马匹，这些马都在青海湖一带放牧，守卫的人并不多。如果我们派轻骑兵进行突袭，他们的良马就一定会属于我们。”

吐谷浑所在的青海地区出产著名的“青海骢”。这些良种马原产于波斯，体格健硕，耐力特别强，据说是可以日行千里的“千里马”。吐谷浑地处青藏高原，水草丰富，这种波斯马很适宜放养在这一带，因此吐谷浑引进了大量的波斯马，将它们放牧在青海湖一带，很快这些马就迅速繁衍。吐谷浑骑兵凭借这些日行千里的青海骢，才得以出击迅敏，撤走及时，在对唐朝边境的侵掠和作战中拥有了充分的速度优势，频频得手。如果唐朝能够趁机夺取这些马匹，不但可以教训吐谷浑，而且还具有非常突出的战略意义。

唐贞观八年（634）六月，唐太宗任命段志玄（左骁卫大将军）为西海道行军总管，樊兴（左骁卫将军）为赤水道行军总管，统领唐朝边境的守军以及契苾、党项等外族军队，组成了多国联军，对吐谷浑发动了闪电战。

这一年十月二日，段志玄兵团行进到青藏高原，对吐谷浑发动突然袭击。吐谷浑军队猝不及防，迅速溃败，向青海湖方向溃逃。段志玄兵团对其穷追不舍，一直深入吐谷浑境内八百余里。

这时唐军前锋部队距离青海湖只有三十里了，那些膘肥体壮的青海骢眼看就已经唾手可得，可令人意外的是，大军统帅段志玄忽然下令停止追击。

段志玄不是李靖，他不敢玩李靖“长途奔袭，孤军深入，以寡击众，擒贼擒王”的策略。这种孤注一掷的打法，赢了固然是风光无限，名垂青史，但是用不好就有可能陷入孤立无援、粮草不继的绝境，还有可能全军覆没。比如当年汉武帝时期的李陵。

段志玄是一个非常谨慎的人，他知道自己每深入敌境一步，那种担忧和恐惧就会增加一分。到深入吐谷浑国境八百里，他的心理预期已经达到了极限。他担心广袤的青海湖地区吐谷浑精锐随时有可能集结完毕，在某一刻的某个地方给唐军设下埋伏。果真如此，他的一世英名和整个唐军就全完了。但后来的事实证明，段志玄的担心有些多余，吐谷浑军队没有他想象的那么厉害。

当他的命令下达后，副将李君羡没有执行。他认为应该执行既定方案，停止攻击就意味着功亏一篑、一无所获。李君羡亲率一支骑兵深入追击敌军，在青海湖南面的悬水镇终于追上了吐谷浑的军队，并再次将其击败。不过令他感到遗憾的是，唐军刚暂停攻击，青海骢就已经被吐谷浑军队快速转移，李君羡只擒获了二万头牛羊，预期的战略设想没有实现。

这样的战果不是唐太宗想要的，这是他挑选主帅不当造成的。主帅段志玄不但失去了一个建功立业、扬名立万的大好机会，而且在关键时刻暴露出他的弱点，那就是胆怯。

李靖再次挂帅出征

唐太宗认为，要想彻底平定吐谷浑，段志玄并不合适，而合适的人选，是那个长途奔袭突厥王庭的李靖，但此时李靖已经是一个六十四岁的老人，并且患有足疾。不久前因足疾辞去宰相右仆射的位置，唐太宗为了表彰他，还特意赐给了他一把“灵寿杖”。

对于这么一个年过花甲、行走需要借助拐杖的老人，唐太宗考虑再三，还是决定让李靖挂帅出征，因为在大唐能征善战的将领中，再也找不出来第二个像李靖这样足智多谋、屡立奇功的将领了。唐太宗不能直截了当地下旨令李靖出征，于是他用一个很巧妙的办法试探李靖。几天后，李世民与身边大臣们谈话，故意提到征讨吐谷浑的事情，然后又顺带着说了一句“得李靖为帅，岂非善也”。

唐太宗的话很快就有人告诉了李靖，李靖年迈的身体立刻热血沸腾。他没有想到，自己年逾花甲了，还能有机会驰骋沙场、报效国家，而皇帝李世民对他的这份倚重和信任，也让他非常感动。

李靖当即找到宰相房玄龄，让他转告皇帝：“李靖虽然岁数大了，但是还能出征！”唐太宗听后龙颜大悦。大器晚成的李靖果然宝刀未老。

唐贞观八年（634）十一月十九日，吐谷浑再次纵兵入寇凉州（今甘肃省武威市）。接到边境的战报时，唐太宗怒火中烧。两天后，他立即颁布诏书，正式对吐谷浑宣战。

十二月三日，唐太宗命李靖为西海道行军大总管，出任远征军最高统帅，命李道宗与侯君集担任副统帅，下辖六个兵团：以兵部尚书侯君集为积石道行军总管组成第一兵团；以刑部尚书李道宗为鄯善道行军总管组成第二兵团；以凉州都督李大亮为且末道行军总管组成第三兵团；以岷州都督李道彦为赤水道行军总管组成第四兵团；以利州刺史高甑生为盐泽道行军总管组成第五兵团；以东突厥、铁勒、契苾等部族的骑兵部队组成第六兵团，指挥官是铁勒族的契苾何力、突厥人执失思力以及唐猛将薛万均、薛万彻兄弟。

唐贞观九年（635）春，唐朝对屡教不改的吐谷浑发起了一场规模浩大的战争。为了抵御唐军，吐谷浑施展浑身解数，用贿赂等外交手段，先后把洮州（今甘肃省临潭县）的羌族人和南部的党项族人从唐朝阵营中拉了过去。可党项人和羌人在这种时候背叛唐朝，毫无疑问是在给吐谷浑当陪葬。

这一年三月十九日，第五兵团的高甑生率先对洮州地区的羌人发起进攻，很快就将其击溃。随后在闰四月八日，李道宗兵团进抵库山（今青海省湟源县南），遭遇到吐谷浑的前锋部队，李道宗将其击溃，首战告捷。

面对来势汹汹的唐朝大军，慕容伏允感到从来没有过的恐惧。这个在位三十九年的可汗终于意识到，自己将面临一生中最艰难、最危险并且决定生死的一场战争。

慕容伏允此刻意识到，以吐谷浑的国力和兵力不可能与实力强大的唐军相抗衡，也就是说与唐军正面对决，结果只有死路一条。他只有采取拖延的战术对付唐军，具体的战略是：首先，向吐谷浑西部山区和沙碛地带大幅度后撤，以保存实力，避敌锋芒；其次，利用吐谷浑国境的广袤与纵深拉长唐军的战线，让唐军疲于奔命，使其行军作战和后勤补给陷入困境；最后，凭借高原地区特有的恶劣自然环境挫一挫唐军的锐气，再利用复杂地形阻击，并出动小股部队进行袭扰，以消耗其有生力量，最终把唐军拖垮、拖死。

这就是说吐谷浑军队要和唐军打一场持久战。李靖率主力兵团刚刚抵达鄯州（今青海省乐都县），慕容伏允就放弃了他的王庭伏俟城，带着军队向后撤了二千里，轻装进入了沙碛地带（今青海柴达木盆地）。

临走时，慕容伏允来了一记狠招，他下令把青海湖沿岸的广袤草场全部焚毁，给唐军留下了一片焦土。他是想活活饿死唐军的战马。

唐军为数众多的马匹没有草料肯定是不行的。李靖收到这个坏消息后，立即召开军事会议商量对策。以副统帅李道宗为首的多数将领认为该撤军了，他说："马既然没有草料供应，就会迅速疲劳且瘦弱，大军决不可以继续深入了。"

侯君集当即反驳。他说："吐谷浑才打了一场败仗就迅速溃逃了，连侦察哨也难得一见，这说明他们士气低落、无心恋战，并且他们君臣离心，拿下他们易如反掌。如果不把握好战机，一定会后悔不及！"

李靖也和侯君集的看法一致，他知道，慕容伏允迅速弃城而逃，是因为慕容伏允很了解李靖的战术特点，担心李靖又对他进行长途奔袭、擒贼擒王，重蹈东突厥颉利可汗的覆辙。

面对慕容伏允这种自作聪明的打法，李靖立刻制定了"兵分两路、迂回包抄、大举扫荡"的战略构想：北路由李大亮兵团和薛万均、薛万彻兵团组成，为李靖亲自指挥，沿青海湖南岸由北向南作战，攻击在大非川（今青海省共和县西南切吉平原）一带的吐谷浑主力；南路由李道宗、侯君集两路兵团组成，由侯君集指挥，直插大后方，进攻位于黄河源头的吐谷浑各部落据点，最后与李靖兵团在大非川会师，两路大军完成南北夹击、包抄合围之势，计划全歼吐谷浑军队主力。

这是一场在战争史上名副其实、艰苦卓绝的远征。因为根据李靖的部署，唐朝的两路大军在世界上海拔最高（平均海拔四千米以上）的地区——青藏高原行军作战，深入吐谷浑国境数千里，还必须要克服恶劣的自然环境。在缺乏粮草、补给和后援的情况下，进行远距离作战和大幅度迂回，以追踪吐谷浑的主力并与其决战，这艰难和危险的程度前所未有。

上自六十四岁的统帅李靖，下至每一个普通士兵，都面临勇气、耐力和意志力的严峻考验。

李靖平定吐谷浑

很快由李靖率领的北线兵团，在曼头山（今青海湖南岸日月山）与吐谷浑的军队打响了第一战。

闰四月二十三日，李靖的部将薛孤儿带着人数不多的轻骑兵，在曼头山与吐谷浑军队遭遇。由于唐军士气高涨，主动求战，而吐谷浑军被动迎战，士气低落。当唐军骑兵发起冲锋后，吐谷浑军队被迅速击溃，唐军不但斩杀了军队首领——吐谷浑部落的一个亲王，而且还缴获了大量的牛羊等战利品。唐军的士气更为高昂，他们的军粮也有了保障。这是“以战养战”！

霍去病塑像。霍去病（公元前140年—前117年），汉族，河东平阳（今山西临汾西南）人，西汉名将、军事家，官至大司马骠骑将军，封冠军侯。

当年霍去病大军深入匈奴境内数千里，也是以缴获敌军的牛羊为食。李靖的将士们深知，他们的补给匮乏，只有获胜了才能生存下去，这与背水一战的性质相似。

曼头山战役后，李靖兵团继续向大非川挺进，接着又在牛心堆（今青海湖南岸）与吐谷浑遭遇，李靖军队再次获胜。

闰四月二十八日，大军迅速推进到赤水原（曼头山西）。在这里，唐军遭遇了危险，因为吐谷浑军队连连败北，他们不甘心失败，于是在这里集结重兵，给唐军设伏。

李靖兵团的前锋薛万均、薛万彻率

部刚进入赤水原，吐谷浑军队立即发起猛攻。薛氏兄弟被重重包围，经过一番苦战，兄弟二人身中多处枪伤，坐骑也被砍死了，他们只好下马迎敌。敌军的包围圈越来越小，唐军伤亡战死者超过了三分之二，损失惨重，眼看就要被全歼了。就在这紧急时刻，左领军将军契苾何力率援军赶到。他亲率数百骑突入重围，兵锋所到之处，敌军纷纷败退，战场形势随即逆转。最后唐军反败为胜，一举击破吐谷浑军队，俘虏了南昌王慕容秀儁，并再次缴获各种牲畜数万头。

随后，李靖的北线兵团长驱直入，连赢数阵：李大亮部在蜀浑山（今青海省天峻县西部山区）大败吐谷浑军，俘虏了二十个亲王以及牲畜五万头；薛万均、薛万彻部在赤海（今青海茶卡盐湖）击败了吐谷浑宰相天柱王率领的主力部队，缴获各种牲畜二十万头；执失思力又在居茹川（茶卡盐湖附近山川）击退了吐谷浑军队。

北线兵团在李靖的正确指挥下，横扫青海湖南岸，在不到一个月的时间内，就把盘踞在这一带的吐谷浑军队主力歼灭了。

在南路，侯君集和李道宗兵团遭遇了大麻烦。南面都是高海拔地区，平均海拔要比北线的青海湖沿岸高出一千米以上，将士们面临着严重的高原反应，而且所到之处荒无人烟，连“以战养战”都无法实现。

南线兵团的第一道障碍是“汉哭山”（今青海鄂拉山）。史书上没有记载这个奇怪名字的来历，很可能是汉人经过这座山时，经常会出现无法忍受的高原反应，所以吐谷浑人才会以此命名，说这是一座让汉人哭泣的大山。

但是随后的麻烦接踵而来，汉哭山根本算不上什么。当唐军翻过汉哭山，穿越了破逻真谷（鄂拉山口）后，见到的是绵延数千里的不毛之地和雪域冰川。唐军经过这里时是阴历五月，这里还是纯净的冰雪世界。但是美好的景色唐军却无暇欣赏，侯君集和李道宗兵团行进了二千里，活的生物踪迹全无，将士们只好“人吃冰，马啖雪”。但是辛苦总算是换来了回报。

当南线兵团进抵乌海（今苦海，位于鄂拉山口西南）时，终于发现了吐谷浑的大股部队，首领是吐谷浑亲王梁屈葱。唐军将士顿时兴奋异常，人人奋勇争先。经过激烈厮杀，吐谷浑军大败，梁屈葱也被唐军俘虏，唐军缴获了大量牲畜。

得到补给之后，南线兵团开始长驱直入，从星宿川（今黄河源头的星宿海）一路打到柏海（今青海鄂陵湖和扎陵湖），连战连捷，彻底摧毁了吐谷浑在黄河源头这一地区的军事力量。

最后，南线兵团与李靖的北线兵团会师于大非川。这次远征，两路大军都历尽千难万险，奔袭数千里，大小几十战，在世界上海拔最高的地区将吐谷浑军队的有生力量全部歼灭，完全实现了李靖设想的战略目标。这在中国几千年的战争史上，都堪称是难得一见。

但是慕容伏允仍然在逃。没有抓到他，这场战争就没有结束。此时，慕容伏允如惊弓之鸟，他越过阿尔金山脉，逃到了且末城（今新疆维吾尔自治区且末县，位于塔克拉玛干沙漠东南部）。这里是吐谷浑的最西端。经过一个多月艰苦作战的唐军将士，还能再次追击数千里吗？

稍事休整后，李靖就命令手下部队继续追击。慕容伏允没有料到，唐军沿着他刚走过的路说来就来了。慕容伏允继续跑，沿着突伦川（又称图伦碛，今新疆塔克拉玛干沙漠）南缘一直向西跑。

要保住老命只有投奔于阗

唐军前锋将领契苾何力听说慕容伏允逃进了突伦川，马上要带兵再追。薛万均担心遭遇伏击，没有同意。契苾何力瞪着眼说："那老家伙只能沿着水草迁徙，如果不趁他们聚在一起时发兵袭取，一旦他们四散而逃，就没机会把他们一网打尽了。"

契苾何力挑了一千精锐骑兵，直奔突伦川继续追去。薛万均无奈，只好随后跟进。正值盛夏，被滚热的太阳暴晒几个时辰后，唐军将士们嘴唇干裂、头晕目眩。最后杀了心爱的战马，生饮其血。

靠着这种坚毅顽强的精神，他们终于进入了突伦川。唐军从天而降，慕容伏允的残余部众大惊失色。他们无心恋战，个个抱头鼠窜，争相逃命。唐军轻而易举地生擒了慕容伏允的妻子和儿子，同时俘获牲畜二十余万头。

慕容伏允跑得快，没被活捉。可是在沙漠里时间一长，最后的一千多名骑兵也都跑光了。慕容伏允剩下的几个亲兵一刀把他砍死了，投降了唐军。吐谷浑之战取得了令人难以想象的圆满胜利。

慕容伏允败亡后，唐朝扶植慕容伏允的长子慕容顺，让他在唐朝的西大门站岗，防范并制约西域诸国。慕容顺久居汉地，对中原王朝素来亲近。他从小就出国当人质，太子之位也被弟弟夺去，等慕容伏允死后，他把一直独揽朝政的宰相天柱王杀了，顺势重新夺回了政权。随后慕容顺自然而然地“举国请降”，归附了唐朝。

贞观九年（635）五月二十一日，唐太宗下诏，准许吐谷浑复国，册封慕容顺为吐谷浑第十八任可汗，兼大唐的平西郡王。此外凉州都督李大亮率部奉命留驻吐谷浑，给慕容顺以强力支持。

吐谷浑平定后，丝绸之路河西走廊这一段的驼铃声又热闹起来了。然而在吐谷浑地区的西边，唐太宗还有一块地方始终难以割舍，那就是高昌。

高昌与唐王朝分分合合的关系

高昌是历史悠久的西域古国，位于今新疆吐鲁番东南方向的哈喇和卓处，因其“地势高敞，人广昌盛”而得名，是古时西域的交通枢纽，也是古代新疆政治、经济、文化的中心地之一。各种史书和大量考古实物已经证实，从汉代到唐朝，高昌和敦煌地区一样，都是由汉人和汉文化主导的地区。

鼎鼎大名的唐代高僧玄奘法师，为了提高自身的佛教水平，不畏杀身之祸，在二十九岁的时候，离开长安，出玉门，经高昌，沿丝绸之路到印度，游遍今阿富汗、巴基斯坦、印度等国家，历时十七年。而在途经高昌时，玄奘曾经停留一段时间，他为高昌王诵经讲佛，还与高昌王拜为兄弟，留下了一段千古佳话。

高昌是和交河齐名的丝绸之路名城。公元前 1 世纪，西汉汉武帝的大将李广利率领部队在这里屯田，设立高昌壁。450 年，北凉残余势力灭了车师前国后，柔然立阚氏伯周为王，称其国为高昌国，掀开了高昌王国的序幕。

此后高昌城一跃成为吐鲁番盆地的政治、经济、文化中心，460 年成为高昌国都城。高昌是连接中原、中亚地区与欧洲地区的枢纽，自古以来经贸活动十分活跃，世界各地的宗教先后经过高昌这个中转站传入内地，毫不夸张地说，它是当时世界上宗教最活跃最发达的地方。

在隋朝统治时期，高昌王是麴伯雅。到了唐武德二年（619），麴伯雅去世，他的儿子麴文泰继位，高昌国内的居民大多数是波斯系的胡人和汉人。

这个麴氏统治王朝，长期为汉族人统治，境内土地肥沃，以平和的汉族农耕经济为主体，但在周围勇猛的游牧民族中纵横驰骋，一直持续了一百五十年，这与他结交的是以铁勒族为主的西突厥帝国有关。

当丝绸之路的客商途经高昌国，高昌国把从丝路上得来的商业利益中的一部分上缴给西突厥，而当高昌国需要武力保护商业利益的时候，则请求强大的西突厥提供军事援助。

当然麴文泰也非常注重与唐朝周旋，他屡屡派人出使长安，窥探唐朝的实力，并试图在两个超级大国之间走钢丝。贞观四年（630 年），麴文泰曾经亲赴长安，唐太宗为他的夫人宇文氏赐姓，以唐朝国姓李氏为她的姓。

可是麴文泰眼光并不透彻。从前麴文泰的父亲高昌国王麴伯雅亲访过隋朝，隋炀帝依惯例把他的外交迎送搞得非常奢华，壮丽的场景令人震惊。使节经过

楼兰古国遗址。位于罗布泊西部，处于西域的枢纽，在古代丝绸之路上占有极为重要的地位。

的地方，连道路旁边的破房子都要拆除以饰盛世。隋炀帝偏重浮华，而唐太宗注重实质，他没有拆除破房子粉饰太平。两相比照，给麹文泰的感觉是，隋朝那时候是繁华盛世，唐朝则与之相比相差甚远。麹文泰得出了一个错误的结论：唐朝没有什么可怕的。

此前曾经存在过一条更古老的“西域北道”，就是从博斯腾湖以南向东，经罗布泊的楼兰古国，进入敦煌。但是由于楼兰古国令人费解地突然消失了，这条道路也消失而沉寂了。

焉耆国（今新疆焉耆西南）是一个小国，距离博斯腾湖很近。焉耆国想重新复兴西域北道，作为另一个丝路要冲来获利。唐朝对高昌附庸西突厥感到非常不快，打算帮焉耆国重新开通西域北道，让西域北道远离西突厥大本营，这对唐朝来说，是一条更安全的新干线。可这新干线一开，肥水就会顺势北流，高昌国的财路就会减少很多，这是高昌国万万不能接受的。

贞观六年（632），焉耆王龙突骑支要向唐朝进贡物品以请求开通碛路，方便该国通往内地。唐太宗马上同意了这个请求。高昌王麹文泰得知此事非常愤怒，派兵进攻焉耆国，以阻止这个计划的实施。

高昌王麹文泰深知仅仅依靠本国力量，不足以与强大的唐朝抗衡，他就与西突厥乙毗咄陆可汗结盟，西域朝贡者或商队途经这个区域时，都会遭到掠夺，这个中转站此后难以畅通。伊吾（今新疆哈密的一个县）曾经臣属于西突厥，后来又归顺了唐朝，高昌与西突厥就联合起来进攻伊吾，抢夺伊吾国的人口和财物。

这些事逐渐引起唐太宗对高昌的不满，下书严厉斥责麹文泰，并命他把大臣阿史那矩派到长安协调双方紧张的关系。麹文泰不听，他冷笑着对大唐的使者说:“苍鹰在高天上飞翔，野鸡在荒草中躲藏，猫在堂间悠游嬉戏，鼠在洞里偷吃东西；难道就不能各有各的活法、各有各的天地吗？”

麹文泰另外派了大臣麹雍到唐朝谢罪。东突厥灭亡时，原在东突厥的汉人有一部分逃到高昌，唐太宗要求麹文泰放回内地，麹文泰也拒不从命。唐太宗对他的使者说：“高昌数年来拒不朝贡，任命下属官员的称号也与天朝相同，这是大逆不道的行为。高昌如此猖狂，哪有不讨伐的道理？明年一定发兵扫平你国。”以魏徵为首的群臣们大多数都认为万里行军，不容易成功，即使是攻下高昌，也因距离内地路途遥远而不能守住。唐太宗这一次却没有听大臣们的劝告。贞观十三年（639）十二月，唐朝正式向高昌宣战。

远征高昌

唐贞观十三年（639），在发动高昌之战前，唐太宗仍希望高昌王麹文泰能够悔过，就再一次下诏，对他晓以利害，命他入朝，麹文泰却称病不来。

唐太宗见状命令迅速进兵。他任命侯君集为交河道行军大总管，麾下将领包括牛进达、薛万均以及少数民族将领阿史那·社尔以和契苾何力。此次高昌之战，唐太宗调动了唐朝正规军，以及从属于大唐的突厥和铁勒族中的精锐铁甲骑兵，还有回纥、薛延陀等部族的骑兵等共十五万大军。动用这样庞大的军队，特别是精锐的大规模骑兵军团，唐太宗显然要考虑到必须要应付西突厥的武装干涉。

随后为了师出有名，唐太宗以“天可汗”的身份向全天下颁布了《讨麹文泰诏》。在诏书中，他痛斥了麹文泰的反复无常、背信弃义、恩将仇报、侵犯邻国、勾结西突厥等种种罪行。

贞观十三年（639）十二月，大唐十五万铁骑正式誓师出征。在西部戈壁孤烟落日的映衬下，大唐的铁甲骑兵浩浩荡荡地穿越了河西走廊，西出敦煌，杀向高昌，拉开了大唐远征军收复昔日故土的序幕。

当唐朝将要出兵征讨的消息传到高昌后，高昌举国上下一片惊恐。因为所有高昌人都清楚自己的实力，全国人口加起来只有三万多人，是不可能与大唐相抗衡的。这时以太子麹智盛为首的朝廷众臣，跪在麹文泰面前，声泪俱下地恳求父亲以国家社稷和百姓生死为重，向唐太宗李世民谢罪以换取国家的太平。

太子麹智盛表示，唐太宗对待周边的少数民族领袖一贯宽宏大量，只要麹文泰真心悔过，一定会得到唐太宗的宽恕。他甚至还列举了唐太宗善待被俘的东突厥可汗颉利的例子。面对儿子和大臣们的恳求，高昌国王却横下心，要与唐朝战斗到底，而且声称完全可以击败唐军。

当然他的底气来自特殊的地理因素与外部西突厥势力的介入。首先地利方面的优势是，高昌距离唐朝有七千里之遥，中间还有二千里的沙漠；唐军兵出敦煌后，就进入了连绵不绝的西域大漠戈壁；十五万骑兵在这片死亡之海中没有任何后勤保障；沙漠中地形复杂，极易迷路；沙漠中气候极端恶劣，白天气温超过六十摄氏度，晚上则滴水成冰。这些因素都是麹文泰所依仗的。在他看来，唐军主力一定会被浩瀚的沙海吞噬，而他则可以坐在家门口以逸待劳，等着收拾冲出沙漠劫后余生的唐军残部。还有一个更重要的原因则是西突厥的介入。西突厥欲谷设可汗知道唐军大举西征的消息后，亲笔写信给麹文泰，希望高昌坚决抵抗，他保证将竭尽全力。为此，他特意在高昌都城附近驻扎了一万精锐铁骑支援高昌。当然这一万骑兵同时也是架在麹文泰脖子上的督战刀，目的就是逼麹文泰拼死决战。既有地利，又有雄霸西北的西突厥作后援，高昌国王麹文泰得意妄为，静待着“大破唐军”。

远征军的统帅是侯君集，关中豳州（今陕西旬邑）人。他是列凌烟阁二十四功臣第十七位。侯君集自幼尚武，勇武过人，后来侯君集追随李世民南征北战，屡立战功，成为唐朝开国元勋。侯君集在朝中任职没多久，就被派往边防重地河西戍守。在任内他参与并实际指挥了征吐谷浑之战，此战采用了侯君集的战略战术，最终取得了胜利。吐谷浑之战使侯君集威震西域，成为李靖之后唐朝在西域的又一位名将。侯君集非常熟悉西域地区的风土民情，再加上他的军事才华，唐太宗李世民决定任命他为征高昌的最高统帅，来指挥这场距离最远、环境最为艰苦的远征。

大唐远征军在进入西域沙漠以前，不少部将对严酷的环境感到非常恐惧，主张绕行适合行军的路线。但统帅侯君集坚决反对，他断定麴文泰自恃有天险沙漠，必然轻敌，不会料到唐军居然敢于穿越数千里茫茫沙海去进攻。

当然驻扎西北多年的侯君集早就对恶劣环境做了充分准备。每个骑兵都配备了多匹战马以供换乘，同时马上还携带了大量干粮、咸肉和装水的大皮囊，而且携带了多套军装以应对随时可能发生的复杂气候。他还命人打造了近千部大车，携带了数量极为庞大的军粮、马料、箭镞兵器以及专门储水的水车等军需用品。

为穿越沙漠，唐军还征调了大量军用骆驼。整个唐朝远征军所携带的物资，足够在沙漠中使用三个月，此外大军后还有庞大的后勤补给运输队。而沙漠复杂的地形也没有难住唐军，熟悉当地地理的突厥族名将契苾何力就是唐军的主力先锋。

契苾何力是唐太宗时期著名的少数民族将领，曾经参与唐军征吐谷浑之战，在战争中表现非常出色，生俘了吐谷浑王后等王室成员，立有大功。为表彰其功勋，唐太宗李世民将自己的临洮公主下嫁给契苾何力，他也成为唐朝皇室宗亲。远征军组成后，契苾何力主动担任前锋带路。

尽管唐军准备非常充分，但残酷的气候条件还是给唐军带来了极大的困难。沙漠里随时可能出现的流沙，给唐军带来了严重的威胁，夺走了千余名大唐将士的生命。高昌战役结束后统计，唐军在沙漠行军中的伤亡远远超过战斗中的伤亡。部分远征军在途中数次断绝联系，陷入缺粮无水的局面，将士们甚至杀战马、吃马肉、饮马血，士气低落，几乎到了崩溃的边缘。统帅侯君集与将士同甘共苦，行军和吃住都与普通士兵完全一样。大唐远征军在克服了魔鬼般的酷热、寒冷、缺水、流沙、狂风和沙尘暴后，历时七个多月，终于走过了如同人间炼狱的死亡大漠。

高昌国覆灭

640年七月，远征军的先锋契苾何力率领三千骑兵率先冲出这片沙海，包围高昌门户碛口。此时，出现在高昌守军面前的是三千名刚刚经历生死磨砺的唐朝骑兵。这些骑兵几个月没有梳洗，衣衫褴褛，蓬头垢面，还有的人披头散发。战马的鬃毛也没有修剪，长可至膝，已经分不清战马的毛色了。

终于走出沙漠，见到敌人后，唐军将士将满腔愤怒发泄在敌人身上。他们吼叫着，如同一群魔鬼扑向碛口城。高昌守军只有一千多人，还有万名西突厥的援军，这些人根本没有想到唐军这么快就来了。面对杀红眼的唐军，西突厥驻军掉头逃跑，将高昌守军扔给唐军。高昌守军顷刻间就丧失了抵抗意志。他们未作任何抵抗，全体投降。

其中一部分人被愤怒的唐军杀死，契苾何力及时制止手下将士，这一千多守军才幸免。唐军主力随后到达，高昌门户洞开。碛口失陷的消息迅速传到高昌都城，朝野震动，但国王麹文泰坚决不信。

与此同时，另一条消息则被证实：西突厥驻军逃跑了。原来，当契苾何力率领三千骑兵攻击碛口城时，驻扎在碛口的一千多西突厥骑兵不敢应战，迅速跑回西突厥在高昌的基地可汗浮图城（今新疆维吾尔自治区吉木萨尔县北破城子），而此时西突厥的欲谷设可汗恰好在这里。听说唐朝大军来到，欲谷设觉得自己手下这一万多骑兵难以抵挡住唐朝的十多万大军。于是，他只留下两千多人看家，自己则带领手下主力跑到了数千里之外的中亚里海边，把麹文泰的高昌国扔给十几万的虎狼之师。

高昌国王的底气全失，茫茫沙漠没有能够阻挡住唐军的脚步，自己依附的西突厥大军闻风而逃，曾经“满怀豪情”要“大败唐军”的麹文泰完全崩溃了。在大殿之上，面对众臣，麹文泰先是大骂西突厥背信弃义，随后他就在满朝文武和自己老婆、孩子的注视下大口喷血，然后颓然倒地，麹文泰就这样死去了。

麹文泰死了，他的儿子麹智盛继位，马上给父亲麹文泰举办了丧礼。这时侯君集的手下将领薛万均、姜行本等人主张出动两千人轻骑趁乱袭击，一击可获大胜。侯君集却对他们说：“天子因高昌傲慢，才命我们率军进行惩罚，如乘敌人在墓地举行丧礼而袭取，这哪是问罪之师所应该做的。”于是侯君集按兵不动，等他们的丧礼完成了才发动进攻。

侯君集首先向高昌国都门户田城（今新疆维吾尔自治区鄯善县西南）进发，于次日拂晓抵达田城城下。唐军命守军投降，守军不从，唐军随即发起强攻，只用了半天时间就将其攻克，俘虏了七千余人。

麹智盛集合全部能动用的兵力，甚至连六十多岁的老人和十几岁的孩子都被征发，勉强凑了近万人。随后他率全部军队迎战，但他的这些乌合之众根本不是大唐铁骑的对手，仅仅几个回合下来，高昌军队就伤亡了数千人，麹智盛被迫退回城里固守，企图等待西突厥的援军。

这时麹智盛连忙给侯君集写了一封信，信中说：“先王麹文泰得罪了大唐天子，已遭天惩亡故了。我刚刚继位，时间尚短，恳请阁下怜悯体察。”侯君集回信说：“如果真心悔过，你应当自缚双手来我军营前投降。”

凭借着高昌城修筑得沟深城坚，粮草充足，麹智盛不肯投降，侯君集非常清楚对手的想法。他一方面部署一部分兵力，截击随时可能出现的西突厥援军，另一方面集中主力全面攻城。高昌城是远近闻名的军事要塞，已经经营了五百多年，它的防御设施非常坚固，易守难攻。但这对于唐军来说不是什么困难的事情，唐军早有准备。大军出征前，唐太宗李世民深知这是远离本土的战役，没有援军和充足的补给，还有强大的西突厥随时可能加入战局，必须要速战速决。

为此，他专门在内地征集了一批工匠从军，这些工匠非常善于制造攻城器械。他们在哈密制造了多部巨型攻城塔，每部高达十丈。攻城塔下面有非常巨大的四轮底座，可以用人力推动前进。上部是塔楼，塔楼里面有多层的云梯，外面有厚木板掩护，顶端前部是可以开合的吊桥门。士兵在里面非常安全，靠近城墙后士兵放下吊桥门，可以直接从塔内冲出，登城作战。这避免了传统云梯伤亡大的缺点，而且士兵在里面还可以观望城内的地形和军队的布防，做到了如指掌。同时，工匠们还制造了在当时堪称最先进的重型抛石炮和重型车弩炮。

一切准备就绪后，大唐远征军开始对高昌城发起总攻。唐军指挥官在十丈高的巨型攻城塔顶俯瞰高昌城，城内布防看得清清楚楚。唐军使用了重型抛石炮和重型车弩炮。巨大的箭镞和石弹裹携着火焰飞向高昌城，遮天蔽日，迅速覆盖全城，城内燃起熊熊大火。后方，数万唐军弓箭齐射，很短的时间内就向小小的高昌城发射了数十万支火箭。在唐军的这种致命打击之下，高昌军根本没有丝毫的还手之力。眼看高昌城即将灭顶，彻底绝望的高昌国王麴智盛终于开城投降。侯君集随即兵分数路，把高昌境内三州五县的二十二座城池全部占领，共得到八千户三万多人口、四千匹战马。

640 年大唐平定高昌之战具有非常重要的历史意义。这场战役是唐朝建国初期进行的距离最远、难度最大的战略远征。平定高昌使得唐朝终于打开了一扇通往西域的大门，为后来大唐一系列开拓疆土的战争奠定了非常坚实的基础。唐太宗李世民力排众议，以其独到的战略眼光，毅然地发动了高昌之战，随后将高昌纳入大唐的版图。

把高昌设置为西州

唐太宗接到捷报，高昌城已经被侯君集攻克。长安城内一片欢腾，唐太宗也十分高兴，下诏嘉奖功臣，并设宴庆祝胜利。大军统帅侯君集在高昌城内刻石记功，然后押送着投降的高昌君臣返回长安，这些俘虏在观德殿向唐太宗请罪。唐太宗又下诏将高昌豪杰、贵族全部迁入内地安置，在高昌设置西昌州，下辖五个县，使这块土地在历经数百年之后，再次成为大唐版图的一部分。

对于唐太宗在高昌设置西昌州的举动，唐朝君臣内部意见并不统一。以魏徵为首的部分朝臣以前是主和派，这次他们又坚决反对在高昌设置州县。在他们看来，既然高昌举国投降，大唐也就此铲除了敌对势力。高昌地处蛮荒之地，民众皆“化外蛮夷”。如在高昌设置州县，必然常年留兵驻守，即使是数年一换，长途往来死亡者不少，军费开支也是一笔较大的负担，不但使朝廷在高昌得不到经济收益，反而要为此支付很多钱粮。

黄门侍郎褚遂良也支持魏徵的意见，认为唐太宗平灭东突厥时，也没有在当地设置州县，而是另立可汗，那么在高昌另立新王成为大唐的附属，也是有前例的。总结起来的观点就是，有罪就讨伐他，如果臣服我们就保留他。

这遭到主战派的强烈反对，他们坚持认为，首先，大唐不能放弃将士用鲜血和生命换来的每一寸土地；其次，高昌居民都是中原移民的后裔，那里的人无论是文化还是风俗，几乎都与中华无异，根本不是什么“化外蛮夷”；再次，最重要的是，他们阐述了高昌作为丝绸之路的交通枢纽，它的战略地位非常重要，切不可放弃这一大唐在西域的战略咽喉。唐太宗李世民此时完全站到主战派一边，他在朝堂上严厉质问那些主和派：“汉朝时可以治理西域，为何大唐就不能治理？”

贞观十四年（640）九月，唐太宗把西昌州改为西州，又把原西突厥占据的可汗浮图城改为庭州。贞观十六年（642），唐太宗任命郭孝恪为安西都护、西州刺史，并将罪犯发配到这里与镇兵共同戍守。尽管这里远离内地，往来不便，戍兵困苦，但郭孝恪与他们以诚相待，倾心抚慰，“尽得其欢心”，巩固了唐朝在这里的统治。

唐朝征服高昌以后，“国威既震，西域大惧”！尤其是安西都护府的设立，不但确保了丝绸之路上这条黄金通道的安全与畅通，还使得唐朝的疆域得到了极大的拓展。此后大唐以高昌为核心，经过一系列的征战，极大地开拓了大唐的疆域。据史书记载：“唐地东极于海，西至焉耆，南尽林邑，北抵大漠，皆为州县，凡东西九千五百一十里，南北一万九百一十八里。”

CHAPTER

第十三章 统一边疆的众多战役 13

虽然消灭了东突厥，平定了吐谷浑和高昌国，也打通了丝绸之路，但唐王朝在西北地区的敌对势力依旧强大。大唐王朝在经过贞观之治后，已今非昔比，实力逐渐强大起来，唐太宗李世民也经常以“天可汗”的名义对少数民族国家发号施令，对于拒不听令者，天可汗所能做的也只有消灭它。

册立东突厥可汗对抗薛延陀

东突厥汗国早在贞观四年（630）就已被彻底平灭了，可是取代东突厥的薛延陀汗国却趁“北方空虚”之机崛起，独自雄霸漠北，有“雄兵二十万”，成了唐朝北面的军事强国，同时也成为其北疆的潜在边患。

唐太宗知道，必须要采取措施对其进行遏制，否则薛延陀必将成为大唐王朝的一大劲敌。

贞观十二年（638）九月，薛延陀的真珠可汗让他的两个儿子分别统辖薛延陀的南部和北部，唐太宗立刻意识到这是一个良机，马上派遣使节册封他的两个儿子为小可汗，并“各赐鼓纛”，借此分化他们。

但要想确保帝国北部边疆的稳定，就必须在大唐王朝与薛延陀之间的东突厥故地一带设置一道屏藩。这就需要重建东突厥。

起初投降唐朝的东突厥高级将领几乎全部入唐为官，人数占唐朝五品以上官员的一半，大部分人都入居长安；其余部众也都被安置在黄河南北的各个州县，生活方式已逐渐汉化，难道还要再把他们迁往漠南吗？这么做会让这些突厥人感到不满，而且也不符合唐太宗一直以来对突厥的政策。但在贞观十三年（639）四月，一起突发事件彻底改变了唐太宗的对突政策，从而使得“重建东突厥”迫在眉睫。

突利小可汗的弟弟，名叫结社率。结社率跟随突利一起降唐，担任中郎将。由于他生活糜烂、品性恶劣，经常被突利责骂。结社率对他开始怀恨在心，就诬告突利谋反。后来被证实并无此事，纯粹是诬陷。唐太宗从此对结社率大为鄙夷，没有给他升官。结社率于是暗中招集了亲信四十余人，准备干一件大事，一件惊天动地的大事。

这一年四月五日，唐太宗动身前往九成宫（今陕西省麟游县境内）避暑。他们前脚刚刚抵达九成宫，结社率和他的党羽后脚就尾随出了长安。结社率事前经过打探，四月十一日凌晨四更时分，晋王李治开宫门出宫，刺客们就趁这个机会杀入宫门，直扑唐太宗寝殿。

可让结社率没有料到的是，这天夜里刮起大风，李治因此推迟了出宫的时间。埋伏在宫门外的结社率担心天亮后会败露，于是在夜里强行对宫门发起进攻。宫中守卫猝不及防，宫门很快就被攻破，而且被刺客们一连突破了四道防线。这伙亡命之徒不停地射箭，杀死了数十名禁军守卫。但是随后闻讯赶到的卫士越聚越多，结社率只得且战且退，最后闯入御马厩，抢了几十匹马，向北狂奔。他们逃到泾水时被追上了，结社率和他的几十名党羽全部被杀。

发生了这种恶性事件，大臣们纷纷上疏，对朝廷的突厥政策纷纷提出异议，大家都表示应该把突厥人安置在黄河以北地区。

此事过后，唐太宗李世民也在反思自己的“不贱夷狄，爱之如一”的做法是否欠当。其实早在贞观四年（630）平灭东突厥时，魏徵就极力反对将突厥降众安置在汉地，他说：“突厥世代是强盗，他们与百姓的仇很深，现在他们幸好灭亡了。陛下因为他们已经投降，就不忍杀死他们。应该尽快让他们回到故乡，不要再留在中国。他们都是人面兽心，弱小了就投降，强大了就叛乱，这是他们的本性，很难改变。”

唐太宗非常懊悔地对侍臣说：“中国是大树的根，蛮夷是枝叶，我把根割下来滋养枝叶，树木怎么会繁荣啊！朕不用魏徵言，今天才如此狼狈。”

其实唐太宗的安边理念和突厥政策不能说是错的，当时即使是把突厥人遣回故地，也不能保证不发生其他问题。更何况，结社率的极端行为，并不意味着所有突厥人都是“人面兽心”，对唐朝忠心耿耿的突厥人也非常多，比如几年后西征龟兹为大唐立下赫赫战功的突厥王子阿史那·社尔就是成功的例子。

眼下薛延陀日渐坐大，唐朝首先要考虑的事是在漠南建立屏藩。这样的话突厥人就必须回到故地，从而重建一个新的东突厥汗国。

唐贞观十三年（639）七月，唐太宗颁下诏书，册封右武侯大将军阿史那·思摩为东突厥的新可汗，“赐之鼓纛”，同时命“散落在各个州县的突厥人，一起渡河返回他们的旧部落，作为大唐的塞外屏障，保家护国”。

东突厥突然复国，薛延陀绝对不欢迎。唐太宗知道薛延陀的真珠可汗会有抵触情绪，于是也给他下发诏书，说：“中国自古以来就崇尚礼义，不能随便灭亡别人的国家。从前突厥被灭了，只是颉利一人危害百姓，中国其实不贪图他的土地、人畜，所以要更立可汗。既然已经答应了，就不能失信。秋天就会把他们遣往突厥，恢复他的国家。”为了稳住真珠可汗，唐太宗又强调说：“你们薛延陀受册在前，突厥受册在后，后者为小，前者为大。”

但是在诏书的最后，唐太宗也对薛延陀进行了警告：“你在碛北，突厥在碛南，各守土疆，镇抚部落。决不可以越界互相抄掠，否则我就会发兵，谁有罪就会治谁的罪。”真珠可汗虽然心里非常不满，可表面上也只能同意。

东突厥复国，新可汗阿史那·思摩也不情愿。对于这顶可汗冠冕，阿史那·思摩只是感到恐惧和忧虑。因为时过境迁，今非昔比了。

如今的薛延陀早已不是那个任人差遣的铁勒小部落，而重建的东突厥也不是那个“高视阴山，控弦百万”的大汗国了。天可汗的诏书说要他们“长保边塞”，如今的东突厥阿史那·思摩可汗说得好听点，是唐朝抵御薛延陀的一个桥头堡；说难听一点，是天可汗放养在漠南的一条看门犬。

天可汗的诏命不能违抗。阿史那·思摩犹犹豫豫、拖拖拉拉，一直拖到了两年后的贞观十五年（641）正月，才带着满脸愁容动身北上。临行前，他凄惨地给皇帝上临别奏疏，说：“臣受陛下蒙恩，担任部落的首领，希望子子孙孙为国家看守北门。如果薛延陀攻击我们，请答应我们全家老小一起回来。”

阿史那·思摩打定了主意，一旦薛延陀来攻击他，他马上就跑，肯定不会做誓死捍卫国门的勇士。此后阿史那·思摩北渡黄河，仍然在定襄故城建牙帐，麾下有三万户，四万士兵，九万马匹。

这个东突厥汗国太小了，薛延陀真珠可汗非常轻视他们。641 年十月，真珠可汗听说唐太宗李世民要去泰山封禅，不禁大喜过望，他对部下说："唐朝天子去泰山封禅，肯定是主力部队都去了，边境必然空虚，我利用这个机会教训一下阿史那·思摩简直是易如反掌。"随即命他的儿子乙失大度为统帅，征调同罗、仆骨、回纥、靺鞨等部落军队，共计二十万人，他们志在必得，横穿大漠，直扑定襄。

阿史那·思摩听闻二十万敌军来了，赶紧带着他的部众迅速地跑进了长城内，一直到朔州（今山西省朔州市）才停下来，派快马去向唐太宗告急。其实唐太宗早就等这一天的到来了。

重建东突厥，让阿史那·思摩迁居漠南的目的是防范和试探薛延陀。如果薛延陀有自知之明，与东突厥和平相处，那最好不过；但如果薛延陀不愿放弃扩张的野心，那就利用东突厥来刺激他们，让他的狼子野心早些暴露，那么大唐就顺理成章地可以尽早铲除这颗日渐壮大的毒瘤。乙失夷男（即真珠可汗）要是够聪明的话，再忍个十年八年，到时候唐朝要铲除薛延陀必将付出更大的代价。

平定薛延陀

唐贞观十五年（641）十一月十六日，唐太宗迅速做出了反击薛延陀的战略部署。唐朝一共出动了十几万兵力，在东起营州、西至凉州的数千里战线上，组成五路大军出击，与薛延陀决一死战。

第一路命营州（今辽宁省朝阳市）都督张俭为主帅，率所部骑兵及奚、霫、契丹等部落的军队，攻击薛延陀的东部边境。第二路命兵部尚书李勣为朔州道行军总管，率六万步兵及一千二百名骑兵，进驻朔州，迎战薛延陀军队的主力。

第三路命右卫大将军李大亮为灵州道（今宁夏回族自治区宁武市）行军总管，率步兵四万人，骑兵五千人，进驻灵武，伺机出击。第四路命右屯卫大将军张士贵为庆州道（今甘肃省庆阳县）行军总管，率步兵一万七千人，从云中（今内蒙古自治区乌兰察布盟）向边境挺进。第五路命凉州总督李袭誉为凉州道（今甘肃省武威市）行军总管，率部攻击薛延陀的西部边境。

在大军出征前，唐太宗召集众将领面授机宜："薛延陀自以为是，他横穿大漠南下，走了数千里，战马早已经疲瘦。用兵之道，如果有利就迅速跟进，不利则迅速撤退。薛延陀军队没有趁思摩不备而迅速发起攻击，在思摩退入长城之后，他们已经失去了战机，却又没有果断撤退，因此他们败局已定。我早已授命思摩在撤退时焚毁沿途的草场，薛延陀军队粮草枯竭，在野外又劫掠不到东西。刚才谍报人员回来说，薛延陀的战马已经没有草料，只好啃树皮，而且连树皮都快啃光了。你们要与思摩互为掎角，不必着急交战，等他们撤退时，再立刻发动进攻，一定能大破薛延陀。"

真珠可汗眼见儿子领着二十万大军直扑漠南，却扑了个空，尽管吓跑了阿史那·思摩，却没有捞到什么好处，反而让几十万大军陷入困境，而且唐朝多路大军已经出动，不能再拖下去了，不能把这点儿老本全部赔光。无奈之下，真珠可汗又派使者入唐朝见，要求与东突厥和解。

唐太宗对薛延陀的使者置之不理。他料定，不出十天，前线的李勣就能传回捷报，到时候再让使者回去传话，教乙失夷男好好做人。

乙失大度率三万骑兵追击阿史那·思摩，一直追到长城脚下，再往南就是唐朝境内了，乙失大度可不敢轻举妄动。乙失大度左右为难，只好派人叫骂，想把阿史那·思摩逼出来，可阿史那·思摩就是不肯出来。乙失大度站在长城脚下用尽了各种办法，结果都没用。

很快远处忽然尘埃滚滚、杀声震天，李勣率领的唐军主力迅速赶到了。乙失大度顿时惊慌失措，随即马鞭一挥，掉头就跑。李勣亲率六千精锐骑兵，迅速向北追击，越过白道川（今内蒙古自治区呼和浩特市北），一直追到了青山（今阴山山脉东段大青山）。

乙失大度跑到诺真水（今内蒙古艾不盖河）时，就和自己的主力部队会合了，眼下他手中有二十万人马。他准备在这里和李勣一争高下。

随后，薛延陀的二十万大军在诺真水拉开阵势，阵营横亘十里，刀枪林立，旌旗蔽日。六千对阵二十万，这是李勣军事生涯中的一场恶战。乙失大度之所以敢和唐军决战，除了兵力占绝对优势之外，还有一个原因就是，薛延陀通过连年征战，在对付突厥骑兵中，逐步摸索出新的战术：作战时以五人为一组，其中一人负责管理五匹马，其余四人徒步作战，而马匹是在战斗获胜后，追击敌人才用的。

本来薛延陀是擅长骑兵作战的游牧部落，但现在他又强化了步兵的战斗力，所以薛延陀把这两个兵种的优势结合在一起，还固守单一骑兵战术的突厥人就远非他们的对手了。

此刻，乙失大度得意地注视着兵少将寡只有六千人马的唐军，想要一举击败当世名将李勣。果然，当李勣麾下的三千突厥骑兵率先进攻后，很快就败下阵来。乙失大度战旗一挥，薛延陀大军立刻扑向唐军，万箭齐发，唐军骑兵的战马被射倒。李勣果断下令士兵下马，用长矛与敌军贴身肉搏，进行白刃战。

乙失大度自以为他的步兵已经独步天下了，可是在唐军面前却不堪一击。唐军步兵的战斗力远远超乎他的想象。尽管薛延陀人多势众，可还是招架不住唐军的冲锋，阵脚开始溃乱，乙失大度的指挥系统此时也失灵了，没有发挥出人数占优的特点。

就在这紧要关头，李勣的撒手锏——早已埋伏在附近的副总管薛万彻，率领他的数千骑兵在敌军后方杀入，专砍那些管理马匹的士兵。薛延陀军没料到唐军会这么做，那些牵马的士卒顿时四散而逃，受惊的战马也因无人看管，向后方逃去。前方的步兵傻眼了，有那些战马在，即便战败还可以逃命，如果战马都跑光了，他们总不能用两条腿走回郁督军山吧！没了战马，他们就死定了。在这种心态下，薛延陀军人人无心恋战。乙失大度见大势已去，立刻掉头逃跑。

主帅一跑，薛延陀军迅速溃败。唐军乘胜追击，杀死三千余人，生擒五万余人，此战大获全胜。

乙失大度率残部穿越大沙漠时，又遇上了暴风雪，结果又有大部分士兵与马匹被冻死。等到乙失大度返回薛延陀时，二十万大军只剩下不到两万。

诸真水一战，大唐名将李勣以六千击破二十万，生擒五万，这又创造了一个以少胜多的经典战例。

大唐贞观十五年（641）十二月十二日，李勣战胜薛延陀的捷报传回长安。与薛延陀派使者入唐请和，仅仅时隔五天。就在薛延陀使者准备打点行囊，返回漠北时，唐太宗召见了他，对他说："吾约定你们与突厥以大漠为界，互不相侵，如果谁违反了我就会治他的罪。你们自以为强大，主动越界攻击突厥。李勣只有几千人马，你们就已经如此狼狈不堪了。回去告诉你们的可汗：一定要分清利害关系。"

诸真水惨败后，薛延陀的真珠可汗已经锐气尽失。他决定夹起尾巴做人，向唐朝臣服，然后等待薛延陀恢复元气。

贞观十六年（642）九月，真珠可汗派遣他的叔父入唐请罪，还献上三千匹良马、三万八千张貂皮和一面稀有的玛瑙镜，并要求与唐王朝和亲。唐太宗征求大臣们的意见："是要以武力征服薛延陀，还是要和亲？"房玄龄说："战争毕竟是非常危险的事情，还是和亲比较有利。"唐太宗于是同意与薛延陀和亲。随后，李世民派遣使者赴薛延陀，答应和亲，将大唐的新兴公主许配给真珠可汗，但是要薛延陀必须释放契苾何力。

契苾何力是铁勒族契苾部落的人，东突厥败亡后，与母亲、弟弟率千余部众归降唐朝，任左领军将军，在前面讲过的大唐征服吐谷浑和高昌的战争中屡建战功，深受唐太宗赏识。贞观十六年（642）年初，安置在凉州的契苾部落有反常迹象，唐太宗就命契苾何力前往凉州安抚其部落，同时探望他的母亲和弟弟。

没想到契苾何力抵达凉州后，契苾部落已经下定决心，准备叛逃薛延陀，而且他的母亲和弟弟（时任贺兰都督）早就离开凉州，逃到了薛延陀。契苾何力非常震惊："主上对我们这么好，为何还要反叛？"族人要挟他说："老夫人和都督都已经去了薛延陀，你也要一起走？"契苾何力坚决不从，说："我弟弟孝顺母亲，我忠于君王，决不跟你们走。"

族人听后把他绑了，强行押往薛延陀。到达真珠可汗大帐前时，契苾何力突然拔出佩刀，向东高呼："我是大唐的勇士，决不在这里受辱！我的忠心，天地日月可鉴！"说完一刀割下左耳，以示不降之心。真珠可汗大怒，准备把他砍了，可汗夫人劝解，他才悻悻作罢，把契苾何力关了起来。

契苾部落的叛逃令朝野一片哗然，群臣传言契苾何力是主谋。唐太宗说："这绝对不是契苾何力的主意。"有人讽刺他说："蛮夷就是蛮夷，臭气相投，契苾何力到了薛延陀，一定会如鱼得水！"唐太宗听后不高兴了，他脸色一沉说："这是大错特错，契苾何力忠肝义胆，心如铁石，肯定不会背叛我！"

薛延陀的和亲使者后来来到长安，唐太宗详细询问了契苾何力的情况，听到他自割左耳一事，唐太宗不禁痛哭流涕，对左右说："你们听见了吧？契苾何力哪里是你们所想象的那样。"

随后，唐太宗便以和亲为条件，命薛延陀放回契苾何力。为了表彰他的坚贞和忠义，唐太宗将他提拔为右骁卫大将军。

贞观十七年（643）六月，按照与薛延陀达成的和亲协议，薛延陀遣使入唐，献上了和亲的聘礼目录：马五万匹，牛和骆驼各一万头，羊十万只。这份聘礼很丰厚，没有意外的话，薛延陀与大唐的和亲就算成了。但是契苾何力极力反对。

薛延陀暗中策反契苾部落，让唐太宗非常不悦。他对这门亲事也心生悔意，只是碍于天子金口玉言，不好轻易反悔。唐太宗有些为难地说："我既已经答应，身为天子，岂可食言？"

契苾何力早就想好了对策："臣不是让陛下马上回绝，而是要故意拖延，命夷男亲自到大唐迎亲，哪怕只是到灵州（今宁夏回族自治区宁武市）迎亲。

夷男一定不敢来，到时就名正言顺地推掉亲事。夷男为人刚愎自用，大唐不与他和亲，他的号召力就会减弱，部众也会离心离德。况且夷男已经年老，时日无多，只要他一死，两个儿子争位，国家就会大乱，到时候陛下坐着就能制伏他们了！”

唐太宗一想，觉得他分析得有道理，于是就依计而行。

可出乎唐太宗和契苾何力意料的是，乙失夷男居然来了。他不顾大臣们强烈反对，毅然带上聘礼——那几十万头牲畜——一路直奔灵州而来。可见他也是铁定了心娶唐朝公主的。

契苾何力的计策失灵了，唐太宗也无可奈何，没想到乙失夷男非常有勇气。如果他如期抵达灵州，唐太宗也只能硬着头皮把公主嫁了。

可谁也没想到，乙失夷男的运气太差了。由于薛延陀距离灵州有数千里之遥，所经之地多为沙漠戈壁，所以尽管他一路颠簸前行，可赶到灵州的时候已经错过了约定的时间，而且他的几十万头牲畜因为长途跋涉并且缺乏草料，已经饿死了将近一半。

唐太宗总算找到了借口，下诏拒绝了这桩婚事。乙失夷男自认倒霉，带着委屈和怨气打道回府。天可汗居然食言悔婚了！这件事在朝中引起了一场轩然大波。

谏议大夫褚遂良立即上疏，他表示强烈反对。他说，天子既然已经答应了这门婚事，就不能悔改，这样做实在是失去了信义。此外，群臣也纷纷表示反对唐太宗悔婚。可在唐太宗看来，这些都是书生之见，迂阔之谈。

为此，他很不客气地对群臣说：“大家只知古代而不知道现在的形势。汉初时匈奴强而中国弱，所以采用和亲政策，这项政策是非常正确的。可如今中国强大，戎狄弱小，以我步兵一千，就可击破薛延陀数万。薛延陀之所以向我们请罪，不敢骄慢，他只不过是想借我国之势臣服周边部落罢了。倘若同罗、仆骨、回纥等十几个部落一起联手进攻，薛延陀一定破灭。这些部落之所以不敢发动进攻，是因为真珠可汗是中国册封的。如今再把公主嫁过去，乙失夷男自恃为大唐之婿，其他部落谁敢不服？戎狄人面兽心，一旦稍不得意，必然反

回纥部族生活

咬一口，成为大唐的祸害。如今我拒绝和亲，其他部落知道他被大唐抛弃，用不了多少时间，就会把他的汗国瓜分一空。诸卿走着瞧！”

这次和亲失败确实让乙失夷男颜面扫地。他没想到自己的热脸贴到了唐朝的冷屁股上。乙失夷男恼羞成怒，一腔愤怒没有地方发泄，就又找东突厥来撒气。

当然，他只是不断派出小股部队对东突厥进行骚扰。阿史那·思摩面对薛延陀的骚扰束手无策。他的部众也大为不满，纷纷离开他，并且上疏唐太宗，要求南渡黄河，返回河套地区。

唐太宗知道阿史那·思摩镇不住他的手下，只好同意。贞观十八年（644）十二月，阿史那·思摩独自返回到了长安。唐太宗给了他一个右武卫将军的职务，以示安慰。此时唐朝扶持和重建的东突厥汗国宣告解体。薛延陀与唐朝之间从此没有缓冲的余地了。

贞观十九年（645），唐太宗不顾众文武百官的极力反对，御驾亲征高句丽，乙失夷男趁机遣使入唐，表面上说是朝贡，其实是来刺探虚实。唐太宗很清楚乙失夷男在想什么，对使者说：“回去立刻告诉你们可汗，如今我父子一起东征高句丽，要是他觉得有能力乘虚而入的话，叫他赶快来！”乙失夷男听后再次遣使到长安谢罪，并且说要共同出兵，帮助唐朝攻打高句丽。唐太宗一摆手说：“出兵就不必了，叫你们可汗一定要自重。”

唐军开始攻打高句丽后，高句丽执政官渊盖苏文派人游说薛延陀南下进攻长安，并以厚礼相赠。乙失夷男鉴于以前诺真水的惨败，又想起唐太宗的警告，最后拒绝了高句丽特使的游说。同年九月，乙失夷男病逝，唐太宗按照相应礼节对他进行了哀悼。乙失夷男死后，薛延陀就麻烦了。就像契苾何力预测的那样，他的两个儿子为了争夺汗位互相攻击，结果嫡出的小儿子杀了庶出的长子，自立为多弥可汗。

他做了可汗之后做的第一件事，就是出兵攻打唐朝。乙失夷男苦心经营多年的和平局面，从此被他儿子打破了。而薛延陀的末日也即将来临。

多弥可汗自以为唐帝国在高句丽用兵，所以乘虚而入，可他没有想到，唐太宗早在出征高句丽之前，就命右领军大将军执失思力率部驻扎在夏州（今陕西省靖边县北白城子）的北面，以防备薛延陀。现在听说薛延陀入侵，唐太宗又命左武侯中郎将田仁会率部驰援。

唐贞观十九年（645）年底，薛延陀多弥可汗亲率大军入侵河套地区。执失思力以老弱残兵对其诱敌深入，随后在夏州境内与田仁会兵团会合，两路大军左右夹击，大败薛延陀军，并且一直向北追击多弥可汗六百余里，直到将其重新打回漠北，才班师凯旋。

第一次出兵就惨败而回，年轻气盛的多弥可汗心有不甘，没几天大军就再度集结，卷土重来。此时唐太宗已从高句丽退兵，闻讯立即派遣李道宗镇守朔州，薛万彻、阿史那·社尔镇守胜州（今内蒙古自治区托克托县），宋君明镇守灵州，执失思力镇守夏州。

多弥可汗没有料到唐军的反应速度如此之快，见对手已经早有准备，严阵以待，他不敢贸然发动进攻，可又不甘心就这样退兵，于是就在夏州北面驻扎大军，与唐军对峙。

唐贞观二十年（646）春，唐军休整了一个冬天，开始对薛延陀军发起猛攻，再次将其击败，俘虏了两千多人。经过数次打击，多弥可汗总算知道不是唐军的对手，当即丢下大军，轻骑逃跑。薛延陀国内看见年轻的可汗不堪一击，还是贪生怕死之辈，薛延陀下辖的各个部族人心思变，开始蠢蠢欲动。

多弥可汗为了稳定局势，大力清除前朝旧臣，积极培植个人势力。他还这么做，无异于加速灭亡。薛延陀朝野上下人心惶惶，回纥酋长随即联合仆骨、同罗等部落一起发动政变。多弥可汗被打了个措手不及，薛延陀顿时陷入了一片混乱状态。这与当年的东突厥相似，薛延陀亡国的征兆渐渐显露。

贞观二十年（646）六月，天可汗唐太宗终于出手了。他任命江夏王李道宗、左卫大将军阿史那·社尔为瀚海安抚大使，命右领卫大将军执失思力率突厥兵团，右骁卫大将军契苾何力率凉州兵团，代州都督薛万彻率代州兵团，营州都督张俭率营州兵团，五路并进，准备大举北伐攻击薛延陀。同时，唐太宗又征调薛延陀东部边境的乌罗护、靺鞨两部落军队，命他们从东面进攻薛延陀。

在这么多的致命打击下，多弥可汗的军队稍作抵抗之后便纷纷溃逃，薛延陀举国震惊，各个部落也发生大乱，国人到处奔走相告——大唐的军队来啦！此刻，多弥可汗已经对局势完全失去掌控，他只好带着数千护卫骑兵狼狈逃窜，准备投奔其他部落。走在半路上时，被回纥骑兵截住。多弥可汗被杀，其领地也被回纥部落占据，宗族也被全部屠杀。

多弥可汗一死，薛延陀各部落争先恐后地派使者投降唐朝。多弥可汗的旧部还有七万余人，他们共同推举真珠可汗的侄子咄摩支为首领，削去了可汗之号，并向唐朝遣使称臣，请求返回旧地郁督军山之北。

此次远征薛延陀，唐军不费吹灰之力就征服了薛延陀各个部落，接下来就是如何处理咄摩支这支残余的薛延陀势力。唐太宗随即展开了廷议。结果群臣普遍认为，不能保留咄摩支这个势力，否则日后又会坐大，遗患无穷。而原来臣属于薛延陀的铁勒九部，他们听说咄摩支又要返回郁督军山，都担心之后会死灰复燃，也是极力反对。

唐太宗随即派遣李勣前往漠北，与铁勒九部一起商讨解决这个问题。李勣临行前，唐太宗给了他一个八字方针——“降则抚之，叛则讨之”。李勣抵达郁督军山后，咄摩支部下的一个酋长马上率部投降。可咄摩支却率众逃进了郁督军山南麓的荒谷中，躲了起来。李勣先礼后兵，派通事舍人萧嗣业去招降，咄摩支经过一番激烈的思想斗争后，意识到薛延陀没有复国的希望了，最终向大唐投降。

但他有三万多的部众还是不肯放下武器，李勣随即命令军队攻击他们。尽管薛延陀这支武装力量进行了非常顽强的抵抗，毕竟实力不济，在战死了数千人之后，余下的人斗志全无，就缴械投降了。至此，这个继东突厥汗国之后，又再次称雄大漠十余年的薛延陀汗国，终于彻底灭亡了。

贞观二十一年（647）正月，唐太宗李世民下令，在漠北设立六个羁縻都督府、七个羁縻都督州，史称“六府七州”，均以各个酋长为都督、刺史。其中六府是瀚海府、金微府、燕然府、幽陵府、龟林府、卢山府，七州是皋兰州、高阙州、鸡鹿州、鸡田州、榆溪州、蹛林州、置颜州。这个范围包括今天的蒙古中部、北部和俄罗斯南部。同年四月，唐太宗又设置了燕然都护府（治所在今内蒙古自治区乌拉特中旗），统辖六府七州。后来，随着漠北各部落的归降，燕然都护府的管辖范围也在不断增加。同年八月，骨利干部落归附唐朝，于是就在这个地方设置了玄阙州。

据《旧唐书·北狄传》称，骨利干部落“离长安京师是最远的，以前从来没有与中国联系过”。骨利干部落位于现在的西伯利亚贝加尔湖畔（也就是汉代苏武牧羊的地方），其纬度比中原地区要高出许多，夏季会出现白天长黑夜短的情况。

贞观二十二年（648）二月，结骨部落归降唐朝，随后在这个地方设置了坚昆都督府。根据《资治通鉴》的记载，结骨部落的人身材高大、红发碧眼。由此推断，这个部落应该属于白色人种。

失败的东征

隋朝两任帝王杨坚、杨广在位时多次东征高句丽都失败了。到了李世民执政的后期，唐朝国力强盛，经济繁荣，李世民知道，高句丽是横亘在他面前的最后一道坎，他想要替他的继任者李治迈过去——将征服高句丽作为统一天下的最后一项任务。

朝鲜半岛除了高句丽外，还有两个小国新罗和百济。唐初，高句丽王高建武为了专门对付新罗和百济，恢复向唐朝称臣纳贡，还愿意释放因隋末动乱而流亡过去的百姓，并派出使者到唐朝主动修好。新罗和百济为求自保也纷纷向唐朝臣服，于是这三个国家就都成了唐朝的属国。唐高祖李渊册封荣留王为辽东郡王、高句丽王，又把百济武王封为带方郡王、百济王，新罗真平王封为乐浪郡王、新罗王。

唐贞观时，李世民与高句丽维持着友好的关系，还派朱子奢（今苏州人，谏议大夫，弘文馆学士）调停他们之间的纷争。此时的李世民无暇顾及高句丽，因为他正积聚力量与北方的东突厥作战。

随着李世民征服了东突厥，唐朝已经没有了后顾之忧，这令高句丽王高建武感到恐惧，他立即向唐朝献上了封域图，以示对唐朝的绝对臣服。李世民见状，马上派使者长孙师（广州都督府司马）前往高句丽，长孙师到了高句丽后，立刻毁掉了“京观”（用隋朝士兵尸骨建起来的高冢）。后来高句丽王高建武觉得自己还很强大，就表面臣服唐朝，暗地里修建千里长城，还派太子桓权到长安探听消息。李世民也将计就计，又派使者去还礼，并趁机打探高句丽的情报。

然而就在这时，高句丽国内发生动乱，高句丽王高建武与掌握军政大权的宰相渊盖苏文之间发生了冲突。渊盖苏文为人凶狠残暴，他主张以强硬的政策对付唐朝，想杀掉高句丽王高建武，独揽大权。

高建武自然不肯束手就擒，他与众大臣密谋诛杀渊盖苏文，却被渊盖苏文提前得知。渊盖苏文假意设盛宴款待大臣，随后将他们全部斩杀，接着闯入王宫杀死高建武并分尸。政变之后，渊盖苏文立高建武的侄子高宝藏为王，自己独揽大权。

上台以后的渊盖苏文联合百济攻打新罗，新罗难以抵挡高句丽大军，国王就向李世民求救。李世民收到求救的请求后先礼后兵，要渊盖苏文立刻退兵，可一意孤行的渊盖苏文根本不把李世民放在眼里。

这彻底激怒了李世民，李世民以此为借口，决定亲自远征高句丽。众大臣都极力反对。褚遂良说道："陛下御驾亲征若战事有利则一切都好，可一旦战事不利，会让陛下和国家处于危险之地。"李世民没有听从劝阻，并且说道："渊盖苏文弑君虐民，施行暴政，是逆天的行为。朕御驾亲征定要扫平高句丽。"

唐贞观十八年（644）七月，李世民先派出小股军队对高句丽袭扰，又令人打造战船，筹备和运输粮草。唐贞观十九年（645）春，李世民和太子李治以及众多官员抵达洛阳，开始筹划和准备对高句丽的战争。

初战阶段，唐朝军队将士士气高涨，前锋连续获得胜利，随后李勣、李道宗迅速拿下了盖州（今辽宁省盖州市境内），海路方面，张亮也率战船渡过了渤海，登陆后派行军总管程名振乘夜色攻下沙卑城（又称卑沙城，今辽宁大连），并俘获男女八千人。为了震慑高句丽，张亮派先遣船队到鸭绿江入海口。七月，张亮率领水军到达建安（今辽宁营口）城下，遇到了高句丽军队的袭击，唐军将士奋勇杀敌，大破敌军。

鸭绿江，中国内河，现为中国和朝鲜之间的界河。发源于吉林省长白山南麓。

李勣、李道宗率部抵达

辽东（今辽宁省辽阳市）城时，高句丽援军四万人也随即赶到。面对这种情况，众将领建议先防守，等待李世民大军的到来。李道宗却不同意，他说道：“敌军凭借人多势众，以为打败我军很容易。作为前锋部队，要为陛下扫清障碍，以扬大唐军威。”主帅李勣同意了李道宗的观点，于是便与敌人对垒。唐军马文举（果毅都尉）率少数骑兵攻击敌军阵营，李道宗也从侧面进攻，李勣则从中部猛攻，高句丽抵挡不住唐军的进攻，迅速溃退，唐军斩杀千余人，获得了首次大胜。

很快李世民也率主力部队来到了辽东城下，李世民对李道宗、李勣取得的胜利给予了充分肯定，并提拔勇猛杀敌的马文举为中郎将。为坚定信心，李世民特令拆除辽河上的浮桥，并包围了辽东城。李世民命李勣、唐使率部攻城南，李道宗、张世贵率部攻城西。唐军的攻城器械在当时是很先进的，巨石抛车的射程可达到五百米。尽管辽东城守军拼死抵抗，但唐军经过连续十几天的猛攻后，辽东城被攻破，李世民将辽东城改名为辽州。

拿下了辽东城之后，唐军的下一个目标是白岩城（今辽宁辽阳东北），由李勣作为总指挥指挥攻城。白岩城依山傍水，易守难攻。乌骨城（今辽宁凤城）派部队支援白岩城，唐军大将契苾何力奉命阻击。混战中，契苾何力被敌军重重包围，还被长枪刺中腰部，在这个危急时刻，薛万备（薛万彻之弟）迅速冲入敌军阵中，救出契苾何力。契苾何力简单地包扎好伤口，就立即重新投入战斗，敌军很快纷纷溃散。白岩城城主孙代音见唐军的气势很盛，便举城投降唐军。李世民将白岩城改为岩州，授孙代音为岩州刺史。

攻下白岩城之后，李世民率主力向安市城（今辽宁海城东南）挺进，渊盖苏文立即派高延寿、高惠贞率十五万精兵援救安市城。李世民诱敌深入，派阿史那·社尔领两千骑兵令其刚一交战就佯败而逃。高延寿不知有诈，引兵追击唐军。

李世民和长孙无忌登高远望，见高句丽军队列阵四十里，声势浩大，不免有些担心。这时李道宗建议：“高句丽举全国之兵前来应战，平壤守备必定不足，陛下给我精兵五千，进攻平壤，敌军害怕，肯定不战而退。”其实，按照兵法来说李道宗的建议十分有利，可能是征战多年的李世民打算求稳，并没有接受李道宗长途奔袭的建议。为了削弱敌军的斗志，李世民假装与高延寿谈判，派使者对他说：“朕此次前来是为了讨伐渊盖苏文弑君夺位的罪行，不想与你们作战，等你们安定之后，朕必定退兵。”高延寿认为李世民畏惧了，便对唐军放松了戒备。

而李世民则暗中派李勣、张士贵率领一万五千步骑在城西列阵，长孙无忌、牛进达率领一万多骑兵埋伏在北侧，自己则亲率四千骑兵埋伏在敌营北面的山头。第二天一早，李世民一声令下，三路大军共同向敌军阵营发起了猛烈的攻势，将士们喊声震动山谷，高句丽军队抵挡不住，开始到处逃散，唐军斩杀敌军两万多。高延寿大败，收拾残兵败将据山而守，唐军把高延寿军队包围起来，还封锁了周围的道路桥梁，切断了高延寿的退路，高延寿无奈之下率部投降。

李世民夸耀自己宝刀未老，还将这场战役视为平生的得意之战。随后，李世民把率军埋伏的山头取名为驻跸山，来纪念此次胜利。但是李世民庆祝胜利太早了，随后唐军猛攻安市城，连续六十余天没有任何进展，遭遇到远征高句丽以来巨大的挫折。

这时已经是九月底了，辽东的天气越来越冷，河水结冰，野草枯黄，唐军粮草供给开始不足了，穿着单衣的唐军士兵在寒风中被冻得瑟瑟发抖，士气也很低落，李世民只得下令退兵，并将辽州、盖州的百姓迁徙到中原内地安置。当李世民大军撤退的时候，高句丽的主将在城上拱手告别，李世民很欣赏他，就赏赐了绢一百匹。

李世民的这次东征高句丽，攻下了白岩等众多城池，杀敌四万多人，唐军却伤亡不到两千人，应该说是占尽了先机。随后攻打安市城却无功而返，这令李世民很不甘心。而渊盖苏文从此以后更不把唐朝放在眼里，还时常偷袭唐朝的边境。

李世民开始时信心满满地东征高句丽，他觉得强大的唐朝来讨伐叛逆的渊盖苏文易如反掌。但李世民犯下了和杨广同样的错误，他们没有想到高句丽也是一个中央集权制的区域性强国（比如说同李世民作战时一次就调动十五万军队）。这次失败可以说是李世民一生中最大的失败，也是最大的遗憾。但是仅仅过了二十三年之后（668），这个让隋唐三位帝王都折戟而回的高句丽，终于在永徽年间被李世民的继任者李治灭亡。

以和亲与吐蕃修好

在唐朝数百年的历史中，与少数民族进行了多次联姻。其中影响最深，也为大家广为流传的是吐蕃松赞干布与文成公主的联姻。

吐蕃是一个古老的民族，自古以来就居住在我国西藏高原地区，是今天藏族的前身，他们于六七世纪建立了一个奴隶制国家。唐太宗贞观八年（634），松赞干布即位为吐蕃赞普（国王），年仅十三岁，他重用论科耳和尚囊等能臣辅政，讨伐叛乱，最终统一了吐蕃。

当唐朝不断击败强敌，唐太宗成为天可汗时，松赞干布也称雄雪域高原，并完成了一些小国的兼并，他定都逻娑（今西藏自治区拉萨市），建立了统一而且还很强大的吐蕃王朝。吐蕃松赞干布非常富有远见，他非常羡慕唐朝的文化，也很重视和唐廷的关系，就派使臣携带贡品访问长安。

文成公主入藏

唐太宗也派使者冯德遇

回访抚慰。吐蕃松赞干布见了冯德遇非常高兴。他听说突厥和吐谷浑等很多国家都娶了唐室公主，于是派遣使者带了很多金银财宝，入朝求婚。唐太宗没有同意。吐蕃松赞干布听使臣说，是由于吐谷浑离间吐蕃与唐朝的关系，唐太宗才没有答应，于是一怒之下，发兵攻击吐谷浑，吐谷浑大败，迅速逃走了。随后吐蕃松赞干布又打败了党项和白兰诸羌等民族，率兵二十万，进逼松州，扬言要"来迎公主"。都督韩威率领少数骑兵偷窥吐蕃军营，被吐蕃松赞干布打败。唐太宗于是派侯君集、执失思力、牛进达、刘兰率五万大军反击吐蕃。牛进达率前锋趁夜袭击吐蕃军营，杀死了一千多人。吐蕃松赞干布见状非常害怕，他率军后退，又派使者向唐太宗谢罪，并再次求婚。虽然唐军击退了吐蕃军，但是唐朝也见识到了吐蕃的强大。唐太宗高瞻远瞩，为巩固西陲边境，同意了这门婚事。松赞干布派遣大臣禄东赞给唐太宗下聘礼，进献了黄金五千两及数百件珍玩。唐太宗答应把他的侄女文成公主嫁给他。

唐贞观十五年（641），唐太宗令礼部尚书江夏郡王李道宗主婚，持节亲自护送文成公主入藏。文成公主生于任城（今山东济宁），其父史书未记载。贞观十四年（640），唐太宗李世民一道圣旨，将她封为文成公主，远嫁吐蕃。

她不怕艰辛，在众侍从的陪同下，踏上了漫漫唐蕃古道，跋涉了三千千米，历经千难万险，来到雪域高原，前往吐蕃。松赞干布非常高兴，率部驻扎在柏海，亲自到河源来迎接。他看到文成公主雍容华贵、举止娴雅，非常爱慕。

他见到李道宗时，也非常恭敬，用女婿拜见岳父的礼节来参见李道宗。松赞干布和文成公主路过玉树（在今青海省）时，看到这里景色十分优美，气候非常舒适，而且经过了长途跋涉，他们也需要休息，两人便在这里住了一个月。文成公主闲暇时，拿出唐太宗送给她的谷物种子和菜籽与工匠一起向玉树人传授种植的方法和磨面、酿酒等技术。

玉树人因此非常感激文成公主，当公主要离开玉树继续向拉萨进发时，他们都恋恋不舍。当地的藏民特意保留了她的帐房作为遗址，还把她的足迹和相貌都刻在石头上，用来膜拜。710 年，唐中宗的时候，唐室的又一名公主金城公主也嫁给了藏王，途经此地时，专门为文成公主修了一座庙，赐名为“文成公主庙”。

等到与公主到达逻娑时，人们载歌载舞，欢腾雀跃，以欢迎她的到来。松赞干布随即与文成公主举行了隆重的婚礼，他兴高采烈地对大臣们说：“我的长辈都没有与上国通婚，如今我得到大唐公主，实在是太幸运了，应当给公主建一座城，来向后代炫耀。”

松赞干布立即下令修筑城邑，建造宫室，让文成公主住在里面。松赞干布专门为公主修筑的布达拉宫，富丽壮观，共有一千间宫室。但后来毁于雷电、战火。经过 17 世纪的两次扩建，逐渐形成了现在的规模。布达拉宫主楼十三层，高一百一十七米，占地面积三十六万余平方米，气势磅礴。布达拉宫中目前还保存有大量内容丰富的壁画，其中就有唐太宗五难吐蕃婚使禄东赞的故事，文成公主进藏一路遇到的艰难险阻，以及抵达拉萨时受到热烈欢迎的场面等。这些壁画构图精巧，人物栩栩如生，色彩鲜艳。

松赞干布非常喜欢文成公主，公主厌恶藏族用赭色涂面的风俗，松赞干布就下令禁止。松赞干布也非常仰慕中原的风俗，就脱去藏族的毡裘，穿上唐朝的服装。他还派遣藏族的贵族子弟，进入国学，学习“四书五经”，同时还聘请中原的读书人为他写奏疏。

当时，唐朝佛教非常盛行，而西藏地区没有佛教。文成公主是一位虔诚的佛教徒，她携带了佛塔、经书和佛像来到这里，下定决心，建造寺庙来弘扬佛法。她让山羊背上土去填卧塘，建成了大昭寺。大昭寺建成后，文成公主与松赞干布亲自来到庙门外栽种柳树，柳树长大后就成为著名的“唐柳”。而甥舅同盟碑，也称“长庆会盟碑”就立在唐柳旁边。现在大昭寺大殿正中供奉着的一尊释迦牟尼塑像，据说是文成公主当年从长安请来的。大殿两侧的配殿内，有松赞干布、文成公主的塑像，雕刻得精美绝伦。只是他们脸上经常被布施献金，而绽开了一些金皮疙瘩。

后来，文成公主又修建了小昭寺。从此，佛教开始在西藏盛行。文成公主还对拉萨四周的山命名，它们被称为妙莲、宝伞、右施海螺、金刚、胜利幢、宝瓶、金鱼，这些山名从唐代一直沿用到现在。

文成公主入藏后，带去了很多医药、生产技术、佛教等方面的著作，还有大批珍宝、绵帛、手工艺品及谷物、蔬菜种子等。唐朝还送去蚕种及造酒、碾、硙、纸、墨的工匠数百名，这些对发展吐蕃经济、文化起了重要作用。

文成公主在西藏生活了四十年，她将自己女性的魅力永久停留在茫茫高原，以自己内心灵魂的美丽温暖融化了青藏高原的冰天雪地，为汉藏两族的友好和发展做出了巨大贡献。保存至今且金碧辉煌的布达拉宫就是这种姻亲文化的见证。唐太宗也深谙“和亲”的底蕴，他胸襟开阔、气度恢宏、决策英明，是中国历史上十分罕见的。

中国古代帝王可以平定中原，却不能让周围的少数民族真心归附，而唐太宗却能屡屡成功，其原因还是唐太宗自己回答得好，他说：“汉人自古以来都认为中华是最尊贵的民族，而夷狄则非常卑微。我把他们（夷狄）都看作一家人，所以他们都像对待父母一样对待我。”

松赞干布与文成公主缔结美好姻缘后，中原与吐蕃之间的关系也发展良好，此后两百多年间，几乎没有战事，使臣和商人也都往来频繁。649年，唐太宗李世民去世，新君唐高宗李治继位后，派使者入蕃告哀，还授予松赞干布“驸马都尉”，并封他为“西海郡王”。松赞干布也派专使前往长安去吊祭唐太宗，还进献十五种金供奉于昭陵（唐太宗墓），并给唐高宗李治上书，表示对唐朝新君的支持和祝贺。唐高宗又晋封松赞干布为“王”，并刻了他的石像列在昭陵前，以示对松赞干布的褒奖。

小昭寺

讨伐龟兹国

龟兹王国（今中国新疆库车）在新疆中西部，位于天山南麓的中段，塔里木盆地北边。龟兹的历史极其久远，是西域地区的一个古老国度，早在西汉时期龟兹就已经存在并且并入了中国版图，是中国历史上著名的“西域三十六国”之一，龟兹还是西域众多小国中势力相对强大的一个国家。

龟兹地处西域纵深腹地，具有极其重要的战略位置，要想控制西域，就必须先控制龟兹。龟兹的战略价值使得历代王朝都将西域地区的最高行政机构设在这里。龟兹最早是臣服于匈奴的，但是它始终在匈奴和西汉之间举棋不定。

随着匈奴的败亡，公元前 77 年，龟兹正式归降汉朝，汉武帝随即派兵进驻并控制了这一战略咽喉。为强化对西域的管理，公元前 60 年，西汉政府在龟兹境内的东乌垒城（今中国新疆轮台），设立西域都护府，并任命郑吉为首任西域都护，负责管辖整个西域地区的各项事务。到了东汉时期，著名的军事家班超在收复西域后，同样也将西域都护府设在龟兹境内。

从公元前 77 年纳入中国版图，到东汉灭亡的三百年时间里，龟兹不断地受到匈奴的胁迫和威逼，导致龟兹数次反叛汉朝，并且还攻击汉朝在西域的驻军以及属国。这证明龟兹一直对中央政府具有很强的抗拒甚至是敌视心理。

经过数百年的国家分裂，589 年隋朝统一全国，隋朝的势力也随之再次进入西域地区。但此时突厥的势力就在龟兹身边，比隋朝的威慑力要大得多。龟兹再次陷入在二者之间摇摆的状态。

大唐建国后，平定了东突厥，东突厥的灭亡对周边邻国产生了非常大的威慑。面对这样一个强者，龟兹王苏伐叠派使团到达长安，向唐太宗献上降表、地图、户籍和宝马、宝玉、天山特产等贡品，正式向大唐称臣、纳贡，表示归附并请求庇护。

唐太宗李世民非常清楚龟兹拥有无法替代的巨大战略价值，直接关系到唐朝以后能否成功收复西域，也关系到此后对西突厥作战的成败。因此唐太宗李世民以国宾礼仪接见龟兹使团，册封苏伐叠为“龟兹国王”，还赐给宝玺、敕书、冠靴服饰、车马仪仗和大量金银财宝。两国至此正式确立了臣属关系。龟兹与另一个西域小国高昌一起，成为大唐在西域的重要支点。但好景不长，随后龟兹人就叛变了。

唐太宗册封完龟兹国王没过多久，龟兹王苏伐叠就反目了。这是因为西突厥军队来了，使得原本接受册封的他主动向西突厥称臣、纳贡，并明确表示，要脱离唐朝的控制，以此来得到西突厥的支持。此时的西突厥君主是肆叶护可汗。肆叶护此时刚刚统一了西突厥，准备开始大肆扩张。龟兹王苏伐叠的投怀送抱让他大为惊喜。于是，肆叶护对龟兹的投靠给予了积极支持，直接出兵协助龟兹的扩张。

640 年，大唐征高昌时，龟兹曾与西突厥一起出兵支援高昌抵抗唐军；644 年，大唐出兵镇压焉耆王国（今新疆维吾尔自治区焉耆县）反唐叛乱，龟兹出兵援助焉耆，龟兹援军率先赶到，甚至比西突厥还要早；647 年十二月，龟兹王苏伐叠病死，他的弟弟诃黎布失毕即位。诃黎布失毕上台后马上迎娶西突厥公主，同时宣称要彻底断绝同唐朝的关系。他疯狂地镇压国内亲唐势力，并彻底切断了唐朝同西方的全部联系。

次年二月，龟兹王诃黎布失毕出兵，进攻唐朝在西域的属国疏勒王国，并且袭扰高昌。要知道，疏勒虽小，但是疏勒与唐朝的关系非同一般。疏勒是最早归附唐朝的西域国家，而且为表达他的忠诚，疏勒王派太子做唐太宗的侍卫，还要求唐朝中央政府派兵保护疏勒的安全。自此，疏勒成为唐朝在新西域地区最重要的战略据点。而高昌此时已经纳入唐朝，成为一个州县，但它是唐朝丝绸之路上的战略咽喉。两地如果丢失，唐朝将被彻底逐出西域。

此时，龟兹的猖獗行为，已经对唐朝在西域的利益构成致命威胁。龟兹同题此时已经到了该彻底解决的时候了。

唐太宗早就想要出兵龟兹，由于唐太宗的目标是远征高句丽，所以对龟兹迟迟没有下手。而高昌已经并入唐朝，唐军通往西域西部的道路已经贯通。因此唐太宗认为，出兵龟兹的时机已经到了。648 年初，唐太宗正式下诏，任命昆丘道行军大总管、左骁卫大将军阿史那·社尔为最高统帅，率领右骁卫大将军契苾何力、安西都护郭孝恪、伊州刺史韩威等将领正式出兵讨伐西域龟兹。

考虑到龟兹在西域各国中属于势力比较强大的，加上西突厥派遣重兵援救，唐太宗下诏，征唐朝本土正规军府兵十万，同时征发东突厥、党项、铁勒、白兰、吐谷浑以及属国吐蕃等共五万骑兵，共计出兵十五万铁甲骑兵，同时征调大量军马、军驼和车辆等，运载淡水、大量粮草、衣甲兵器和饷银军需以保证前线军需。648 年四月，大唐远征军正式誓师出征。

当唐朝正式出兵的消息传到龟兹后，龟兹王诃黎布失毕没有害怕，在他眼里，最好的屏障就是西域的万里黄沙，而且龟兹不像高昌那样弱小，它拥有数万铁骑和大量人口，城市防守坚固，还有西突厥作为他的强大后援。

于是，他马上联络焉耆王薛婆阿那支共同对付唐朝，同时派使者紧急向西突厥求援。此时西突厥的首领是乙毗射匮可汗。他也清楚，龟兹不容有失，否则西突厥门户洞开，将失去抵御唐朝的最后一道屏障。

古代骑兵

他首先命令西突厥骑兵分别进驻龟兹国都伊逻卢城和焉耆王国，协助他们共同防守，同时命令西突厥汗国的处月、处密两大部落进驻龟兹东北边境来抵御唐军，接着命令西突厥另一支骑兵军团进驻龟兹天山北部领土。西突厥此次援军的力量和决心，要远大于当初支援高昌，这也能看得出龟兹对西突厥的巨大意义。有了西突厥的强力支援，龟兹王诃黎布失毕和反唐派国相那利就等着“击破唐军”了。

有了之前灭亡高昌等西域国家的经验，唐军此次进入西域的难度没有上次那么大了，一路上唐军的行军速度要快了很多。经过了五个月的长途跋涉，大唐远征军于648年九月，终于抵达龟兹的边境。

大唐远征军统帅阿史那·社尔没有立即进攻龟兹，因为他明白，区区龟兹根本不是对手。大唐和龟兹的战争，说白了就是大唐与西突厥之间的对抗。因此，要想顺利解决龟兹，必须首先清除周围的西突厥势力。

648年九月初，唐军率先发起进攻。阿史那·社尔命令副将契苾何力等率领少数人马，佯攻龟兹南部地区的小城市以吸引敌军的注意力。唐军的佯攻立竿见影，龟兹和西突厥大军开始将注意力转向南方地区。

阿史那·社尔见状，亲率主力精锐八万铁甲骑兵，翻山越岭，长途奔袭，抄小路突然出现在龟兹守军的后方。他们凭借夜色的掩护从背后突然猛攻，打击在后方压阵的西突厥处月、处密二部。西突厥在兵力上本来占有优势，但他们没有预料到，唐军骑兵居然敢走一条无法走的路线，绕到他们的背后突然发动袭击。

大唐骑兵集团犹如神兵天降，远用箭射，近用刀砍，纵马驰骋，杀入西突厥人营地，随即又四处放火。西突厥军队在强大的唐军面前已经无力回天了。最终西突厥处月、处密二部在伤亡近万人后向天山以北全线溃退。唐军统帅阿史那·社尔没有追击，因为他的目的不是要全歼这两支西突厥武装，而是将其击溃以减轻龟兹正面战场上的压力。

随后，大唐远征军统帅阿史那·社尔进行下一步的动作，他把十五万大军兵分五路，再次走山间小路和沙漠戈壁绕过龟兹西北部的屏障焉耆王国，突然出现在其背后，包围了都城焉耆城。一直与龟兹王“同进退”的焉耆王薛婆阿那支此前没有察觉到唐军的动向，以为唐军不会先攻击他，等到唐朝的大军突然出现在他的面前时，他大为震惊。焉耆是西域小国，国小人少，他们只抵抗了一个上午就开始崩溃了，唐军攻克了焉耆城。

焉耆王薛婆阿那支在城破前企图化装出逃，投奔龟兹。阿史那·社尔立即派郭孝恪领兵追赶，很快就将其生擒。薛婆阿那支是西域各国中，非常著名的铁杆反唐亲西突厥分子，阿史那·社尔在焉耆城内将其斩首。焉耆王国被彻底攻克，龟兹就丧失了北方的最后一道屏障。唐军逐渐扫清外围障碍，随即开始进攻龟兹本土。面对屡战屡胜的唐朝大军，龟兹守军无法组织起像样的抵抗，他们一触即溃，使得唐军如入无人之境，迅速攻入龟兹腹地。

648年九月中旬，大唐远征军主力包围了多褐城（龟兹都城伊逻卢城以北一百里的门户），龟兹举国震惊。此时，西突厥驻军已经逃走了，龟兹只能凭借自己的实力对抗唐军。龟兹王诃黎布失毕与国相那利、大帅羯猎颠等人孤注一掷，决定集中全部兵力，不惜一切代价抗击敌军。龟兹王诃黎布失毕调集了天山南部国土内所有能用的兵力，共五万骑兵“御驾亲征”。面对顽抗到底的龟兹，唐军统帅阿史那·社尔命大将韩威为前锋，率领一千骑兵主动出击以引诱敌军，自己则率领主力在后方伏击敌军。

韩威领兵出击后不久就遇到了龟兹主力。龟兹五万铁骑漫山遍野，旌旗招展显得很有气势，确实强于其他小国。发现唐军后，龟兹王诃黎布失毕命令大帅羯猎颠马上发起攻击。龟兹军队想倚仗数量上的绝对优势一举拿下唐军，但他们的进攻没有章法。唐军在韩威的指挥下，首先用弓箭密集射杀，随后不与敌人恋战，马上撤退。

面对唐军的溃败，龟兹王诃黎布失毕非常高兴，于是立即命令大帅羯猎颠全线追击。羯猎颠劝说诃黎布失毕不要轻敌，唐军一向英勇善战，此番小战即溃肯定有阴谋。但诃黎布失毕根本听不进去，于是在诃黎布失毕的严令下，龟兹五万大军紧随其后追击。结果和羯猎颠料想的一样：龟兹大军刚刚追了三十里，韩威就与唐军主力会合了。

无数唐军伏兵从四面八方发起攻击。龟兹军从来没有经历过这样的阵势。

他们虽然在西域地区还能称霸一方，但难以抵挡强悍的唐军。而且唐军阵中还有很多东突厥骑兵，其凶悍更是龟兹人闻所未闻的。结果，唐军很快就完成了对龟兹军的分割包围。在唐军猛烈攻击下，龟兹主力五万骑兵狼狈逃窜，龟兹王诃黎布失毕与大帅羯猎颠迅速逃往国都。

唐军没有给敌方任何喘息之机，统帅阿史那·社尔亲率主力十万铁甲骑兵立即追击，追击了八十里。唐军逐渐扫清外围残敌，于 648 年十月下旬，包围了龟兹国都伊逻卢城，同时也做好了打援的部署。

伊逻卢城是一座已经经营了七百多年的古城，防御设施非常完备坚固。龟兹王诃黎布失毕与国相那利、大帅羯猎颠准备固守都城，并等待西突厥的援兵。

在攻城器械的掩护下，唐军步兵有人通过攻城塔和云梯登城墙，还有人架冲车直攻城门。高达十丈的攻城塔在牛和人力的牵拉下，缓慢地推进到城墙边，随后冲车上的巨大木锤不断用力的撞击，城墙上的砖石纷纷坠落。很快城墙在猛烈撞击下被砸开多个巨大的缺口，唐军骑兵趁机通过缺口蜂拥而入，双方展开激烈的巷战。

眼看着城破在即，龟兹王诃黎布失毕与国相那利、大帅羯猎颠偷偷从地道逃出国都。他们出逃后，守军顷刻间成批投降。战斗一直持续到当天中午，大唐远征军攻克了龟兹国都伊逻卢城。唐军统帅阿史那·社尔令郭孝恪率领曹继叔、韩威守城，他亲率精锐骑兵追击诃黎布失毕。

临行前，阿史那·社尔对郭孝恪反复强调说，龟兹都城刚打下来，城内不稳，而且龟兹人一直对大唐不友善，他们反复无常，此时如果首领还没有擒获，天山以北地区也没有平定，他们的残余势力依然很有实力，特别是西突厥也不会这么快就认输，他们一定会反扑。因此，特意嘱咐郭孝恪在城中千万要谨慎从事，严加防范敌人突袭。他还要求郭孝恪发生状况时，要立即退守城中，全力守城以待援兵。

之所以如此强调谨慎小心，那是因为阿史那·社尔非常了解龟兹人。但郭孝恪并没有放在心里，因为在他看来，在大唐将士军威之下，城中区区几个胡人还能翻天吗？而这就为后来发生的悲剧埋下了伏笔。

阿克苏地貌

阿史那·社尔部署完毕，就亲率苏海政、薛万备等大将，带领着三万骑兵追击龟兹王诃黎布失毕。大唐骑兵充分展示了他们强悍的“勇追穷寇，赶尽杀绝”的作风，昼夜不停地追击，强行军六百里才追上逃跑的敌人。龟兹王诃黎布失毕与国相那利、大帅羯猎颠退守到拨换城（今新疆阿克苏）。

唐军随即将城包围，此时城中守军人数不多，只有一万多人。唐军围城后等待后方攻城器械的到来。没过多久攻城器械抵达后，唐军开始攻城。龟兹守军困兽犹斗，经过一个多月的连续猛攻，648年底，大唐远征军终于攻克拨换城。龟兹王诃黎布失毕、大帅羯猎颠被俘后被押解送回长安，全城军民都投降了。

龟兹国相那利逃走了，这让阿史那·社尔深感不安，因为那利是龟兹国内最强硬的反唐亲突厥分子，他此刻对局势的安稳来说，会是一个巨大的隐患。很快，阿史那·社尔的担忧变成了现实。

此时，唐军没有完全平定龟兹全境，而西突厥也没有死心，已经蠢蠢欲动。龟兹国相那利出逃后，立即来到西北边境找到西突厥驻军请求支援。西突厥首领乙毗射匮可汗得到消息后立即命令他们全力配合，同时表示援兵马上就到。那利没有等西突厥的援兵，就把龟兹周边的散兵游勇集中起来，加上西突厥的驻军一共一万多人，他们决定立即下手。那利想趁驻扎国都的唐军守备松懈的时候，直接进攻都城。

此时，龟兹城内的唐军统帅郭孝恪非常松懈，他甚至没有遵从主帅的命令，城内只留了少量兵力，而将主力部队驻扎在城外。此时，一些龟兹贵族劝告郭孝恪说：“那利做宰相多年了，他很得人心，如今逃亡在外，一定会想着趁机作乱，而城里的人，也都是怀有二心的人，您一定要好好准备啊！”

郭孝恪没有听龟兹人的好意，毕竟刚刚经历了一场血战。这一天的清晨，龟兹叛军突然发起攻击。城外唐军只有数千人，抵挡不住一万多龟兹和西突厥叛军的疯狂进攻。情急之下，郭孝恪带领手下部队迅速向城内撤退，准备据城待援。但令他没有想到的是，龟兹国相那利事先已经勾结了城内潜伏的龟兹叛乱分子，在战斗打响后，这些人里应外合立即向唐朝守军发起进攻，很快就夺取城门，并引城外叛军主力入城。结果，当郭孝恪带领唐军回到城门处时，城墙早已失守。他们遭到来自城内外万余叛军夹击，伤亡惨重。

郭孝恪尽管组织部队拼死抵抗，但还是寡不敌众。叛军向唐军发射箭雨，抵挡不住的唐军遭到叛军射杀。守将郭孝恪率军苦战，结果在西门壮烈殉国。叛军主力随即入城，开始四处追杀唐军和亲唐龟兹人，并占领了都城内的绝大部分地区。此时的情况万分危急。龟兹国相那利非常得意，他只等着手下向他汇报最后胜利的消息了。但接下来，一个小人物出场了，这再次改变了局面。

此时，城内已经非常混乱了，唐军的残余力量已经没有人指挥了，只能各自逃生。在这关键时刻，城中唐军的一名主管军需仓库的低级官员挺身而出，他的名字叫崔义超。他和手下几个随从到处找人，结果临时拼凑起一支二百人的武装，他们占据了城西的军需仓库，与龟兹叛军拼死作战。这些人中包括汉、突厥等多个民族。他们一个个灰头土脸，衣衫褴褛，还有些人是伤兵。龟兹国相那利听说这里久攻不下，就亲自指挥进攻唐军在都城里的最后一个据点。

起初他根本没把这二百人放在眼里，认为只不过是垂死挣扎。但他万万没有想到，他的几千人连番猛攻了整整一天，伤亡两千多人，结果硬是没能拿下这么一个小小的仓库。唐军这支由仓库保管员崔义超临时拼凑起来的只有二百人的“乌合之众”，在主力惨败，城中几乎全部被叛军占领的情况下，不但保住了仓库，还杀伤了十倍于自己的敌人。

更重要的是，这二百唐军拼死守住了城内一处重要战略据点，为主力随后的反击平叛，争取了极其重要的时间。当天黄昏，驻扎在周边的唐军主力到达。曹继叔（右骁卫将军）、韩威各率所部向叛军发起凌厉攻势。经过一夜激战，斩杀叛军三千多人，剩余者大多再次逃亡，整个叛军土崩瓦解。但叛军首领那利却再次逃跑，这又留下了一个隐患。

那利再次出逃后还是没有死心，山南是无法立足了，他收拾散兵游勇越过天山跑到还没有被唐军平定的龟兹天山北部的领土。到达北方后，那利招集当地龟兹残军，还向西突厥求援，结果一共拼凑了一万二千人。部下反复劝说那利，用这点儿力量去和唐军抗衡无异于以卵击石，那利坚决不听劝告，半个月后跨越天山，想再次夺回都城。

唐军最高统帅阿史那·社尔早料到那利一定会回来，于是命令曹继叔率三万铁骑寻找并歼灭叛军。阿史那·社尔在出击前嘱咐曹继叔，要求他此次出击务必扫清龟兹的最后残余势力，尤其是匪首那利，一定要除掉他。

龟兹叛军刚刚进入山南，唐军早已等候在那里。这支“龟兹大军”中的四千西突厥军队一见到唐军掉头就跑，把那利和他的龟兹残兵扔在那里。那利大骂后立即指挥大军进攻，结果经过了一个上午的战斗，八千龟兹兵全军覆没。而那位龟兹国相那利在乱军之中居然又逃脱了。唐军指挥官曹继叔听闻后大为惊讶，立即严令部队迅速全面搜查，无论如何也不能再让他逃跑了。

此时的那利已经失魂落魄，他跑到附近一个村庄，藏在一户百姓家的草垛里。这家牧民的男主人在取草喂马时发现了他。他向这家百姓许愿，要给他们重赏。但这家牧民将他当场拿下，捆好扔上马背后交给了大唐官军。唐军最高统帅阿史那·社尔将那利当场凌迟处死，首级也悬挂在城门上示众。

至此，叛军已经被全部消灭。随后在大唐军威和恩德的影响下，龟兹各地相继投降大唐。共有城镇七百余座、人口近二十万的龟兹全境宣告平定。为重新治理龟兹，唐太宗立龟兹亲唐贵族领袖叶护为王。这个做法也受到了龟兹人的一致拥护。

至此，大唐远征军历时九个月，远征近万里，终于将龟兹全境正式纳入大唐版图。大唐此后控制了东起高昌，西跨葱岭（今帕米尔高原），北跨天山的辽阔疆土。至此，经过大唐将士的浴血奋战，天山南北在分裂三百年后重新回到了中华的怀抱。

作为西域地区一个很有影响力的国家，龟兹的灭亡在周边产生了巨大的震动。西突厥把驻扎在天山北部诸国的军队紧急召回，随后上表大唐谢罪；于阗、安国、石国等小国也纷纷上表称臣、纳贡。更重要的是，现在大唐帝国已经横亘在西突厥面前，不可阻挡，西突厥灭亡、中亚回归只是时间问题。

龟兹平定的捷报传回首都长安，举国上下一片沸腾。为维护西域地区的稳定，唐太宗李世民经过慎重考虑，把此前设立的西域都护府作为大唐中央政府在西域领土上最高权力机构，并代行中央职权。西域诸国如龟兹国王和大臣等依旧保留。为了强化对西域的控制，正式在龟兹、焉耆、于阗、疏勒四地设立军镇，永久驻扎一支两万四千人的大军，其中包含汉族、东突厥等各民族。驻军由安西都护统一节制，这就是中国历史上著名的大唐西域“安西四镇”。后来它的覆盖面积扩展到中亚。安西四镇共存在了近二百年，对维护、巩固中央政府对于新疆、中亚领土主权、保卫西北边疆发挥了无法替代的巨大作用。

648 年的平定龟兹之战，是唐朝建国后在西部距离最远、难度最大的一次远征，具有极其重要的战略意义。龟兹的平定，使得大唐帝国完全控制了除中亚以外的西域地区，而帕米尔高原和天山的主要隘口都被大唐控制，从这里向西就是广袤的中亚草原。大唐彻底摧毁了西突厥在东部的最后一道战略屏障，这就极大地削弱了西突厥的实力，也为后来最终灭亡西突厥奠定了极其重要的基础。

唐太宗与西突厥的战争

突厥是南北朝晚期继匈奴和柔然之后崛起的又一个游牧民族，隋文帝开皇三年（583），突厥分裂为东、西二部。此后东突厥逐渐强大，而西突厥则日渐衰弱。到了隋大业年间，射匮可汗执政，西突厥的国力逐渐恢复，射匮可汗去世后，他的弟弟统叶护可汗即位。统叶护为一代雄主，史称其“勇而有谋，善攻战”。到唐太宗李世民即位时，西突厥已经控制了整个西域。

西突厥在贞观十二年（638）分裂为东、西二部，西部的乙毗咄陆可汗和东部的咥利失可汗为争夺汗位互相混战，双方势均力敌。第二年，咥利失可汗被部下杀死，他的侄子继位，被称作沙钵罗叶护可汗。此后，咄陆被称为“北汗庭”，沙钵罗叶护被称为“南汗庭”。南汗庭继承了咥利失的外交策略，依旧与唐朝通好，每年都向唐太宗朝贡。

贞观十五年（641）七月，唐朝征服高昌之后，唐太宗再次遣使前往南汗庭，赐沙钵罗叶护可汗以鼓纛，极力扶持他。然而北庭的势力逐渐强大，西域各国纷纷归附。可惜的是，南庭的沙钵罗叶护可汗在随后的一场战斗中被杀，北庭的咄陆可汗重新统一了西突厥。

这对唐朝来说是一个坏消息，也意味着唐朝多年以来用外交手段来抑制西突厥宣告失败，而西突厥的重新统一则意味着西域的安全开始受到严重威胁。咄陆可汗认为唐朝在西域的根基尚未稳定，驻扎的兵力也不多，在他看来，要重新夺回对西域的控制权，把唐朝在西域的势力彻底赶走，是易如反掌的事情。

随后咄陆可汗出兵攻灭了吐火罗，并且经常扣押唐朝的使者，屡屡入侵西域。唐贞观十六年（642）九月，西突厥突然发兵攻打伊州（今伊吾县），唐朝与西突厥在西域的战争已经不可避免。

西突厥刚刚击败了吐火罗，咄陆可汗显得非常自负，他没有把为数不多的唐军放在眼里。咄陆可汗主动选择进攻伊州，是因为伊州远在高昌故地的东面，西突厥要攻打它，就必须横穿整个高昌，也就是安西都护府（西州）的辖区。唐军的安西都护是郭孝恪，许州阳翟（今河南禹州）人，他有勇有谋，足以独当一面。

碰到郭孝恪，西突厥很快就会有大麻烦了。郭孝恪立刻断定：敌军只是进行试探性的攻击，兵力肯定不会很多。他决定给西突厥军队一个教训。

随后，郭孝恪亲率二千骑兵快速行进，在半道上阻击西突厥军队，很容易就击溃了这支来犯之敌，给了西突厥一个下马威。

第一次失败了，西突厥很快又发动了第二次进攻，这次直指安西都护府。咄陆可汗命令距离西州最近的处月、处密两个突厥部落出兵，准备进攻西州辖区的天山城（今新疆维吾尔自治区托克逊县）。而距离天山城东北面不远处，就是安西都护府的首府交河城，由此可见，西突厥此次的目标是想直捣郭孝恪的心脏地带，企图摧毁唐朝在西域的指挥中枢。

郭孝恪意识到与西突厥打仗要主动出击，杀一杀他们的士气。于是他迅速率部援助天山城，亲自指挥城防战。

突厥军队付出了重大伤亡，多次强攻均未见效果。处月、处密两部落见无法取胜，只好带领部众打道回府。可他们没有想到，郭孝恪居然率部出城，紧随其后。

突厥人赶紧拍马狂奔，但却没有甩掉郭孝恪。郭孝恪率部一直追到了处月部落的老巢。处月人逃进城后，还没缓过神来，唐军就立刻攻城了，而且唐军没费太多精力就攻下了城池，处月酋长带着族人落荒而逃。

处密部落也没有躲过唐军的进攻。就在他们越过遏索山（天山支脉）返回到驻地不久，郭孝恪的唐军又打过来了。处密的部众投降了唐军。

一连两次失败之后，咄陆可汗再也不敢和唐军交锋了，转而向西进攻康居国（今乌兹别克斯坦撒马尔罕），途经米国（今撒马尔罕东南朱马巴扎尔）时，又顺手把它拿下了，抢掠了大量战利品。

咄陆可汗非常吝啬，获得这些战利品后，全部留在自己手中，一点儿都没有分赏给部下。手下将领们对此大为不满，其中有一个将领想要拿一些，结果被咄陆可汗杀死了。这个举动顿时引起了部众的愤怒，大伙起兵造反。咄陆措手不及，被迫逃奔白水胡城（今乌兹别克斯坦境内）。随后，很有威望的阿史那·屈利等人遣使入唐，请求唐太宗废黜咄陆，改立新可汗。

这对唐太宗来说是一个意外之喜。唐太宗李世民随即下诏，册封莫贺咄的儿子为新可汗，被称为乙毗射匮可汗。唐朝又重新立了一个亲唐的西突厥政权，西域慢慢恢复了昔日的安宁。

还没到两年的时间，又爆发了新的战争。焉耆原本一直归附唐朝，可西突厥搞了一次和亲来拉拢它，让重臣阿史那·屈利的弟弟娶了焉耆的公主。这样一来，焉耆国王龙突骑支就转而投向突厥人的怀抱，对唐朝的朝贡几乎取消了。

唐贞观十八年（644）八月，郭孝恪在征得唐太宗的同意之后，率领步骑三千，去讨伐焉耆。郭孝恪此次出征找了一个向导。这个向导是焉耆国王的弟弟栗婆准。当时他碰巧到西州办事，被郭孝恪抓住，为了保住性命，只好给唐军做向导。

有了熟人带路，唐军进兵神速，很快就抵达焉耆王城。焉耆城四面环水，守军没什么戒备。唐军在黑夜下渡过护城河，随即全部攀上城墙。唐军轻松地就占领了焉耆王城，斩杀并俘虏了七千人，还生擒了龙突骑支。

郭孝恪立栗婆准为摄政王，管理焉耆王国。几天后，西突厥的阿史那·屈利得到消息，立刻率部赶来增援。但唐军已经走了，只剩下没

托克逊雅丹地貌

有什么实力，刚刚当上摄政王的栗婆准。阿史那·屈利把他关押起来，随后派五千精锐骑兵追击唐军，一直追到银山（今新疆维吾尔自治区托克逊县西南）才追上。郭孝恪回师反击，西突厥军队抵挡不住，很快就跑得没影了。

阿史那·屈利废了栗婆准以后，指派了一个亲近西突厥的将领当焉耆总督，随后又遣使试探唐朝的态度。唐太宗勃然大怒，指着他的鼻子骂道："我发兵攻下了焉耆，你胆敢据为己有？"阿史那·屈利不敢擅自与唐朝此刻就撕破脸面，只好另立栗婆准的堂兄薛婆阿那支为焉耆国王。但是新的焉耆国王还在西突厥的掌控之内。

此次讨伐焉耆，尽管郭孝恪赢得很容易，可唐朝除了抓获一个背叛自己的龙突骑支之外，对于焉耆王国还是鞭长莫及。这样的结果使得唐太宗非常不满意。在随后的几年里，唐军在攻打其他西域小国时又与西突厥军队进行过几次较量，西突厥都以失败而告终，但它的实力没有遭到太大的损失。

西突厥的灭亡

永徽二年（651）春天，唐高宗李治收到了一个坏消息：原西突厥降将，时任左骁卫大将军兼瑶池（今新疆维吾尔自治区阜康市）都督的阿史那·贺鲁反叛了，他一战平灭了西突厥乙毗射匮可汗，在双河与千泉（今吉尔吉斯斯坦北部）一带建立了王庭，自立为沙钵罗可汗。原西突厥下辖的十个直属部落全部归附于他，数月之间，阿史那·贺鲁就成了西突厥的头号人物，麾下拥有精兵数十万众。

唐高宗李治正准备有所动作的时候，这一年的七月，阿史那·贺鲁亲自率十万大军入侵庭州，唐军抵挡不住，很快战略要地金岭城（今新疆维吾尔自治区鄯善县西北）和蒲类县（今新疆维吾尔自治区奇台县东南）都失陷了，西突厥军队还杀死并俘虏了数千唐军。

唐高宗听后勃然大怒,他立刻下诏,命梁建方(左武卫大将军)和契苾何力(右骁卫大将军)担任统帅,统领三万人马,会同回纥骑兵五万人,出征庭州。

唐朝远征军随后进抵金岭城,对西突厥占领军发起猛攻,阿史那·贺鲁抵挡不住,带着残部仓皇逃回西突厥。此战前后斩杀西突厥骑兵五千余人,并且俘虏了六十多名西突厥将领及部落首领。

唐军继续向西攻击西突厥的处月部落。梁建方、契苾何力率大军直插处月部落的驻地,在牢山(今新疆维吾尔自治区吉木萨尔县北)大破朱邪孤注,杀死敌军九千多人。处月部落的首领朱邪孤注迅速向西逃遁,准备投奔阿史那·贺鲁。唐军一直追出了五百多里,终于将他生擒,抓回了唐军大营。

随后唐朝将处月部落的辖地设置为金满州,正式把它纳入了唐朝的版图。阿史那·贺鲁自立为可汗,虽然得到了大多数部落的支持,但是西突厥内部仍然矛盾重重,并不是铁板一块。西突厥再次陷入分裂。

从前被废黜的咄陆可汗死后,他的儿子真珠叶护用重金贿赂西突厥左厢五部的首领,与他们里应外合,对阿史那·贺鲁的工庭发动了突袭,差点儿斩杀了阿史那·贺鲁,阿史那·贺鲁侥幸逃走了。

真珠叶护知道,凭自己的实力难以对付阿史那·贺鲁,因而要求与唐王朝联手共同讨伐。唐高宗大喜过望。他考虑再三,最后指定了一位经验丰富的老将程知节挂帅。永徽六年(655)五月,高宗任命程知节为二次西征的统帅,以周智度、王文度为副统帅,出征西突厥。

唐军进攻的第一个进攻目标,是榆慕谷(今新疆维吾尔自治区吉木萨尔县北)。西突厥的葛逻禄部落以及遭受重创的处月残部驻守此地。

显庆元年(656)八月,由程知节亲率一部进抵榆慕谷,非常容易地击溃了葛逻禄、处月二部,斩杀一千多人。

随后,副统帅周智度领兵攻击咽城(今新疆维吾尔自治区额敏县),西突厥的突骑施、处木昆两部落驻守此城,他们共有数万重兵,还修筑了坚固的城防工事。但突厥人仍然挡不住唐军的猛烈进攻。结果这两个部落一共被斩杀三万多人，咽城也被唐军攻下了。

唐军首战告捷，这一年的十二月，经过休整以后，程知节率大军冒着严寒继续南下，直逼鹰娑川（开都河上游）。阿史那·贺鲁亲率二万精锐骑兵阻击唐军，西突厥的鼠尼施部落也出动两万多骑兵，从侧翼增援他。

在鹰娑川，唐军前锋苏海政率先与阿史那·贺鲁交战。双方互有胜负，唐军难以突破西突厥防线。此时，形势对唐军非常不利，因为鼠尼施部落又从侧翼包抄苏海政。

这时，苏定方正率领五百名骑兵在营外侦察，忽然望见漫山遍野的突厥援兵来了。此刻苏定方面临极为艰难的选择：如果出击，人数太少，可能会全军覆没；要是回去搬救兵，也来不及。危急时刻，老将苏定方毅然命令这五百名勇士立刻出击。

西突厥的鼠尼施部落没有料到，面前的这支唐军，来势凶猛，个个以一当十。突厥人很快就阵脚大乱。苏定方一马当先，率领他的骑兵奋勇冲杀，突厥人迅速溃败，只好掉头逃跑。苏定方紧随其后，穷追不舍，很快就缴获了大量的战马和军用物资。

苏定方以寡敌众，大获全胜，表现勇猛。在他得胜回营时，唐军将士都为他齐声喝彩。副统帅王文度此时寸功未立，这让他的脸面有些挂不住。王文度就对主帅程知节说："如今最稳妥的战法，应该是把大军组成方阵，将辎重物资放在方阵中央，四面组成防御队列，如果遭遇敌人就可以马上交战，可保证万无一失。"

程知节一听，这肯定不是什么好主意，就没理他。王文度马上就恼羞成怒，他随即以"奉皇帝圣旨"为名，宣称程知节"恃勇轻敌"，由他取代程知节统领大军。程知节不清楚皇帝是否真的有这道圣旨，但他还是稀里糊涂地把权力转给了王文度。

王文度夺权之后，立刻下令军队按照他先前对程知节说的方法做，结果军中的战马都累瘦了，士兵也非常疲劳，毫无斗志。

苏定方去找程知节，义愤填膺地说："大军远征数千里，本来就应主动进攻，速战速决，可如今却结阵自守，搞得马都饿死了，士兵也疲惫了，现在要是遇到敌人，是必败无疑。皇上既然已经任命老将军为主帅了，怎么可能另派一个副手接管兵权？此事必定有诈，在下请求马上囚禁王文度，然后派人迅速回朝禀报。"

也许，程知节老了。他宁可相信王文度是如他所说，是天子派来节制他的，也不敢冒着抗旨的危险重新夺权。

到了显庆元年（656）的十二月底，唐军疲惫不堪，来到了恒笃城。这里只居住着数千经商的胡人，唐军一到，他们马上归降。王文度黔驴技穷，他见此时的士兵们已经斗志全无，只有班师了。随后王文度下令血洗恒笃城，并且把胡人的财物瓜分一空。只有苏定方拒绝分赃。

唐军随后班师回朝，王文度因伪造圣旨被捕，程知节也因贻误战机被问罪。唐高宗赦免了二人的死罪，但罢免了他们的官职。此次西征，唐军的收获就是在榆慕谷的战斗中，夺取了葛逻禄部落的土地，唐朝随后设置了阴山和大漠这两个都督府。

显庆二年（657）闰正月，二次西征刚刚结束两个月，唐军发动了对西突厥的第三次远征。唐高宗任命上次立下大功的苏定方为伊犁道行军大总管，再次征讨西突厥，任雅相、回纥婆润等人为副将，还令已归附大唐的阿史那·弥射和阿史那·步真为安抚大使，亲自招抚西突厥旧部。

此后，苏定方在金山（今阿尔泰山）以北，击破西突厥处木昆部，俟斤懒独禄率领手下一万帐兵众投降。苏定方对他进行安抚，并从他那里挑选了一千精锐骑兵，共同进军抵达曳咥河（今新疆额尔齐斯河）。

西突厥阿史那·贺鲁听说后，亲率十万大军前来应战。苏定方率唐军一万余人同敌展开战斗。阿史那·贺鲁见苏定方军队人数少，就把唐军包围起来。苏定方令步兵排成环形，占据南面高地，长矛外向，而他亲率精锐骑兵在北原列阵。西突厥军连续向唐军步兵发起三次冲锋，都没有能够攻破唐军大阵的铜墙铁壁，很快就士气全无，阵脚大乱。苏定方乘势攻击，阿史那·贺鲁的西突厥军队大败，被唐军狂追三十里，数万人马被杀。

第二天苏定方继续进军，胡禄屋等五个部落举众来降，阿史那·贺鲁率数百骑向西逃走。五咄陆部听说阿史那·贺鲁兵败，他们纷纷归附了南道的安抚大使阿史那·步真。苏定方命令副将萧嗣业、回纥婆润率各部追击败兵，自己和任雅相率领新归附的军队在阿史那·贺鲁的后路拦截。

正好赶上天降大雪，难以行军，手下人请求稍事休息，苏定方说："下大雪路难行，敌军认为我军无法前进，他们士兵肯定会休息，现在一路猛追，趁其不备，可获大胜。如果放跑了阿史那·贺鲁，让他再次远逃，就不能擒获他了！"于是整顿军队，昼夜兼程。行军到双河（今新疆温泉、博乐一带）时，与阿史那·弥射、阿史那·步真会合，大军很快抵达金牙山（今吉尔吉斯斯坦托克马克以西）。

这时阿史那·贺鲁正准备打猎，苏定方乘其没有防备，命令士兵发动进攻，又斩杀了数万人。阿史那·贺鲁率其残部继续逃亡，唐军在后面穷追不舍。他们追到碎叶水（今吉尔吉斯和哈萨克境内楚河）时，敌军都被俘虏了。阿史那·贺鲁只与他的儿子咥运以及女婿阎啜等十多人，连夜逃往石国（今乌兹别克斯坦首都塔什干一带）的苏咄城。

苏定方派副将萧嗣业一路追击到石国，阿史那·贺鲁被石国城主诱捕交给了萧嗣业。此次唐军征伐阿史那·贺鲁，共降服了他的部众四十余万。战争结束后，苏定方让西突厥各部都回到原来居住的地方，修复道路，设置邮驿，掩埋尸骨，慰问疾苦，划定部落地界，恢复生产，并将阿史那·贺鲁抢来的财物、牲畜等全部归还原主。

657年，经过唐太宗李世民与唐高宗李治先后两代人的努力，大唐灭亡了当时西亚最强大的西突厥汗国。从此唐朝将中亚全部纳入版图。至此，西域全境也全部回归中华。大唐疆域的最北端跨越蒙古高原，进入西伯利亚叶尼塞河的上游，北海（今贝加尔湖）成为唐朝的内湖；东北最远处到达今黑龙江地区，并跨越日本海，拥有库叶岛；最西端濒临西海（今里海）东岸，咸海也成为大唐的内湖；西南越过阿富汗进入巴基斯坦境内，濒临波斯高原，最南端进入越南境内。大唐从诞生起，用了不到四十年的时间，创造了空前绝后的奇迹。

CHAPTER

第十四章 唐太宗晚年的懈怠 14

在大唐帝国一片太平盛世的景象面前，在万国来朝的颂扬声中，唐太宗君臣渐渐失去了往日的风采与活力，曾经生机勃勃的贞观朝廷也被沉闷的气氛所笼罩，盛极一时的治世也逐渐落下了帷幕。如果说贞观时代的活力是依赖于政治活力的支撑，那么，贞观治世的终结则是由于唐太宗晚年出现的骄傲自满和懈怠造成的。

意骄志满，臣僚退化

唐太宗在武德九年（626）八月即位，这个二十多岁的年轻皇帝，尽管他在即位前已经功名显赫，但是登上帝位的时候并没有得意妄为。在他执政的前五六年中，朝野上下充满着朝气和生机，表现出了一位年轻帝王的活力和进取精神。在他治理下的大唐王朝，呈现出一派欣欣向荣的景象。

然而，好景不长，唐太宗在他还未进入不惑之年的时候，就未老先衰了。这并不是年龄和身体上的衰老，因为人在三十多岁正是精力旺盛的壮年时期。唐太宗虽患有气疾，但那时候还没有发展到足以危害健康的程度，他的早衰主要表现在思想和心理上，是观念上的倒退与下滑。

唐太宗虽然年龄并不大，但他可谓是历经沧桑，加之随着国家的安定，他渐渐失去了往日的广纳百言、虚心受谏的良好作风。他对自己的才华和功绩，由欣赏而陶醉，最后甚至认为自己远比古人功高，无与伦比。当唐军进占西域之后，他曾对群臣自我夸耀说：“汉武帝穷兵黩武，时间超过三十年，全国的钱粮已经被他折腾没了，却没有得到多少领土。他与今日我的功劳相比，差得实在是太多了。我的丰功伟绩，就连竹帛也记不完。”他的得意之情，溢于言表。

由于意骄志满，他不再像以前那样谨言慎行了，甚至听不得不同意见。比如贞观六年（632），他认为平日非常敬重的谏臣魏徵在大殿上犯颜直谏是当众污辱他而大为不满。若不是长孙皇后从中劝解，使唐太宗转怒为喜，那么魏徵就要遭杀身之祸。

贞观时期的君臣关系和政治风气基本上可以划分为前后两个阶段。这两个阶段以贞观十七年（643）魏徵去世为标志，前期是“贞观之治”的上升期，后期是“贞观之治”的下降期。正是在这个后期，唐太宗把虚怀若谷的纳谏之风逐渐抛弃了，很少听大臣们的正确意见，不再注重发挥群体的力量，只相信他个人的权威和极少数心腹大臣的话。他以孤家寡人的独断专行，代替了从前的兼听众议。

于是，大臣们群体的合力遭到了严重的破坏，治世的生机也被扼制，中断了很多富有活力的政策，君臣间的合作与信任从此遭到了严重破坏。伴随着活力的丧失与惰性的增长，盛极一时的“贞观之治”就不可避免地呈现了衰颓之势。宰相房玄龄临终时就曾难过地说，现在朝廷已经无人敢犯颜强谏了。即使是一代明君唐太宗李世民也不能免俗，那些资质平庸的帝王就更不用说了。

而贞观朝后期，臣僚的素质也发生了很大的变化，官员不断蜕化，群体统治能力也在下降。整个智囊群体随和、顺从、与事无争，这和贞观前期魏徵、王珪那些人的勤奋、进取、直言敢谏的风气已明显不同。这种情况普遍存在，不仅朝中的少数几个重臣如此，大部分人都恪守中庸之道，唯恐因纳谏而获罪，他们得过且过，为保全俸禄而不敢多言。臣僚中的惰性也在慢慢滋长，曾经是生机勃勃的“贞观之治”，如今已被沉沉的暮气所笼罩。

还有一部分的高级官员因为官职升迁，权势逐渐增大，意志却逐渐衰退，已经开始贪图安逸、追求享乐了。还有人为了迎合唐太宗所好，大献殷勤，进贡了大量的奢侈品。大臣中贪污、受贿、贪赃、枉法等腐败行为时有发生。至于地方官中，此类情况更不在少数。

发生在贞观晚期的侯君集谋反事件就很说明这个问题。侯君集是唐太宗的心腹重臣，他早年因“玄武门之变”立下了大功而受到了唐太宗的重用。后来唐太宗让侯君集攻打高昌国，侯君集在灭了高昌以后，在没有奏请唐太宗的情况下，仅凭借着个人的恩怨就将一些没有罪的人发配，还私自将高昌国的国宝文物等据为己有。手下将士们知道后也纷纷效仿，侯君集不敢治将士们的罪，因为他害怕自己做的丑事也被揭发。班师回朝后，司法官将侯君集下狱，但中书郎岑文本以侯君集是功臣大将，不可轻加屈辱的理由上书唐太宗，请求将侯君集释放。唐太宗放了侯君集，但侯君集自认为立下了大功，因为贪财而被下狱囚禁，让他感到非常不快。

贞观十七年（643），张亮被派到洛阳做都督，侯君集问张亮："你怎么会遭到排挤，下放到外地做官？"张亮说："如果因为在外地做官，就认为是遭到排挤，那么谁才是最冤枉的？"侯君集又说："我跋涉万里，去平定了一个国家，回朝后却惹得皇上大怒，怎么不是被排挤？"侯君集说着还挽起袖子说："这样子很快就会活不下去了，你要是想造反，我就和你一起造反。"

张亮随后把侯君集的话告诉给了唐太宗，唐太宗对张亮说："你和侯君集都是朕的功臣。这些话侯君集只告诉你一个人，如果他死不认账，你也拿他没办法。"于是唐太宗将这件事暂且放下，对待侯君集还是和以前一样。随后命阎立本画侯君集等二十四人的画像置于凌烟阁，侯君集位列第十七位。

贞观十七年（643），太子李承乾担心自己即将被废，得知侯君集经常怨恨，而侯君集的女婿贺兰楚石此刻正在东宫任职，于是多次派他引侯君集入东宫密谋。侯君集觉得李承乾没有能力成大事，就想利用他，于是劝李承乾谋反。侯君集与李承乾谋划好方案之后，他非常担心计划泄露，心中极其不安，常常夜不能寐。妻子见了非常奇怪，就对侯君集说："你是国家重臣，每天晚上却这样，一定是发生了什么事情。如果你做了什么坏事，应该自己主动去皇上面前领罪，这样才能保全。"侯君集却没有听妻子的话。

李承乾事情突然败露，他被废了太子之位，与太子亲近的人都被抓了起来，侯君集女婿贺兰楚石也在其中。在审问贺兰楚石的时候，他全部招供了，把侯君集与李承乾一起谋划的事告诉了唐太宗。唐太宗亲自审问侯君集，侯君集招供了。起初唐太宗觉得侯君集立下了安定国家的大功，不忍心处死侯君集，但群臣进谏说侯君集的谋反之罪天地难容。唐太宗非常难过，就将侯君集处死了。临死前侯君集曾请求赦免自己的妻子和儿子，好为自己守丧，唐太宗同意后将他的妻子、儿子流放到岭南。

从君臣间相互影响的角度分析，不难得出这样的结论：贞观后期臣僚们蜕化，是唐太宗"渐不克终"的投影；另一方面，臣僚蜕化反过来也影响了唐太宗。

大兴土木、战争连年，消耗巨大

在唐太宗晚年，最耗费国家财富的就是这两件事：大兴土木工程和连年的战争。如果战争难以避免，举全国之力去征讨，也没什么不合适的。但是大兴土木，就只是为他一个人服务了。唐太宗的晚年恰恰乐此不疲。他亲自在全国很多地区营造规模宏大的宫殿。

贞观二十一年（647）四月，唐太宗嫌京城闷热，就在临潼骊山顶上修筑了翠微宫。仅仅三个月之后，却又指责宫室小气，辱没了大唐威仪，又重修了玉华宫。这两次耗费的白银数以亿计。

而位于东都的洛阳宫，本来是隋炀帝耗费了巨大的人力物力才建成的宫殿，唐太宗刚接管过来时就要修建，给事中张玄素上书劝谏，他说："陛下当初平定洛阳王世充时，把奢侈豪华的宫殿楼阁都拆毁了，现在还不到十年，却要加以修缮，这不是以前痛恨隋炀帝的铺张，现在却羡慕他的华丽吗？如此反复无常，如何给子孙后代做榜样？又怎么向天下人交代？陛下的皇子现在都已经去了藩国，这些地方的王府都要营建，也会动用很多劳力。百姓在经过了那么多年战乱以后，根本就没有闲钱，温饱还没有解决，这和隋朝的富庶状况根本不可同日而语。陛下征召大量的百姓大兴土木，这恐怕比隋炀帝的胡作非为还要过分。"

唐太宗问道："您说我不如隋炀帝，但是与夏桀和商纣王相比，我怎么样？"张玄素恫吓他道："陛下如果坚持营建洛阳宫，就会和他们一样，不可避免地会出现天下大乱。"唐太宗只好收回重新修建洛阳宫的命令，表示以后如果到洛阳，即使在露天场合吃饭睡觉，也不在乎。这是年轻时的唐太宗敢于接受纳谏的结果，但随后他又多次诏令整修洛阳宫。

这其中有一位叫皇甫德参的小县丞，上书批评唐太宗修建洛阳宫是劳民伤财的举动。唐太宗非常震怒，他说：“皇甫德参是想让国家不劳役任何一个人，这样才算合他的意。”唐太宗甚至认为皇甫德参是诽谤朝政，要治他的罪，被别人劝阻了。唐太宗建造的包括飞山宫在内的庞大建筑群，非常豪华气派，极尽奢靡。这样的工程，可想而知，都是耗费巨大的工程。

在唐太宗执政晚期，兴修了大批宫殿，比如乾阳殿、洛阳宫、永安宫、飞山宫、襄城宫、翠微宫、玉华宫、九成宫和北阙等。即使是修得较小而又比较草率的汝州（今河南临汝）西山襄城宫，也要劳役数十万劳工，造成了“一人就役，举家便废”的惨象。后来不断有人劝谏唐太宗不要频繁地修建宫殿，他的徐贤妃也在上奏中说，他北边的宫室才建成，南面又造起了翠微宫，翠微宫还没有完工，玉华宫又已动工。而且唐太宗又非常喜欢狩猎游乐，为此修桥建道，也要耗费很多的劳工。

这一期间的劳役在不断加重，甚至出现了“供官徭役，道路相继，兄去弟还，首尾不绝。远者往来五六千里，春秋冬夏，略无休时”的紧张局面。还有很多是来自边远地区的劳工，他们自带粮食，长途跋涉几千里来京服役。而为了逃避劳役，又有很多人进行“自残”，唐太宗知道后就下了一道诏令，如果有自残的人要依照法律惩处，并依旧承担赋役。他还把百姓的自残归咎于隋朝遗风。

唐太宗晚年的接连征战，造成了人力、物力、财力的巨大消耗，使国力大大削弱。贞观前期由于成功地推行了正确的民族政策，唐太宗曾被边疆各族尊为“天可汗”。但到了贞观后期，唐太宗的偏执、猜疑等心态，也反映到与周边民族的关系之中。晚年的他一方面希望消除已出现的边地事端和存在于各民族中的隐忧，同时又受到好大喜功心理的怂恿，连续地进行与边疆各族的战争。贞观十八年（644）进攻焉耆，贞观十九年（645）远征高句丽，贞观二十年（646）攻占薛延陀，贞观二十二年（648）进攻西南的松外蛮。

总之，在他统治的最后几年，动员了巨大的人力、物力和财力，在东北、西北、西南几个方向多线作战，付出了巨大的代价，也造成了更为严重的内耗。

特别是对高句丽的战争，国力损耗最大，负作用也最为严重。贞观二十二年（648），唐太宗决定再次征讨高句丽，下令让剑南道（今四川）造船，由于官府催迫甚急，导致剑南道百姓出现卖田宅、子女的情况，酿成暴动，唐太宗不得不调大军镇压。为防止事态扩大，唐太宗最后宣布将剑南道造船费用改为官府支付，骚动才得以平息。

晚年的懈怠给唐太宗李世民积极求治的形象添上了一些瑕疵，但他仍然是历史上最杰出的帝王之一。其实人们更希望他是一个克己自律、积极求治的皇帝。

服丹最终导致暴亡

唐太宗死于贞观二十三年（649）五月，终年五十二岁，这对于经常驰骋疆场又极其喜爱狩猎的皇帝来说，这个年龄就去世似乎太早了。但他去世的原因是嗜服丹药。唐太宗早年经常嘲笑秦始皇和汉武帝追求神仙，以求得长生不老，那时的他认为人的寿命长短，是老天给的，又说追求再多的神仙，吃再多的仙药也没有用。他说得如此冠冕堂皇，但自己在晚年却重蹈他人的覆辙，这也是一个莫大的讽刺。

唐太宗早年患有“气疾”，但是对他的健康影响并不大，这从他经常外出狩猎就可以证明这一点。贞观十七年（643），太子李承乾与魏王李泰之间的太子争夺战，对他精神上的打击非常大。而随后征伐高句丽的失败使得这位战无不胜、攻无不克的皇帝大丢面子，也产生了很重的思想负担，此后经常郁郁寡欢，在回国的路上就病倒了，甚至不能骑马，只能躺在马车上。

贞观十九年（645）十一月，唐太宗在路过定州（今河北定州）时一度病情加重，已经达到了病危的程度，经过抢救后才得以好转。次月到达并州（今山西太原西南），这时他的病情有所好转，百官都来祝贺，于是他决定先留在当地休养一段时间。在太原休养两个多月返回长安后，他的病并没有痊愈，还需要继续疗养，就命令太子李治替他处理军国事务。从此以后唐太宗的健康每况愈下，在这种情况下，唐太宗逐渐由不相信转为迷信金石丹药之类的东西，希望能够治好他的疾病。但这样做不仅没有恢复他的健康，反而使病情渐渐恶化，最终丧命。

贞观二十一年（647）正月，长孙皇后的舅舅高士廉病逝，唐太宗想要亲自前往哭祭。长孙无忌再三劝谏他说："陛下现在身体欠安，正在服用丹药治疗，您要以社稷为重，千万不可过度劳累。"可见唐太宗在这个时候已经开始服食方士丹药了。这一时期唐太宗大量服用寒石散这种丹药。这种丹药是将钟乳石、紫英石和硫黄等五种矿物质按比例研成粉末，并经过七天七夜的清水蒸煮等一系列烦琐的工序才可制成。

过了一段时间，唐太宗觉得服食中国方士的丹药没什么效果，就转而服用外国术士的丹药，以求获得长生。贞观二十二年（648）五月，唐军联合吐蕃打败了古印度，俘获了一名自称已经有二百岁的方士，他标榜自己善于制作长生不老的丹药。唐军大将王玄策把他献给了唐太宗，他非常高兴，命令此人用天下名贵的石材制作丹药。可是，太宗服用以后，身体非但不见好转，反而每况愈下，从此一病不起。

唐太宗的直接死因就是服食了天竺人所制的丹药。根据史籍记载，这个天竺人炼制长生不老之药，大约花费了一年时间。他是贞观二十二年（648）五月到长安的，唐太宗死于次年五月，刚好是一年的时间。据记载，唐太宗在贞观二十三年（649）四月来到翠微宫，此宫建在终南山上，相传是神仙、修炼的人经常出没的地方，唐太宗到这里来可能是为了找一个适当的场所服食长生药。另外，此时唐太宗虽然患病，但病情似乎还不是很重，因为前一个月，因久旱降雨，唐太宗还专门到显道门外大赦天下，如果是病危，唐太宗就不会有这种举动，也不会离开长安跑到山中的一座行宫中去。

五月，唐太宗病情突然加剧，腹泻不止，应该就是服食了这种丹药造成的。

御医们都束手无策，唐太宗很快就与世长辞了。因为唐太宗死在长安之外，秘不发丧以防万一，在返回长安时，一切都照旧，这说明唐太宗的确是突然死亡的。当时皇帝身边的众臣却非常紧张，以致到了长安才正式宣布皇帝驾崩。

这个夺去唐太宗生命的天竺人，按律应当处以极刑，结果竟然平安地被放回国。据说是唐朝政府担心如果诛杀了这个人，就会被国外的番夷之邦所取笑，这有损于唐朝的体面，因此不敢追究此人的罪行。

唐太宗临终时，召集长孙无忌与褚遂良进入寝殿，把太子李治托付给他们，并对太子嘱咐说："只要有无忌、遂良在，你就不用担心天下不稳定！"这实际上是让李治一定要重用这两人来确保贞观政治能得以继续推行。还命褚遂良起草遗诏。现在来看这篇遗诏，除了一些平常的官样文字外，有几点内容值得注意。

首先，各地的藩王、都督、刺史等人都可以前来长安奔丧，只是唯独不许李泰来京。唐太宗这样做是为保证太子李治能顺利即位，并不是他不喜爱李泰。其次，宣布停止征伐高句丽的一切准备工作。这说明唐太宗在临终的时候，终于对这个问题有所认识，也不愿为此再劳民伤财，大动干戈了。最后，宣布停止一切营建活动，丧事以及陵园制度也要一切从俭。这说明唐太宗对自己晚年追求的奢侈生活，还是保持着一定的认识的，并在具体的实际行动上有所体现。

在长孙无忌、褚遂良等人主持下，太子李治在长安太极殿即位，史称唐高宗。据记载，唐太宗驾崩的消息宣布以后，周围各国、各族在长安任职的人，以及来长安朝贡的几百人，也都非常悲痛，他们按照各自民族的不同习俗，有的剪发，有的割耳，鲜血洒了一地，以表达他们的悲痛怀念之情。阿史那·社尔、契苾何力等蕃将请求杀身殉葬，唐高宗没有答应，这一切都说明唐太宗在各国、各族人民中的威望是非常高的，并深受他们的爱戴。

营葬于昭陵

唐太宗的昭陵坐落于今陕西省礼泉县东北四十五里的九嵕山上。昭陵是唐太宗生前亲定的陵址。在唐太宗早年带兵作战以及在后来的狩猎中，他对九嵕山附近的地形十分熟悉，他对身边的大臣说，九嵕山孤耸迥绝，可以将他的陵址选在这个地方。

唐高祖的献陵是堆土成陵，即在高耸之地深凿墓室，堆土夯筑成巨大的封土堆，称为“山陵”。而唐太宗的昭陵却与献陵截然不同，它是“因山为陵”，即在山势险峻的九嵕山上，从中间凿石洞作为地宫，绕山筑城。尽管没有封土，却利用了自然的山峰，因此比封土为陵更显得宏伟高大。

昭陵最早兴建于贞观十年（636），当时长孙皇后刚刚病故，唐太宗命人在九嵕山凿石为陵，动用了一百多名工匠，经过数十天才完成。据《唐会要》中的《陵议》记载，贞观十八年（644）唐太宗下诏在九嵕山开凿石室，一直到贞观二十三年（公元649）八月十八日，共历时五年才最后完工，比秦汉时期花费十几年甚至数十年的时间修建一座帝王陵墓确实要短很多，但也并不是唐太宗在诏书中所说的“务从俭约”“只能容纳一个棺木而已”。

有关昭陵的情况，到目前为止还没有发掘文物可以参考，但仅从文献记载看，它的富丽堂皇的程度让人叹为观止了。昭陵的玄宫高悬，从墓道到墓室深二百五十米，墓道前后设有五重石门，墓室宏伟壮观，与人间的宫殿没有什么区别。中室是正寝，东西厢房中摆放着石床，床上石函的铁匣里全部是前代极其珍贵的书画，其中就有东晋大书法家王羲之的真迹《兰亭序》，这是唐太宗临死前诏命必须陪葬的，也是他的最爱。

墓门外沿着山腰建有许多木质结构的房舍游殿，用来给唐太宗的灵魂游乐。

里面还有宫中的侍女小心侍奉，尽管唐太宗是中国历史上最有作为的皇帝之一，但对这种荒谬事也未能免俗。玄宫前面山势陡峭，来往极不方便，所以又沿着山边架设栈道，左右盘旋，沿着陡峭的山峰绕行三百米，才可到达墓门。为了保护陵寝安全，安葬好唐太宗之后又把栈道全部拆除了，与外界隔绝。但即使这样，昭陵还是避免不了被盗掘的命运。不过今天的游人只能远远地望山兴叹，无法来到陵墓面前。

昭陵的陵山四周都围绕着垣墙，墙四隅各建有角楼，墙正中都开设一门，南边的叫“朱雀”，北边的是“玄武”，东边的为“青龙”，西边的称“白虎”。陵园的主要建筑是献殿（上宫）和寝宫（下宫）。献殿建在朱雀门内，正对着山陵，是子孙后代或朝中大臣上陵朝拜和举行祭祀活动的场所。寝宫则设在陵山墙外的西南角，为供奉唐太宗灵魂起居的场所，守陵的官员与日常侍奉人员也住在这里。但当年的华丽房舍如今只剩下残砖断瓦，衰草黄土了。

昭陵主峰向南迤逦，覆盖的范围极为宽阔，占田约三十万亩，共有一百零七座功臣贵戚的陪葬墓，这种笼络大臣的手段是沿袭西汉的汉武帝，而陪葬墓数目，却是历代帝王中最多的。这庞大的陪葬墓群呈扇形分别设置在主陵两侧，可以衬托出昭陵至高无上的气概。陪葬者除皇族以外，大部分是功臣名将，他们是李渊、李世民父子统一中国建立大唐帝国的重要人物，此外一些少数民族首领也陪葬于此。

石刻艺术是昭陵中最重要的组成部分，也是昭陵被后世重视的原因之一。

王羲之作品《兰亭序》

唐太宗是历史上罕见的明君，在他的治理下，国家安定，四方顺服，出现了历来为史家所惊叹的“贞观之治”。随着贞观年间生产力的恢复发展，文化艺术也日渐繁荣，所以说昭陵的石刻，如六骏浮雕、蕃酋石刻像等都技艺精湛、精美非凡，再加上制作的高大雄伟，与周围高耸的山陵浑然一体，和谐中显出蓬勃向上的风貌。

初唐时，立碑的风气非常盛行，所以碑碣占了陵园石刻中的绝大部分，这些碑石汇集了当时书法家们的精华，反映了他们的风韵特点以及艺术风格。昭陵玄武门外原来列置了十四个少数民族首领的雕像，象征着贞观年间各宾王归顺大唐向唐太宗朝圣的情形，是唐太宗时期民族关系保持良好的写照。这些石像高八尺，座高三尺，栩栩如生，极为壮观，可惜清乾隆以后大部分被毁，现在仅存两座。

如果把昭陵看作是精彩绝伦的皇冠，那么昭陵的六骏浮雕就是皇冠上耀眼的宝石。这些浮雕放置在玄武门内东西两侧，这是唐太宗为了纪念他开国时历尽艰辛一统天下的丰功伟绩而设立的。六骏是他驰骋战场时所骑的六匹战马，名字分别为飒露紫、拳毛䯄、白蹄乌、特勒骠、青骓和什伐赤。

相传六骏的形状出于唐代著名画家阎立本之手，由当时技艺最高超的名匠，按照图形雕刻在青石屏上，每件石屏刻有一匹马。石屏高约一点五米，宽近二米，左上角或右上角还有唐太宗亲自题写的四言赞美诗，由唐代大书法家欧阳询书写，但由于年代久远，保存不善，现在字迹已无法辨认了。这一组石刻表现的六匹骏马神态各异，姿态生动，神韵充沛，造型优美雄骏，手法浑厚简洁，饱满圆润，堪称稀世珍品，而唐朝的一代雄风也都展现在这里。

而更绝的是六骏中有四骏身上中箭，鲁迅先生也称赞说：“汉人的墓前大多是刻有羊、虎、天禄、辟邪等石兽，而长安的昭陵上却刻着带箭的骏马，这种手法是前无古人的。”这六骏特殊的战斗经历，再加上石雕艺术的魅力，使得这组浮雕在民间的传说中充满了非常神奇的色彩。

据说安史之乱的时候，唐军与安禄山手下大将崔乾祐在潼关展开激战。战斗中，叛军的一队白旗军攻势凌厉，唐军难以招架，眼看就要战败了。但突然黄旗迎风招展，不知从哪里杀出一队人马直抵白旗军。经过两个回合的恶战，黄旗军杀得贼兵尸横遍野，血流成河，但还是寡不敌众，被白旗军团团围住，无法突围。就在这紧急时刻，忽然阴云密布，狂风大作，飞沙走石，转眼间黄旗军就消失了，惊得叛军呆若木鸡，连忙倒退了几十里。后来，昭陵的守陵官员上奏朝廷说，潼关大战那天，昭陵前的石人石马个个汗流浃背。人们就纷纷传说那队勇猛神奇的黄旗军就是这些石人石马组成的。

19世纪后期，六骏中的一匹马曾被欧洲人绘册成图，收入《世界名马图》中。这以后，其他国家出版的有关中国的美术书里，插图中都有六骏的英姿。1914年，美国几个不法商贩勾结陕西军阀，把六骏全部打碎，并盗去六骏中的飒露紫和拳毛䯄，陈列在美国费城的大学博物馆中。中华人民共和国成立后，其余的四骏被复原，被盗的两骏也被复制，存放在陕西省博物馆内。

唐太宗的昭陵及其陪葬墓是中国初唐历史文物的集中代表。如今在陪葬墓中的李勣墓中建立了昭陵博物馆，陈列了昭陵陪葬墓出土的三百多件珍贵文物。